编辑委员会

《符号与传媒》2022 春季号，总第 24 辑

中国知网(CNKI)来源集刊　中文科技期刊数据库来源集刊
超星数字图书馆来源集刊　万方数据库来源集刊

符号与传媒
Signs & Media

主编　赵毅衡

四川大学符号学-传媒学研究所　主办

总第24辑

24

四川大学出版社
SICHUAN UNIVERSITY PRESS

项目策划：黄蕴婷
责任编辑：黄蕴婷
责任校对：陈　蓉
封面设计：墨创文化
责任印制：王　炜

图书在版编目（CIP）数据

符号与传媒 . 24 / 赵毅衡主编 . — 成都：四川大
学出版社，2022.3
　ISBN 978-7-5690-5149-0

　Ⅰ．①符… Ⅱ．①赵… Ⅲ．①符号学—文集 Ⅳ．
① H0-53

中国版本图书馆 CIP 数据核字（2022）第 048307 号

书名　　符号与传媒（24）
　　　　Fuhao Yu Chuanmei (24)

主　　编　赵毅衡
出　　版　四川大学出版社
地　　址　成都市一环路南一段 24 号（610065）
发　　行　四川大学出版社
书　　号　ISBN 978-7-5690-5149-0
印前制作　四川胜翔数码印务设计有限公司
印　　刷　郫县犀浦印刷厂
成品尺寸　170mm×240mm
插　　页　2
印　　张　17.75
字　　数　331 千字
版　　次　2022 年 4 月第 1 版
印　　次　2022 年 4 月第 1 次印刷
定　　价　82.00 元

◆ 读者邮购本书，请与本社发行科联系。
　电话：(028)85408408/(028)85401670/
　(028)86408023　邮政编码：610065
◆ 本社图书如有印装质量问题，请寄回出版社调换。
◆ 网址：http://press.scu.edu.cn

四川大学出版社
微信公众号

编者的话

　　探寻意义是一个永恒的主题，它融合于古今中外各个领域的探索之中，沉淀出各种各样的形式结构。当探索意义的行为转向自身，意义的意义问题浮现，符号学方法便在广泛的领域之中激起回响。本辑的多个研究版块都体现了这样的进程："哲学符号学"中，伍晓明从《论语》文本的叙述分析深入至其中的对话性及哲学意蕴，蒋世强对维特根斯坦的符号学思想及其贡献进行了梳理，陈文斌讨论了货币作为一种符号的意义逻辑，郝娟则探讨了拉康性别理论中的身体维度。

　　当代艺术发展出的新体裁与新媒介对传统美学提出了挑战，本辑"艺术产业的符号美学"收录了相关问题的探讨文章。陆正兰、张珂梳理了艺术产业的概念及类型划分，为符号美学与艺术产业的关系探讨奠定了基本框架；胡易容、韩嘉祥在艺术诸定义中发掘背后的媒介性问题，讨论建立"艺术媒介符号学"的必要性；周尚琴提出了泛艺术化时代识别艺术的有效方法。

　　作为意义的研究者与创造者，艾柯无疑是耀眼的明星。本辑推出了"艾柯研究"，李静梳理了艾柯与中国的关系，曹怡凡讨论了艾柯的大众文化研究历程，郭全照论述了艾柯小说对中世纪历史文化的吸收征用。这些文章让我们走近艾柯的研究创作，他的知识与洞见不断启发、鼓舞着当代学人。

　　按照春季号惯例，本辑推出了2021年中国符号学发展报告，整理汇集了2021年度中国符号学的重要论著与会议动态，供各位读者参考。

Editor's Note

The exploration of meaning is an everlasting theme for human beings and is integral to the exploration of various fields of intellectual inquiry at home and abroad, from which it derives a variety of forms and structures. When the search for meaning turns to itself, and the question of the meaning of meaning emerges, semiotic methods resonate in a wide range of fields. Several of the papers in this issue are reflective of such a process. In section "Philosophical Semiotics", Wu Xiaoming applies narrative analysis to the study of the dialogism and philosophical connotation of *The Analects of Confucius*; Jiang Shiqiang summarises and discusses the contribution of the semiotic thought of Wittgenstein; Chen Wenbin discusses the significance of currency as a sign; and Hao Juan explores the physical dimension of Lacan's gender theory.

Traditional aesthetics are under challenge by contemporary art's exploration of new genres and new media. Section "Semiotic Aesthetics in the Art Industry" engages with these issues. Lu Zhenglan and Zhang Ke propose the concept and classification of the art industry to construct a basic framework for the discussion of semiotic aesthetics and the art industry; Hu Yirong and Han Jiaxiang explore the issue of art as a medium in the definition of art and expand the discussion to the necessity of establishing a semiotics of art media; and Zhou Shangqin puts forward an effective method to identify art in a "pan-artistic" era.

Umberto Eco remains an undoubted star of semiotics for his research into meaning and its production. In section "Umberto Eco Studies", Li Jing explores Eco's relationship with and influence on Chinese semiotics; Cao Yifan investigates Eco's research on popular culture; and Guo Quanzhao discusses Eco's absorption of medieval history and culture in his novels. These essays bring us closer to the works of Eco, whose knowledge and insights are a constant inspiration to contemporary scholars.

As in every spring issue, an annual report on the development of Chinese semiotics is also provided, presenting the highlights, statistics and trends in papers, works and conferences related to Chinese semiotics during 2021.

目 录

哲学符号学

艺术产业的符号美学

艾柯研究

广义叙述学

传播符号学

报告与评论

Contents

General Narratology

Semiotics of Communication

Report and Review

哲学符号学 ● ● ● ● ●

"空空如也"：一个《论语》文本的叙事分析

伍晓明

摘　要：本文尝试通过对《论语》中一个简短文本的叙事分析，表明通常被认为非叙事文本的中国经典如何不仅包含生动的叙事，而且可以通过叙事分析得到不同的或更好的理解。本文分析了一段只有28字的《论语》文本的诸个叙事方面，包括第一人称和第三人称叙述，叙述方式与视点、情节、反讽、元叙事、阅读代码，以及所叙之事作为人物的诞生之地。本文最后一部分则集中于这一文本所展示的对话性及其所蕴含的哲学意义。

关键词：孔子，叙事，叙述，情节，问－答，对话性

"I Am all Empty": A Narrative Analysis of a Text in *The Analects of Confucius*

Wu Xiaoming

Abstract: This article is an attempt to show how Chinese classics usually considered as non-narrative can be analyzed as a narrative by a narrative analysis of a short text in *The Analects of Confucius*. Furthermore, it attempts to show how new light might be shed on the understanding of such classical texts by applying narrative analysis to them. In this article, the analysis of this text of only twenty-eight Chinese characters touches different aspects of narratology, vis., the first person and third person narration, methods of narration and the points of view, the plot, irony, metanarrative, codes of reading, and the narrative as the birthplace of the character. The last part of this article focuses on the dialectical-dialogical nature of the text and its philosophical significance.

Keywords: Confucius, narrative, narration, plot, questioning-answering, the dialectical-dialogical

DOI: 10. 13760/ b. cnki. sam. 202201001

本文是一个某种程度上的叙事学以及符号学练习。谨以此文向叙事学和符号学同仁致以谦卑的敬意。

> 子曰："吾有知乎哉？无知也。有鄙夫问于我，空空如也。我叩其两端而竭焉。"（杨伯峻，1980，p. 89）①

以上就是我们即将尝试进行分析的叙事文本，准确一点说，是尝试将其读为叙事。

这一文本很短，只有 28 字。情节——假如真有的话——也不复杂，当然这里情节之有无仍有待证明。这一文本应该不难分析，至少其篇幅很短，易于穷尽，但对于这一文本的叙事分析——即使其真能被接受——大概也不会有多少可说吧？也许。不过还是让我们……

然而，且慢！你可能会说，这一文本哪算什么叙事？这不就是《论语》所载的孔子的一小段话吗？尽管其中有作为成语流传至今，人们虽已耳熟能详却经常不知其所云的"空空如也"，但这不就只是一个记录古人言说的古典文献或历史文本吗？即便是圣人之言，字字珠玑，句句金玉，但一个人的三四句话，准确地说，是一个难以确定究竟是向谁提出的问题和短短的三句话，就可以构成文学批评和研究者们如今极其看重的叙事了吗？

恐怕不行吧！不过，还是先宽容地给我们一个机会做下尝试。当然，我们保证尽量尊重这一经典文本所享有的历史地位及特殊尊严。或者说，我们将尽量试图恢复其特殊尊严，因为这一经典文本作为文本其实也许已经在无数隔雾看花或隔靴搔痒的评论中沉沦或淹没。

---

① 《论语·子罕》第八章。以下《论语》引文仅以括号形式注明篇章，例如这一引文（第九篇第八章）即会以"（9.8）"表示。

一、第三人称和第一人称叙述

首先，让我们直接面对这一文本。这个文本是一段叙述，因此我们首先应该确定这一文本的叙述者。我们可以暂时抛开关于《论语》作者的诸种历史臆测，而仅从形式上界定这一叙述者。叙述者是一个文本的声音的发出者或其文字的书写者。叙述者可以在文本之内，也可以在文本之外。如果在文本之内，这一叙述者大概会用第一人称代词“我”提及自己。这个作为叙述者的“我”可以叙述一件关于自己之事，或一件包括自己在内但不以自己为主之事，也可以叙述一件他（或她，以下不赘）看到或听到但并不涉及他自己的事。在最后这一意义上，他仅是一个可能不想让自己之所见或所闻淹没的记录者，但最后这一意义上的记录者可以并不在其所述之事中现身说法，例如司马迁之在《史记·孔子世家》中叙述孔子生平之事，即通篇无一指涉叙述者自身的古汉语第一人称代词“余”字出现。当然，到了最后，叙述者还是情不能已，一定要加上在《史记》中始终都以“太史公曰”开始的简单评论①，但那严格说来已经是在叙述文本之外的话了，就像是一幅大画的小画框。因此，这个不甘寂寞地以第一人称代词“我”告诉听众或读者是他而不是别人在叙述此事的第一人称叙述者，有时就似乎显得是唯恐我们忘掉他才是叙述出一切的人似的。

既然无论他以哪种方式在文本中现身，我们都可以看见或听到他在用第一人称“我”进行叙述，则我们称他为第一人称叙述者，亦即，一个使用第一人称代词“我”进行叙述的声音。当然，这个声音也可能用第一人称复数“我们”发言，无论是为了礼貌，出于虚荣，因为自大，还是由于成规，这一叙述者可以就是那个写下或讲出这一故事的署名者本人。当然，就古代文本而言，情况经常是或者我们没法确定其作者，或作者的名字只是后人基于猜测署上去的。但这一叙述者也可能与这个“实在”或“真实”作者有某些难以捕捉的微妙区别。例如，鲁迅那篇大都被认为是中国第一篇现代白话小说的《狂人日记》当然是很典型的第一人称叙述，但作者却通过假托其为他人之日记而与第一人称叙述者拉开了距离。署名作者之有意地与无论是第一

---

① “太史公曰：《诗》有之：‘高山仰止，景行行止。’虽不能至，然心向往之。余读孔氏书，想见其为人。适鲁，观仲尼庙堂车服礼器，诸生以时习礼其家，余只回留之不能去云。天下君王至于贤人众矣，当时则荣，没则已焉。孔子布衣，传十余世，学者宗之。自天子王侯，中国言六艺者折中于夫子，可谓至圣矣！”（司马迁，1999，p. 1566）

人称还是第三人称的叙述者拉开距离，实乃小说家的叙述惯技。中国文学中典型者有《红楼梦》，西方文学中典型者有恰在笔者手边的曼佐尼的《约婚夫妇》、艾柯的《玫瑰之名》等。①

　　在我们目前所欲分析的文本之内，没有这样一个使用第一人称的叙述者。这一文本的声音的发出者不是文本中的"吾"或"我"，也不是可与此"吾"或"我"相对的某一"你"，而是某一根本不在场的"他"。这一声音来自场外，就像电影的画外音或戏剧的台后音一样。这一进行叙述的他并不在文本中现身，却看到一切，知道一切，记录一切，讲述一切。按照叙事理论的说法，我们应该称这样一个叙述者为第三人称叙述者。但这一看似与"第一人称叙述者"对称的术语其实并不与之对称。如果我们说，就像第一人称叙述者使用第一人称代词"我"进行叙述那样，第三人称叙述者使用第三人称代词"他"进行叙述，那有人可能就会发蒙：此"他"究竟指谁？叙述者还是被叙述者？都是也都不是。就第一人称叙述者而言，第一人称代词"我"指身在叙述中的叙述者自己，但既然此"我"在其叙述中也不同程度地说及自己，所以此"我"也是一个被以不同方式叙述之人。但对于第三人称叙述者来说，局面就有些含糊不清了。相对于听众或读者而言，这一叙述者是"他"，此他为我们讲一件自己不在其中之事。在此事之中，每个人物相对于这一叙述者来说都是一个"他"或"她"，例如我们正在试图分析的文本中的"子曰"之"子"，即被叙述到的孔子。但"自己不在其中"这一表述其实有些暧昧不清。前面已经说到，叙述者可以讲一件自己不在其中但仍然作为目击者或旁观者在场之事，并且明确地以第一人称代词"我"来表明自己这一作为事件的目击者或旁观者的在场（这样的好处之一是增加可信度和权威性）。这就是某类第一人称叙述者所做的事。但涉及我们现在所说的第三人称叙述者时，"自己不在其中"就意味着完全不出现在叙述之中，亦即从来不以第一人称代词"我"在所述之事中提及自己。然而我们仍然可以想象，既然这一叙述者能够讲说此事，那他还是必然曾以某种方式在场。

---

　　① 《红楼梦》的情况颇为复杂。简单地说，空空道人在石头上看到的文字是原始的叙述文本（即手稿），空空道人是第一抄写者，曹雪芹是这一文本的增删改写者。我们可以合理地推想，假托的原始文本应该是第一人称叙述，因为其中所述之事是关于"石兄"自己及身边之人的。曹雪芹则是那个将第一人称叙述转为第三人称叙述的人。《约婚夫妇》作者曼佐尼声称其所述之事是对于一位"追求浮饰的17世纪作者"的"潦草凌乱、难以辨认"的手稿的改写。艾柯则称《玫瑰之名》只是翻译的翻译的翻译而已：17世纪的修士（Jean Mabillon）出版了14世纪的德国僧侣阿德索的拉丁语手稿，19世纪的法国神父翻译为法语，艾柯又将法语译本译为意大利语，仅删去了少数不必要的部分。

说"某种方式"是因为，他可以是自己身临其境，这是直接的在场方式；也可以是听闻别人转述，无论这一转述已然转过几人或几代之口，这是间接的在场方式①；他也可能只是在自己的黑夜梦或白日梦中见到此事；甚至可能只是在天马行空地"创作"或"捏造"此事，这可以说是想象的（或艺术的）在场方式，亦即想象自己曾经在场。但无论如何，他都必然曾经以上述某种方式在场。这是他能够讲述此事的前提。

既然无论是否亲身卷入故事之中，第一人称叙述者和第三人称叙述者都会以"某种方式"在场，二者之间的区分可能就并不像我们有时以为的那样容易做出。第三人称叙述者经常就像一个在电台或电视上（如今可能更多是在网络上）直播比赛的现场解说员。他紧张急速地为听众或观众叙述着赛事跌宕起伏的进程。我们听到他的声音，知道他的在场，却看不到他，因为他习惯于隐身场外，不让摄像机拍到自己，也从不（或至少一般不）用第一人称代词"我"提及自己，例如说些诸如"我想，5 号队员现在认为裁判不公平"之类的话。当然，这并不是说他从来不做这样的推测或评论，但他可能会避免说"我"，而只说"5 号队员现在认为裁判不公平"。这样说是很奇怪的，因为听众（或读者）现在不知道究竟是谁在想，到底是作为叙述者的解说员还是 5 号队员自己。这不可能是解说员在想，如果是他，那他应该说"我想 5 号队员认为……"这也不可能是五号队员自己在想，因为是那样的话，那么这句话的主语就应该是"我"："我认为……"于是这种叙述方式给人的感觉就是，好像无人在叙述，队员的感觉和整个赛事都是自动呈现出来的。这就是所谓第三人称叙述通过隐匿自己而创造的真实效果或毋宁说真实幻觉。（马丁，2018，p. 134）

二、所叙之事——事件——作为人物诞生之地

如果以上所说成立，那么"子曰：'吾有知乎哉？'"就可以说是一件第三人称叙述者所述之事。其为第三人称叙述的明确标志是，里面的人物是作为"他"而被提及的。如果不厌其烦地翻译出来，那么作为这一文本之开端的"子曰"就可以改写为"夫子曰"或"那一通常被尊称为'子'的人

---

① 例如，根据《春秋公羊传》的解释者汉代何休的说法，对作为历史叙述者的孔子来说，有所见者（所见之世）、所闻者（所闻之世）和所传闻者（所传闻之世）。所见者为孔子自己和自己父亲时之事，所闻者为其祖父时之事，所传闻者则为其曾祖和高祖时之事。"所闻"与"所传闻"都是"听说"，不过前者是听亲历者或当事人说的，后者则是听那些听过更早的亲历者之说者说的。

说"。随着这一开端，我们期待着知道这个被叙述的"他"——子，夫子，孔子——要说些什么。这也就是说，我们期待着一件事的发生，期待着此事的展开。即使此一被叙述的"他"除了说话以外别的什么都没做，他也还是在"做事"（performative）。他的说话行为本身就是事，是一个"事件"，他也以说话做事（牛津语言哲学家 J. L. Austin［1911—1960］的观点）；当然，他作为说话者也可能或更可能是在其所说之中陈述或叙述一件事，一件关于自己或关于别人或关于自己与别人的事。于是我们看到，此种一事包一事或一事套一事的情况理论上可以无限复杂，比俄罗斯套娃（матрёшка）的数量（通常是六个）要多得不可计数，尽管事实上很少有叙述者会让自己如此麻烦或冒如此风险。说风险是因为这样的话叙述者就很可能会在自己设置的迷宫中再也找不到出路。

事——事件——总与人有关，或是由人物做出的，或是关于某个人物的，或是有人物卷入其中的，又或是落到人物身上的、已经发生于人物的、由人物被动承受的。我们也许不会以一次完全与人无关的深海地震为事，但唐山大地震或汶川大地震就不仅是事，而且是大事，是涉及无数有名和无名人物的重大事件。如果追求表述的准确，我们就应该说，这一文本是一件关于某个人物之事。这里重要要落在"事"上，因为一篇关于某个人物的文本也可以没有我们通常所理解的"事"，例如一篇单纯列出墓主年表的墓志（尽管逝者生命中的日期也已经是事之发生的标志，例如出生日期就是一件全新之事——一个新的生命的诞生）。而如果没有事，那也就无所谓叙事，亦即对于某事或一系列事之叙述。更有甚者，我们或许也不该说"事总是关于某个或某些人物之事"，而应该说，事乃是形成或产生或创造人物的场地。因为，严格地说，其实并没有什么先在的独立的人物让一件事去相关，相反，是事——事件——本身形成或产生或创造了人物。就我们这里所关切的文本而言，如果说这一叙述是关于孔子这个人物的，那么在这一文本中，孔子作为一个人物被叙述了出来。当然，这一叙述仅仅呈现了孔子这一人物的某一点滴，某一方面，某一片段，某一剪影。一个关于人物的叙述可以仅是只言片语，如《论语》中的绝大部分文本对孔子的叙述，也可以面面俱到，如司马迁《史记》中的《孔子世家》对孔子的叙述。

从历史的观点看，以上说法可能会遭到非议，因为我们摆脱不了一个根深蒂固的成见，即历史文本作为叙事是关于那些真实存在过的人物的。当然！当然！然而，严格地或极端地说，其实这些人物之被我们坚信不疑为真实历史存在只是历史叙事的效果。我们其实只能用历史叙事来证明这些历史人物的存在，却又总是反过来认为历史叙事只是关于历史人物的真实或不尽真实的描写。这就好像是，历史人物从叙述他们的文本中走了出来与叙述他们的文本相对，作为衡量有关他们的叙述的真实程度的标准。然而，如果没有关于他们的任何叙述，哪怕只是一句单纯说出某一姓名字号的话，我们还会有任何所谓"真实历史人物"吗？当然，这并不是要说，除了我们自己以外都是话语效果，都是叙述效果，都是虚构，甚至我们自己也是这样的效果，这样的虚构，因为我们也只能从我们的名字中认出和确定我们的存在，而我们死后的"历史存在"则完全有赖于我们的名字能否被书写在历史中或铭刻在墓碑上。无名者根本没有历史存在，甚至也没有现实存在。至于我们每人的独一无二的现实存在，或真实的我们，我们每人的独一无二的"真实"，则无以名状，难能言说，没法进入叙述之中。何以如此？因为，没有"私人语言"这回事。进入叙述之中的"我们"已经不是真实的我们，但如果不进入叙述，亦即不被叙述，也没有真实的我们，作为历史存在的"真实"的我们。叙述作为话语掏空我们无法言传的真实存在，却赋予我们历史存在，即话语中的存在，叙述中的存在，文本中的存在。

被叙述并非一定是被某一指"我"为"他/她"的另一者叙述，因为我们其实无时无刻不在进行自我叙述，不在叙述自己。不叙述自己，不向别人或自己叙述自己，我们就不知自我为何，不知自己何为（wèi，亦即"for"），不知自身何在，亦即没有自我身份（self-identity）；叙述自己，我们也不知自我为何，不知自己何为，不知自身何在，因为我们即使在最忠实的自我叙述中也不再能找到那个被信为自我叙述之动因的"自己"。我们在自我叙述中通过误认自己而丧失自己，通过形构或创造我们的身份而丧失我们的身份。这就是言说者——无论是言说他人还是言说自我者——的普遍处境：不言说就一无所有，言说同样一无所有。用庄子的话说就是："既已为一矣，且得有言乎？既已谓之一矣，且得无言乎？"（王先谦，刘武，1988，p.20）鲁迅以不同的表达说出同样的困境："当我沉默着的时候，我觉得充实；我将开口，同时感到空虚。"（1973，p.463）从文学的观点来看，所谓"孔子"其实就只是这样的文本（众多文本的集合）的创造。除了在这些文本之中，我们还可以到哪里去寻找那个这些文本所关于的孔子，那个作为叙述之原型的人物？没有原型，只有抄本的抄本或拷贝的拷贝。我们从这些叙述中把孔子这一人物拷贝下来，然后健忘地把拷贝当作原本来衡量其与拷贝的距离。这并非所谓历史虚无主义，而是想指出这样一种必然情况，即在一个仍然有待详尽阐发的德里达哲学的意义上，也许确实一切都是文本，或文本之外一无所有。

三、叙述方式与视点

接下来，我们可以确定这一第三人称叙述所采用的叙述方法或手段。所谓叙述方法，指叙述是以何种语言方式或表述形式来呈现内容的。根据叙事学，第三人称叙述大致可有以下方式。

（1）概括：例如，在《论语》中，"子入太庙，每事问"（3.15）是对一个场景（孔子拜访太庙）的概括，"季文子三思而后行"（5.20）是对一个人的重复行为的概括。

（2）描写：如"子路有闻，未之能行，唯恐有闻"（5.14）是对一个人物的描写。《论语·乡党》中大部分章节都是对孔子的生动描写，如"执圭，鞠躬如也，如不胜。上如揖，下如授。勃如战色，足蹜蹜如有循。享礼，有容色；私觌，愉愉如也"（10.5），就是对于孔子出使他国时行聘问礼的描写。[①]

但概括和描写有时不好区分。大致说来，概括可说是对于重复行为或习惯行为的一次性描述，而描写则可在一定意义上说是对于单一行为的概括。

（3）转述：叙述者把人物说的话重说一遍，但不一定是逐字逐句的。在这种意义上，转述可说是对人物之语的某种概括。在《论语》中，我们没有第三人称叙述者所做的转述，但有其中人物所做的转述，例如，"曾子曰：'吾闻诸夫子，人未有自致者也，必也亲丧乎！'"（19.17）又如，"曾子曰：'吾闻诸夫子，孟庄子之孝也，其他可能也，其不改父之臣与父之政，是难能也。'"（19.18）这是曾子转述孔子的话。但此种由叙事中人物转述的情况在《论语》中也很少见。

（4）直接引用：叙述者让人物直接说话。直接引用的标志是把人物的话放在引号之中，表明这就是人物所说的原话。当然，在并不使用现代汉语从西方引进之标点符号的古汉语文本中，我们没有引号这一可以表示直接引语的形式标志，但《论语》中的"子曰"始终都是表示直接引语的文字标志。我们讨论的这一文本就使用了以"子曰"标志出来的直接引语："吾有知乎哉？"此语不是报告，不是转述，而是人物在以第一人称代词"吾"说话，

---

① 附杨伯峻译文如下以供参考："（孔子出使到外国，举行典礼）拿着圭，恭敬谨慎地，好像举不起来。向上举好像在作揖，向下拿好像在交给别人。面色矜庄好像在作战。脚步也紧凑狭窄，好像在沿着（一条线）走过。献礼物的时候，满脸和气。用私人身份和外国君臣会见，显得轻松愉快。"（1980，p. 99）。

尽管我们不知道他是在对谁说。换言之,这是让人物自己现身说法。对于有些叙事理论家来说,这是使虚构故事生动逼真或具有现实主义感的一种手段。在历史叙事中,这也是可以创造真实效果的叙述技巧,因为除了被如此引用出来的——其实是叙述出来的——意在让人相信是历史人物曾经说过的真实话语之外,我们并没有任何手段证实其真实性。

而一旦第三人称叙述者或全知叙述者让人物以第一人称代词"我"或"吾"说话,所述之事中就出现了一个转折。此处所谓"转折"指的是,本来整件事都是由对被叙之事中的所有人物皆使用第三人称提及的叙述者看到的,亦即从人物的"外面"看到的。用叙事理论的术语说,这是所谓"第三人称视点"。使用第三人称谈论人物的叙述者当然也可以描述人物的内心世界、情感变化和思想活动,但这样一来读者就会感到叙述者的存在,而对其无所不知的叙述的可信程度产生怀疑。例如,我们可以做个试验,将"吾有知乎哉"以这样的第三人称全知视点叙述出来:

> 孔子对自己是否有知产生了怀疑,因为当有一位村夫或乡野之
> 人问他问题时,他觉得自己空空如也,什么都不知道,但他通过从
> 正反两方面向这位村夫提出有关其问题的问题而做出了回答。

如此我们可能就会问,叙述者怎么能知道孔子的感觉呢?所以,为了实现更高的可信度,叙述者就会尽量限制对人物内心世界的描写。这是中国传统文学和非文学叙事的一般情况。司马迁《史记·孔子世家》堪称这类叙述方式的典范,尽管他也极偶尔地会触及一下人物的内心。例如:"孔子知弟子有愠心,乃召子路而问曰……"又如:"孔子恐获罪焉,居十月,去卫。"(司马迁,1999,p. 1555,p. 1546)这是《孔子世家》中少见的两处对孔子内心感觉的描述,因为"知"和"恐"严格地说都是人物的内心活动,第三人称叙述者从外面是看不到的,除非人物将恐惧流露到脸上,将认知形之于言语。司马迁一般会限制自己从"外面"看人物行为和听人物言说。他的另一叙述手法则是让孔子这一人物形象在他人的言谈话语中表现出来。一些小说家们,尤其是现代小说家们,解决这个问题的方法之一就是从第三人称视点转入第一人称视点。当叙述者让故事中的人物开始用第一人称说话时,叙述视点就发生了这样的改变。现在我们不是通过第三人称叙述者的眼睛来看,而是通过使用第一人称指称自己的人物的眼睛来看。人物自己说的第一句话就让我们看到他的内心活动。在我们尝试分析的这一《论语》文本中,当叙述者用"子曰"引出一段以第一人称代词"吾"开始的话时,我们就跟着说

话者进入了他的内在世界。如果这句话是被报告或转述出来的，其真实效果就会打折扣。可以设想一下，孔子的话不是直接引语而是曾子转述的，那么这一文本就可能被写成："曾子曰：'吾闻诸夫子言己之无知矣，有鄙夫问于夫子，夫子言己空空如也，然而夫子叩其两端而竭焉。'"这当然不似直接听孔子自己说（尽管这一"自己说"也是叙述产生的效果）那么让人信服，因为我们可以怀疑曾子是否听错了或记误了，而一般地说，信息在转述即传播过程中的失真（增熵）是必然的。

关于叙述者，这里也许可以再多说一点。第一人称叙述和第三人称叙述是最常见的两种叙述方式，二者又各可包含不同方式，例如第三人称叙述中包含第一人称叙述，或第一人称叙述中包含第三人称叙述。再以前引《论语》中曾子转述孔子之语为例："曾子曰：'吾闻诸夫子，孟庄子之孝也，其他可能也，其不改父之臣与父之政，是难能也。'"此中"曾子曰"是由第三人称叙述者说出的，曾子对孔子之语的转述（或报告）则为第一人称叙述，而被转述的孔子之语却是有关孟庄子之孝的第三人称叙述。这样分析起来有些复杂，对吧？但凭着直觉阅读的读者其实并不会为此烦扰。最后，想象一下以较为少见的第二人称叙述方式来改写这一文本也不是不可能的："汝有知乎哉？无知也！有鄙夫问于汝，汝空空如也。汝叩其两端而竭焉。"再翻译成我们的现代汉语，那就会是："你有知吗？没有！有村夫向你发问，你空空如也。但是你却（机智地）通过反复追问其问题的两端来回答了他。（你可真棒啊！）"

这一第二人称叙述会对读者产生怎样的效果？这是孔子在自夸吗，还是在夸人？我们能确定吗？恐怕很难。这也许就是第二人称叙述的特殊之处：读者经常觉得自己被置于暧昧之中，不知叙述者是在对自己说"你"还是对读者说"你"。限于篇幅，我们只能将对这样的第二人称叙述的无穷想象留给"你"来进行了。

四、情节、反讽、元叙事、阅读代码

现在可以说说这一叙事的情节了。但这一叙事——假定你已接受这是一篇叙事的话——有情节吗？首先，何谓情节？西方批评传统的情节观念主要来自亚里士多德的《诗学》。情节由时间上的连续和因果关系结合而成。按照英国小说家福斯特①的形象说法，"国王死了，然后王后也死了"是故事，"国王死了，然后王后也因悲伤而死了"就是情节（马丁，2018，p. 79）。不过这一翻译过来的情节定义也有问题：故事（story）可以没有情节吗？按照我极为敬重的老朋友赵毅衡的说法，情节是有人物卷入其中的变化。水结冰是物理变化，其中也有时间上的连续和因果关系，但没有人物卷入（除非我们让007被冻在里面再设法逃出），所以似乎很难说是情节，至少不是通常所说的"故事情节"，尽管科学叙述中其实也未尝没有情节。② 那么，"吾有知乎哉"这一故事有情节吗？我们前面曾有所保留地提到这一故事可能有情节，现在来根据上述关于情节的说法验证一下。首先，有时间连续吗？有。从有鄙夫问于我到我回答了他的发问，这是一个具有时间上的连续的过程。有因果关系吗？也有。有人问我，我因为被问而感到自己空空如也，这就是一个有着因果关系的连续。是一个有人物卷入其中的变化吗？是。如果只有某人发问，那么这是状态而非变化（但其实即使只是有人发问，这也已经就是变化：发问打破绝对静寂，这是一个从无到有的开始），但问题被回答了，初始状态就改变了。在这一状态的改变中，不仅有人物——我和鄙夫卷入其中，而且人物本身也改变了。鄙夫可能因虚来实归（即因有问题而来，带着问题的解答而归）而满足，我则可能因回答了本以为自己无法回答的问题而高兴。

有些关于情节的讨论认为情节要从头开始。但也有认为情节可以或应该或其实只能从中间开始的，因为故事的真正的开头只能是一个无限回溯的过程。（马丁，2018，p. 82）这一叙事的情节就可说是从中间而不是从头开始的。我们一开始就听见孔子发问："吾有知乎哉？"却不知道他为什么发问，为什么会发此问而非其他的问，也不知道他在向谁发问。这一发问的背景和起因都没交代。我们只有继续读下去，才知道他这一发问的起因，即"有鄙夫问于我"。

---

① E. M. Forster（1879—1970），英国小说家和批评家，《印度之旅》是其名作。

② 写作此文过程中偶遇艾柯《文学这回事》（翁德明译，上海译文出版社）一书中提到，格雷马斯曾对法国比较语言学家杜梅齐尔（Georges Dumézil, 1898—1986）《大天使的诞生》的科学性导论做过叙事分析，而艾柯自己曾在《故事中的读者》中试对斯宾诺莎《伦理学》开篇的那段表面看来毫无情节可言的文本进行叙事分析。笔者当然远不如这些学者大胆。在中译本中，艾柯的斯宾诺莎引文及他所做的分析皆不好读，我猜想部分原因可能是译者并非哲学专业。此处与其引出艾柯那译成汉语会让读者云里雾里的分析，不如从中译本斯宾诺莎《伦理学》直接引出其开篇，并将可能的分析游戏留给有兴趣一显身手的读者去做："自因（causesui），我理解为这样的东西，它的本质（essentia）即包含存在（existentia），或者它的本性只能设想为存在着。"（1991，p. 3）

　　如果我们继续进行形式分析，甚至还可以在这一文本中辨认出反讽或互文反讽以及所谓"元叙事"来。孔子说自己无知，可他又回答了他人的问题。但如果无知，怎么能够回答他人的问题？而如果能回答他人的问题，又怎么会是无知？回答者即孔子自称的"无知"与其对村夫问题的回答是如何相连的？能够回答问题的无知者之无知是怎样的无知，而被无知者以无知所回答的问题又是怎样的问题？问题之被如此回答难道不构成对孔子自称之无知的反讽吗？反之，能被以无知回答的问题难道不又构成对此问题的反讽吗？这样分析起来，这一叙事文本中不仅包含了反讽，而且这一反讽意味深长，颇有哲学意味。关于这一反讽，我们还可以问，是第一人称叙述者即孔子在有意反讽，还是他在自己的叙述中创造了反讽而不自知？如果是前者，那么孔子的言外之意何在？而如果是后者，那么这一反讽对不意落入其中的叙述者的影响何在？但追问这些似乎就超出了有关反讽的形式分析的范围。

　　最后，关于这一反讽，我们还可以从结构主义角度来看。孔子有博学之名，是大师，在这一叙事中是被问者，向他发问的人却是无名之辈，是鄙夫，乡野之人，缺乏起码的文化修养。孔子高高在上、尊贵，乡野之人低低在下、卑贱。然而，卑贱者是发问者，尊贵者是被问者，被问者自己承认无知却需要回答，发问者明知自己无知却有疑而问。但如果能提出问题，而且提出让孔子也需要谨慎回答的问题，那么恐怕问者就并非一无所知。这一点从孔子可以"叩其两端而竭"即通过穷究问题之两端或正反两面而解答即可知，因为能提出一个好的问题亦即值得回答尤其是值得孔子这样的大师回答的问题，本身就已经是智力超群的标志。问题的提出——用如今学者之非常看重的话说，即"问题意识"的具有——不已经就将问题置于回答之上了吗？于是，我们可以发现这一叙事中有一系列二元对立：高对低，贵对贱，文对野，有知与无知，发问与回答。在这些二元对立中，对立项互相转化，在下的问者使在上的被问者感到自己相对于问题的无知，于是双方的高下互换了位置。在下者在这一叙事中转化为在上者，在上者则转化为在下者。但问题最终被回答，于是所述之事开始时的失衡就被消除，正常秩序得到了恢复。在上者复归上位，在下者回到下位。这些相互转化都可以被视为互文反讽，即可从结构主义角度看出的互文反讽。

　　至于这一叙事中可能包括的元叙事，如果我们的分析能让读者信服的话，应该可以在叙述者孔子最初的自我评论与随后的发生之事的关系中发现。"有鄙夫问于我，空空如也。我叩其两端而竭焉"是关于一件事的完整叙述：初始寂静（这是从叙述本身回溯到叙述开始之前的寂静，是任何叙事都预设或蕴含的寂静）打破了（言打破默，问打破原本自以为的有知而让叙述者感到无知），行动开始了（叙述者以自己的方式回答问题），转化发生了（叙述者从问题之两端入手回答问题），任务完成了（问题所蕴含者被穷尽了，问题被回答了）。孔子的自我评价（"吾有知乎哉？无知也"）尽管位置上是在这一叙述之前，却既是由所述之事激发的，也是对所述之事的评论，因此可说是一定程度上的元叙事，尽管所谓"元叙事"这一说法不伦不类，因为元非元，元叙事之上还可以有元元叙事、元元元叙事，等等，所以最好还是满足于"叙事之叙事"或"叙述之叙述"这一似乎难以专名化或术语化的说法。孔子似乎是在说，关于我所述之事，我所能说的就是它表明了我之无知，但同时也反映了我即使无知也仍能设法回答问题的机智。

当然，谈论"叙事之叙事"，即一个叙事中包含的关于此一叙事本身的叙事，我们不能忽视叙事本身对有关这一叙事之叙事的反诘或质疑。叙事文本中关于叙事之叙事意在发挥作者权威性，解开叙事本身的谜团，揭示其中的奥义，让读者有迹可循，有法可依。然而，作者在叙事之叙事中的这一权威性（并非所有作者都意在运用叙事之叙事来确立自己在解释上高于读者的权威性）又总是可以被所述之事本身反过来加以破坏。这就是说，有关叙事之叙事意在范围叙事，即规定其解释界限，但叙事本身却并非如此容易被驯服。就我们目前所论之文本而言，孔子认为鄙夫之问与自己之答表明了自己之无知。但我们也可以看到，叙述者所述之事突破了其有关评论。孔子之最终能回答鄙夫的问题表明他其实并非如自己所说那般无知。于是，在这一叙事本身与关于这一叙事的评论之间，我们又看到了前述从另一角度分析的互文反讽。

现在我们可以转到读者对叙事的阅读。从阅读角度分析这一叙事，我们可以像巴尔特一样，使用若干代码。所谓"代码"（code，亦译为"译码"或"符码"等）大致可说是我们在译解言词和文本意义时使用的词典（密码本就是译解密码的词典）。在谈论反讽时，我们已经运用了巴尔特所谓的文化代码。我们诉诸这一代码理解"子"这一称谓，理解作为历史文化人物的孔子以及向他发问之鄙夫的社会地位。"吾有知乎哉？"可以让我们启动诠释代码：孔子在问谁，别人还是自己？他为何如此发问？他为何发如此一问？而从"有鄙夫问于我"开始，我们就需要使用行动代码或情节代码了：什么在发生？什么发生了？结局将会是什么？等等。

五、问与对话性

我们这一叙事分析或许还可以再进一步，即开始考虑这一文本中所包含的对话性。我们希望以一个阅读试验来阐明这一对话性的哲学意义。

让我们从"空空如也"开始。"空空如也"一般有两解，即或以为指向孔子发问的鄙夫，或以为指孔子自己。《论语》此章之句法及语境应让我们将此语理解为孔子之自谓。此章仅记录孔子之语（《论语》所记孔子之语或为面对他人之问的回答，或似乎仅为夫子自道，但后者其实也经常甚至几乎全部都是从问答之语或对他人所说的话中截取的。这一点其实已经由作为书之标题的《论语》一词所指明，但我们阅读和解释《论语》时经常会忘记这一点）。本章开始即为孔子关于自己是否有知的自问自答。但这其实应该也是说给某一称赞孔子有知或坦率地问孔子是否自认有知者听的话。正因为孔子被人问到他是否认为自己有知，孔子才会以回答自己是否有知而开始此篇言语。但孔子不是以直接肯定或直接否定的方式回答，而是以一种先将他人之问原封不动接过来的方式回答。说"原封不动"当然并不完全准确，因为问题的主语或主体在问题转手之后改变了。在孔子接过来的问题中，他人话中用以尊称对方的"子"（《论语》中"子"用为第二人称代词时表示尊敬①）或普通的第二人称代词"汝"或"尔"变成了"吾"或"我"。通过首先原封不动地接过问题，孔子让自己在对话中的位置发生了某种变化。问题总在两者之间往复，其指向则可以为两者共同关注的第三者：其他的人，其他的物，其他的事，或对象、客体。但当问答为自问自答时，情况似乎有所变化，或者说，复杂化了。我问自己，我有知吗？我是有知者吗？这样的问题中有三我，问者为我，答者为我，问之所问者亦为我。因此，孔子这一以自问自答开始的说话方式首先就值得注意，但其所以值得注意是因为，是另一者——作为提问者的他人——携带着其问题到场才激发了此一者——我，需要回应他人者，需要回答他人之问者——的自我问题。而所谓自我问题最终总是因另一者而起，与另一者——与我自始即需要回应并已然回应的他人有关，亦即，"关（乎）-（连）系"到我作为我即必须为之负责的另一者。

当然，在总是需要有一定的交流策略的实际生活中，孔子之言自己无知，

---

① 见《论语译注》所附《论语词典》（杨伯峻，1980，p. 217）。根据杨伯峻的统计，《论语》中"子"作为"表敬的对称代词"共出现 23 次，例如"子奚不为政？"（2. 21）

言自己之"空空如也",也可以是被认为有知甚至无所不知的孔子的某种自我保护方式,一种在与他人的交往中以退为进的策略。① 我如承认有知,就会让自己处于某种自我防守之势。问者——提问的他人,是进攻者,而我若不能回答就等于承认失败。相反,如果我首先承认自己无知,我就使自己转而处于某种攻势之中:对不起,我不知道,您既然提出此问题,想必已有所知吧?您自己对您的问题怎么看呢?您难道不是一定已经有了一些想法了吗,不然您怎么会提出这样的问题呢?您看,我就没有想到这一问题呢。所以,还是先听听您的想法吧。如果允许一些想象的补充,这难道不很可能就是发生在孔子与鄙夫——那位乡野之人之间的问答吗?

为了让上述想象更具体、更充分一些,我们甚至可以把孟子与弟子桃应的问答移置于孔子与此乡野之人之间,并试想如果这是发生在孔子与乡野之人之间的问答,而孔子将以他自己的方式来应对乡野之人之问,那又可能会出现怎样的局面。孟子与弟子桃应的问答是这样的:

> 桃应问曰:"舜为天子,皋陶为士,瞽瞍杀人,则如之何?"孟子曰:"执之而已矣。""然则舜不禁与?"曰:"夫舜恶得而禁之?夫有所受之也。""然则舜如之何?"曰:"舜视弃天下犹弃敝屣也;窃负而逃,遵海滨而处,终身䜣然,乐而忘天下。"(1960,p.317)

现在,让我们设想,是乡野之人在问孔子:假设舜是天子(立法者),皋陶是士(执法者),而舜的父亲瞽瞍杀了人,在这种情况下(您认为)应该怎么办呢?前面放在括号里的"您认为"只是隐含在而并没有实际出现于问题之中,因此问题之中的这个"怎么办"就有些笼统。当然,因为问题是向被问者提出来的,所以这个"怎么办"可以首先理解为——甚至应该毫无疑问地理解为——指向被问者本人对此的想法、态度、立场或所能提出的解决方案。这样理解,这个问题问的就是"您认为应该怎么办?"但这个"您认为应该怎么办"如被具体化,就应该会是"您认为在这种情况下所涉及的那些当事人们将会怎么办或应该怎么办?"孟子就是这样理解弟子的这一问题并立即给出回答的:把舜的父亲瞽瞍抓起来就是了("执之而已矣")。

但我们可以想象,孟子可能马上就后悔自己的回答过于仓促了。看来私淑孔子的孟子并没能学到孔子的"叩其两端而竭焉"的技巧——一种以退为进的"辩证"(dialectical-dialogical)技巧。因为在孟子的第一回答之后,弟

---

① 刘宝楠说:"夫子应问不穷,当时之人,遂谓夫子无所不知,故此谦言'无知'也。"(1990,pp. 332 - 333)。

子桃应紧接着就问，那么舜就坐视父亲被自己任命的执法者抓起来吗？他真能如此无动于衷吗？在对方第二轮问题的攻势下，孟子把自己的正面防线暴露给对方。他首先防守的是法之为法：舜不可能插手，他没办法管，因为他的执法者是遵命而行（而这蕴含着"此命当然是天子之命"）。但提问者并没有到此为止。他并不满足。问题没有解决，所以问题尚未完结：要是舜让自己的父亲就这样被抓起来，他又会怎么样呢？这就算完了吗？整个事情就这样完了吗？事情能这样就完了吗？这一问题中的潜台词或潜文本是，舜可是天下之大孝啊！而孝不正是舜以之治天下者吗？眼睁睁地让自己的父亲被抓，那就甭说大孝了，就连最起码的孝也都算不上吧？

在这第三波问题的攻势面前，孟子放弃了他原先保卫的防线，即"执之而已矣"。放弃最初的防线意味着承认自己已经知道在提问者的进攻之下自己设置的这一防线无法保卫，并在这一意义上是承认了自己的一个失败。舜不能不让父亲被抓，但又不能让父亲被抓！在这种情况下，舜又应该怎么办呢？孟子于是转而开辟了一道不同的防线：舜将毫不顾惜地放弃天下，偷偷背起自己的父亲逃去某一遥远之处（在孟子这里是海之滨，古代的天下之尽头），某一很可能是无人之处（这一无人之处很可以被译为 u-topia，即乌 -托邦，一不可落实的乌有之地），而与之一起快乐地生活到老。

孟子守得住这第二条防线吗？我们不知道，因为弟子桃应放弃了继续进攻。如果桃应继续追问，舜真能就这样抛弃天下，跟自己的父亲在遥远的海边一起永远快乐地生活下去吗？我们不知道孟子又将如何回答。在弟子面前，孟子无问不答，但节节退却。问者只是一再地问与追问：如果……那么……然而……？他并不反驳孟子的回答，也没有说出自己的想法。他并没有说他觉得舜会这样或那样做的话，也没有说自己觉得舜不会这样或不会那样做的话。他一定也有自己的某种想法吧，即使只是模糊的还没有形诸词语的想法？但孟子并没有给予问者任何机会说出自己的想法。因此，孟子不知道问者自身对问题的想法。问者内心的思想是无声的，并未得到任何机会表达出来，因而就在问答之中消失于无形，而没有对问题的解决做出积极的或正面的贡献。在与问者的交流中，孟子没有表现出他也关心并希望知道问者的想法。在作为弟子的问者面前，孟子表现为能够"应问无穷"的老师。他对最初的问题做出了迅速回答（"执之而已矣""夫舜恶能禁之"）。这种迅速表现着孟子的自信。但孟子最后却被问题之"两端"逼得自相矛盾。皋陶应该依法把瞽瞍抓起来，舜不能禁止皋陶如此行事，但舜最终却以"窃负而逃"这一行为至少是消极地阻碍了法的执行，并且放弃了自己对整个天下的责任。孟子对于他设想的舜的这一行为真能满意吗？或者说，他对自己为舜做出的这一最终选择真能满意吗？也许很难。他难道不会为自己在问题的追迫之下而让舜在伦理困境中做出的这一决定而后悔吗？很有可能。虽然记录弟子桃应与老师孟子对话的这一文本在让舜偷偷背着父亲到了海滨快乐地住下之后就戛然而止了。①

现在让我们来想一下孔子在这种情况下会怎么办。不是首先想孔子会让舜怎么办，而是想孔子自己会如何应对这一问题，亦即，他会采取何种方式来回答这些难题。按照孔子对自己"空空如也"的无知状态的承认，以及他自言的"叩其两端"的回答方式，孔子也许不会像孟子一样遽尔作答。他可能会首先反问对方的想法：那么您觉得在这种情况下应该怎么办呢？这样的反问将对话双方的角色反转过来。现在，本来应该回答问题的孔子变成了发问者，而提问的乡野之人则被孔子的问题置于需要作答的地位之上。这一地位就是孟子和桃应的对话之中孟子的地位。在一问一答的对话之中，起支配作用的逻辑就是，问题总是使被问者感到自己必须做出应答，尽管这一应答可以表现为反问。但反问不能循环。反问如果再遇上反问就会失效，就像在两面对照的镜子之中无限地互相反映的镜像因为没有止境而不能提供任何确定的信息或知识一样。孔子反问提问者，就将其置于需要回答的地位之上。在这种情况下，这位乡野之人很可能会像孟子一样说，受命执法的皋陶应该把瞽叟抓起来吧？这并不是说此一鄙夫能有亚圣孟子的见识，而是说，当此一鄙夫被如此问到之时，他会自觉或不自觉地受着问题本身的引导。这就是说，问题本身包含着诸种可能的回答，或至少是指向诸种回答的可能方向。此即所谓"（问）题中应有之义/意"。

但所谓"诸种"其实通常都只是两种，因为思想通常都受决定着判断的非此即彼逻辑的支配，这一以排中律知名的逻辑排除非此非彼的第三项。这在中国传统中跟在西方传统中一样是事实（此处暂且不论儒家的中庸思想，这一思想似乎从来没有得到清晰明确的表述，例如，为孔子及后人所乐道的舜之"执两用中"。当然，没有得到清晰明确的表述与中庸这一思想本身就是困难的思想有关。过犹不及，最好能够处于中间，拿住中间即"执中"，但问题在于，这一"中间"之"中"本质上就是无法确定的，因为其并无任何本质，或任何实在，或任何实体）。此种思想方式根深蒂固。也正因为如

---

① 关于这一问题的详尽讨论，参阅拙作《设想舜欲废除死刑——重读〈孟子〉"天子舜窃负杀人之父而逃"章》（2015）。

此，古今中外那些钟爱并发挥各种亦此亦彼又非此非彼之论的思想者（如中国的庄子、印度的龙树和西方的德里达等）才始终不受待见，难成主流。

孔子或许也应被列入非此非彼又亦此亦彼之论者的行列，尽管这似乎并不是人们所熟悉的孔子的形象。但我们知道他称许中庸为"其至矣"，并说人们很少有能真正做到中庸的："知者过之，愚者不及也……贤者过之，不肖者不及也。"他因而慨叹："天下国家可均也，爵禄可辞也，白刃可蹈也，中庸不可能也。"（《中庸》）孔子则被人描述为一个"毋意、毋必、毋固、毋我"者，而他也自云"无可无不可"（18.8）。也正因为如此，我们才会觉得，孔子对于问题应该不会仅执一端，而一定要"叩其两端"，甚至不止两端。"叩其两端"并不一定就意味着在两端显露之时，问题的提出者和解答者就必须择其一端而从之，因为两端的存在可能经常会要求某种非此非彼的解决，某种不可能但又非常必要的"中"。

当然，如果仅从形式上看，一个关于可能性或当行性的问题通常会有两端：此或彼，彼或此，非此即彼，非彼即此。例如，天子之父杀人时也可能被抓吗？一个可能性是他会被抓，另一个可能性是他不会被抓。或者，天子之父杀人时也应当被抓吗？一种回答是应当，另一种回答是不应当。在我们让孔子和鄙夫代替了孟子和桃应的这一问答中，鄙夫问的首先是在有杀人之事于特定情况下发生之时诸被涉及者应当如何。一般而言，杀人偿命，这是当时共享的观念或"assumption"：如果杀人就应该被抓起来，无论是谁。"执之而已矣"是在问题本身所包含的可能回答之一的引导下而得出的结论。因此，我们应该可以假定，首先提出这一问题的人心中其实已经有了这一可能的回答，即使他自己还没有明确意识到。而孔子之"叩"，即其向对方提出的反问，或其针对其问题本身提出的问题，则使提问者对自己的问题本身所蕴含的一端，或一种可能性、一种应行性，开始显露出来或明确起来。

当然，刚一开始时，孔子应该还只是帮助鄙夫明确了问题的一端，那就是即使天子之父杀人也应该被抓。但孔子不能放松。问题有一端即有另一端。因此孔子可能会继续问（注意，此时参加问答的双方的角色已经相互调换了。现在，最初的发问者成了回答者，而最初的回答者成了发问者），如果执法的皋陶因杀人而逮捕瞽叟，舜就不会出手干预吗？瞽叟不是舜的父亲吗？而舜不是天下之至孝，孝的最高榜样吗？是啊，对方会在孔子的这些叩问之下开始意识到，舜作为天下之至孝应该在这种情况下为自己的父亲做些什么，并因此而可能回答说，是啊，舜是不应该听任自己的父亲被抓啊！随着这一回答，问题的另一端似乎也在对话中浮现出来。虽然即使父亲杀了人，按照杀人偿命的古老原则，也应该让其被抓，但作为儿子，舜又不应该听任父亲被抓。这一问题的两端于是就形成了一个困境——一个想象出来的真实伦理困境。

言其为"困境"（aporia）是因为此两端并不构成一个能够容许非此即彼的回答或解决。相反，这一问题的两端却导向两条虽然方向相反却皆有"此路不通"标志的死路。因此，为了在这一似乎没有出路的困境中找到出路，孔子可能会从已经显露的问题的两端之一重新开始，接着这样发问：如果舜应该为父亲做些什么，舜能直接禁止皋陶抓人吗？也许不能吧，对方迟疑了，因为皋陶可是遵照舜的命令行事的啊，而天子舜的命令不也就是天的命令吗？遵此天命，即使天子之父犯法，不也应该与庶民同罪吗？是啊，孔子可能会回应说，但孔子不会停下来，因为问题还没有被穷尽，亦即，问题本身还包含着其他可能的回答，而且孔子自己可能也不倾向于让舜听任父亲被抓（孔子此时可能会联想到他自己对"其父攘羊子证之"［13.18］一事的态度①）。于是孔子可能就还会问，如果既不能禁止皋陶抓人，也不能坐视父亲被抓，那么舜又究竟该怎么办呢？至此，这一戏剧性的对话局面就达到了高潮。

之所以说戏剧性，是因为一出想象出来的戏剧或一个虚构的事件在对话中展开。在情节的每一转折点上都有两种可能，假使这整出政治－伦理戏剧始于天子之父瞽叟杀人，那么之后的情节发展将沿着两种可能不断分叉：皋陶可能逮捕瞽叟，也可能不逮捕瞽叟；皋陶的逮捕可能被阻止，也可能不被阻止；如果逮捕不被阻止，瞽叟可能被抓；如果瞽叟被抓，舜可能干预，也可能不干预；如果舜不干预，瞽叟可能就需要偿命；如果瞽叟陷入这一绝境，舜可能采取某种行动，也可能不采取某种行动。孝要求舜采取行动，义要求舜不采取行动。情节的发展至此就展开了一个难题，一个真正的伦理的同时也是政治的难题。

我们可以想象，当孔子在这一节点上问对方舜应该怎么办时，如果对方没有孟子那样的未经质疑的自信，他可能就将不知所措。一方面，皋陶应该抓人，舜不应该禁止；另一方面，舜也应该照顾他的父亲，不应让他被抓。但如果对方也像孟子一样，那么他也许就会说，在此进退两难之中，舜会选择放弃天下，背起父亲悄悄逃到无人的地方住下来，二人一起无忧无虑地快乐度过余生。而自觉"空空如也"、一无所知并以"毋意、毋必、毋固、毋我"（9.4）自勉的孔子则可能就会再问：放弃天子之位，放弃天下，也就是

---

① 参阅拙作《"吾道一以贯之"——重读孔子》（2013）中有关父为子隐子为父隐的讨论。

说，放弃对天下之人的应承，背负着杀了人的父亲悄悄逃走，往而不返，舜真能从此就快快乐乐、无忧无虑了吗？这是提给对方的问题，也是提给自己的问题。而对方对此的回答将有可能是：我觉得舜不可能如此，不应该如此，他应该能做得更好；虽然我这个缺乏知识的乡野之人现在还不能回答舜如何才能做得更好这一问题，但孔子先生您必有以教我吧？

往复问答的对话至此，对话中形成的思想就会被引向对不可能有明确的、一劳永逸的解决方案的伦理－政治难题或困境的进一步的详审细察。这并不意味着这样的详审细察就能彻底解决问题，但其至少应能形成对这一思想困境的承认，从而使某种在此困境中的必要的坚持成为一种可能，并使解决——有限的解决，必然有所妥协的解决，尽量兼顾所有人的解决，而非彻底的或绝对的解决——之可能得以涌现。在这样的"叩其两端"的问答或以问为答的对话中，孔子将能引领提问者也引领自己沿着艰难的思想小径前行，而尽量避免将问题仓促简单化之险。对方现在将孔子置于不可能再以问为答的境地。叩其两端已经告一段落。孔子现在需要真正回答问题了。而我们则可以期待，孔子可能将不会给出像孟子那样的"最终"回答，既然孔子已经通过前述反问质疑了舜在背着父亲悄悄逃走以后无忧无虑地快乐生活下去的可能性。这样，我们可能就会看到，发现自己需要做出最后回答的孔子将因乡野之人对舜背着父亲逃走之后能否快乐的怀疑而亦开始怀疑，并感到需要找出更好的答案。更好，意味着能够对天下所有人都更加公正，包括天子自己的父亲，而不是让他成为有特权的例外。于是，提问者在此似乎转变为有以教孔子者，而孔子的"叩其两端"的方式将有可能导出积极的思想结果。（伍晓明，2015）这样一个认为自己一无所知"空空如也"的孔子的形象符合《论语·子罕》中与此章相邻的"毋意、毋必、毋固、毋我"章所描述的那个孔子，也符合那个说"三人行，必有我师焉"（7.22）的孔子。

最后，在结束以上全部的分析时，让我们回到这一作为本文标题的暧昧或神秘的"空空如也"。谁空空如也？孔子还是鄙夫？我还是他人？此一者还是另一者？如果他人——现实中的他人，实际的他人——完全空空如也，那么他就连提问的可能都没有，因为能有所问就意味着他已经有些什么，一些他无法确定的什么，一些可能困扰着他的什么。那么，空空如也的是孔子？可能吗？让我们从反面想一下，如果孔子不是空空如也，那他还能对鄙夫之问做出应答吗？尽管可能很多人都会立即说，孔子恰恰因为并非空空如也，才能应答鄙夫。然而，应答意味着什么呢？是从装满现成知识的口袋里掏出一个符合对方之问的回答吗？但既然他人总是可能出乎我之意料者，我又怎样才能让他之问与我之答完全和永远"若合符节"？他人之问可以无穷，而我之知则必然有限。如此，一旦被他人之问逼到己之知的尽头，我又将如何应对？所以，我必然会空空如也：要么是自始即空空如也，要么是最终回到空空如也。面对带着问题的他人，作为问题的他人，我只能是空空如也，必须是空空如也。何以然？铜钟因中空而能响，琴筝因内虚而可鸣。虚与空难道不正是我们这一传统历来珍视的观念？正因为空空如也，我才能回 - 应他人，亦即回答他人，应承他人。而这也就是说，为他人负起无限责任，或以他人为己之任，即使此他人只是地位低下的"鄙夫"。

孔子虽自云无知而且空空如也，却不仅没有回避他人之问，还能"叩其两端而竭焉"。我们能从孔子的这一自我叙事中学到什么呢？"空空如也"！这也许就是我们最终应该学到的东西，但这丝毫也不意味着我们应该放弃对知识的追求。

引用文献：

鲁迅（1973）. 鲁迅全集. 北京：人民文学出版社.

刘宝楠（1990）. 论语正义（高流水，点校）. 北京：中华书局.

马丁，华莱士（2018）. 当代叙事学（伍晓明，译）. 北京：中国人民大学出版社.

司马迁（1999）. 史记（裴骃集解，司马贞索隐，张守节正义）. 北京：中华书局.

斯宾诺莎（1991）. 伦理学（贺麟，译）. 北京：商务印书馆.

王先谦，刘武（1988）. 庄子集解·庄子集解内篇补正. 载于新编诸子集成（第一辑）. 北京：中华书局.

伍晓明（2013）. "吾道一以贯之"：重读孔子（修订版）. 北京：北京大学出版社.

伍晓明（2015）. 设想舜欲废除死刑——重读《孟子》"天子舜窃负杀人之父而逃"章. 国际汉学，2，162 - 167.

杨伯峻（1960）. 孟子译注. 北京：中华书局.

杨伯峻（1980）. 论语译注. 北京：中华书局.

作者简介：

伍晓明，四川大学文学与新闻学院讲座教授.

Author:

Wu Xiaoming, chair professor of comparative literature at the College of Literature and Journalism, Sichuan University.

Email: xmwu86@ hotmail. com

论前期维特根斯坦的哲学符号学思想[*]

蒋世强

摘　要：相较于索绪尔符号学和皮尔斯符号学，维特根斯坦也有一种独
特的符号学。本文对前期维特根斯坦的哲学符号学思想进行了
重构，旨在揭示其符号学思想的重要价值。首先，前期维特根
斯坦关于记号和符号的区别与关联是其符号学思想架构的理论
基础。其次，这种符号学的核心思想是新语境原则的意义观：
意义和指称处于不同层级且相互依赖。再者，符号的任意性和
理据性之争可以通过抽象符号和具体符号的区分得到重新诠释。
最后，本文参照索绪尔和皮尔斯的符号学，从总体上简评了前
期维特根斯坦符号学思想的主要理论贡献。

关键词：前期维特根斯坦，意义观，新语境原则，任意性，理据性

Wittgenstein's Early Philosophical Semiotics

Jiang Shiqiang

Abstract: Alongside the works of Saussure and Pierce, Wittgenstein also played
an essential role in semiotics. This paper reconstructs Wittgenstein's
early philosophical semiotic thinking to reveal its significance. The
theoretical basis for Wittgenstein's semiotics is the distinctions and
connections between sign and symbol, and his core idea is a view of
sense that is based on a new principle of context in which meaning
and reference are interdependent at different hierarchical levels.

* 本文为西北师范大学 2017 年青年教师能力提升计划项目 "维特根斯坦的语境观与当代语言哲
学语境敏感性问题的研究"（sk17017）的阶段性成果。

Wittgenstein also contends that the dispute between arbitrariness and motivation can be reinterpreted by distinctions between the abstract and concrete sign. The paper concludes with a review of the theoretical contributions of Wittgenstein's early semiotics in respect to Saussure and Pierce.

Keywords: early Wittgenstein, view of sense, new context principle, arbitrariness, motivation

DOI: 10. 13760/ b. cnki. sam. 202201002

符号学界普遍重视两个原创符号学思想，即索绪尔基于语言符号的符号学（sémiologie）和皮尔斯的规范科学下的逻辑符号学（semeiotic）。实际上，维特根斯坦也有独创的符号学思想，只不过学界过于关注其纯粹哲学的讨论，忽略或误解了其有关符号的论述。前期维特根斯坦关于符号的论述在《逻辑哲学论》和《战时笔记》中通篇可见。虽然他明确提到他的符号论即"symbolism"，但学界对其多误解为类似罗素（Russell）或弗雷格（Frege）的符号主义，即数理逻辑的符号。诚然，维特根斯坦的"symbolism"与罗素和弗雷格有关系，但是需要注意，前期维特根斯坦多处明确表示他的"symbolism"是反对罗素或弗雷格的符号主义或逻辑主义的。本论文重点不在前期维特根斯坦的有关逻辑学、哲学的争论，而要论述的是维特根斯坦的"symbolism"的确表明了一种独特的哲学符号学思想。由于其前期和后期有很大不同，这里单论以《逻辑哲学论》为核心的前期哲学符号学思想，旨在表明其思想对理论符号学或普通符号学有极大的学术价值。

挖掘维特根斯坦的思想资源，呈现其符号学整体面貌，需要对其进行重构。本文的整体思路如下：首先梳理维特根斯坦关于区分记号（sign）与符号（symbol）的论述，并以此区分为基础阐述其独特的符号学意义观及其所依赖的学理，然后阐述维特根斯坦关于符号的任意性和理据性的全新理解，最后总体评论早期维特根斯坦哲学符号学相较于索绪尔和皮尔斯符号学的不同学术动机以及理论优势。

一、思想构架的基础：记号与符号的区分和关联①

维特根斯坦的德语原著中出现的"Zeichen"和"Symbol"，英文译为"sign"和"symbol"，没有出现翻译问题。然而汉语翻译比较混乱，张申府、韩林合在各自的译本中分别译为"符号"和"记号"；与之相反，郭英、贺绍甲、黄敏在各自的译本中分别译为"记号"和"符号"；陈启伟译为"指号"和"符号"。赵毅衡先生曾谈论过汉译"symbol"中的困惑，实际上"sign"也有类似问题，而且在日常使用中或者广义上，"sign"和"symbol"也多混用，造成了翻译困难。本文不讨论翻译问题，但将两个词锁定在对前期维特根斯坦的理解上，以防影响阅读。在《逻辑哲学论》中"Zeichen（sign）"和"Symbol"的意思是明确的，前者指可感知的东西，在物理层面；后者是前者有意义的使用。各版翻译迥异，其原因不在于维特根斯坦用词不明，而在于译者对汉语用词的理解不同。下文一律采用"记号"和"符号"分别对应维特根斯坦的"Zeichen（sign）"和"Symbol"。②

从文本上看，记号是纸上的标记（mark），或声音。维特根斯坦这样写道："记号是书写划痕或噪音。"（LWL 26）③对纯粹的记号，维特根斯坦并没有赋予太多的东西，只是书写的划痕或噪音，不具有任何意义，是"符号中可被感官感知的东西"（TLP 3.32）。维特根斯坦还对记号进一步做了分类。记号分为简单记号和复杂记号：简单记号如"a""b"等，复杂记号如"aRb""bRc""aRb"。（TLP 3.1432）④一个复杂记号实际上也可以出现在两个不同的句子中，但是这时它就以不同的方式进行指称，如在一个句子中"aRb"代表"表在桌子上"，在另一个句子中也可以代表"书在椅子上"。简单记号源自对复杂记号的进一步分析。简单记号也称为名称，一个名称指称

---

① 记号与符号的区分并不是只有维特根斯坦才讨论过，如苏珊·朗格（Susanne Langer）也有讨论。但是不能同一对待，维特根斯坦的使用是独特的。

② 本文认为用"记号"翻译"sign"，更贴近文本中的"mark"，恰好维特根斯坦用"mark"解释过"sign"。鉴于中文的"符"一定涉及某种"使用"，故以"符号"翻译"symbol"。

③ 这里按学术界通用的维特根斯坦研究论文的注释方式。LWL 26 指的是 *Wittgenstein's Lectures, Cambridge, 1930 - 1932* 书中的 26 码段。同理，本文 TLP 指 *Tractatus Logico-Philosophicus*，书名后面的数字代表码段。

④ 字母"a""b""R"，来自维特根斯坦的举例（TLP 3.1432）。"a""b"代表简单记号、名称，"R"代表关系记号。

一个对象，这是逻辑的要求。按照这套逻辑记号法，可以改写句子（Satz）①记号。名称简单记号的不同配置构成不同的句子复杂记号。处于名称简单记号与句子复杂记号之间的是表达式记号，即不完全记号，可简单表达为 f（），它是句子的一部分。如果表达式扩展为句子，也可以这样理解，句子是"与基本句子的真值可能性符合与不符合的表达式"（TLP 4.4），甚至可以说，"句子本身也是一种表达式"（TLP 3.31）。

符号是一种表意方式。在维特根斯坦看来，"在日常语言中，同一个单词经常有不同的表意（意指）方式（different modes of signification）——因而属于不同的符号"（TLP 3.322），一个记号因表意方式不同而成为不同符号。他举例说，"'是'这个词可以充当系词，也可以表示等同，还可以用来表达存在"，"是"作为一个记号却表达了三个符号。（TLP 3.323）与之相对，同一个符号（相同的有意义的用法或表意方式）可以采用不同的记号表达，如两个句子记号"天在下雨""It is raining"可以表达一个句子符号（"天在下雨"这个思想）。维特根斯坦把澄清记号与符号的区别视作哲学的基础工作，因为很多哲学伪问题的产生正在于记号和符号的混淆导致的错误理解。

目前国内外学界对维特根斯坦关于记号与符号的区别也特别关注。如韩林合（2016，p.282）、刘玲（2008，p.7）、布莱克（Black，1964，p.130）普鲁普斯（Proops，2004，p.1）、约翰逊（Johnston，2007，p.369）。但是维特根斯坦对记号与符号的区分只是其符号学的基础，谈论记号是为了阐明符号，记号与符号的紧密关联反而更加值得重视。记号与符号的联系关键在于记号是否得到有意义的使用（即逻辑句法的合式构造）。

"记号是符号的可感知部分"（TLP 3.32），符号是记号的有意义的使用，"依据记号识别为一个符号，需要注意它是如何得到有意义的使用"（TLP 3.326）。换言之，符号等于记号加上有意义的使用。记号与符号之间的关联重点在于"有意义的使用"。何为"有意义的使用"？前期维特根斯坦对"有意义的使用"的解释最终导向一个相对狭义的理解——"使用"是符合逻辑句法的使用，这一点与后期维特根斯坦把"使用"当作日常语言的使用完全不同。意义不是符号的孤立对应物，意义是"使用"造成的。也就是因为有逻辑句法的使用（构造），一个句子才有意义。在《逻辑哲学论》中，维特根斯坦谈及"有意义的使用"后，接着说："记号只有结合其符合逻辑句法的

① 在逻辑空间中，将德语"Satz"译为"命题"更容易理解，但是考虑到维特根斯坦的"Satz"的特殊性——相当于命题但有物理感知，这里将其译为"句子"。此译参考了 2021 年版黄敏翻译的《逻辑哲学论》。

应用才能决定一种逻辑形式。"（TLP 3. 327）也可以说，符号等于一个记号加上逻辑句法的使用。正是逻辑句法的使用决定了句子的意义。逻辑句法也可称为"深层语法"，自然语句的语法或结构组合方式只是"表层语法"①。自然语句的物理感知是记号，维特根斯坦称之为"句子记号"，而"句子记号"在逻辑句法的使用上应称为"句子符号"。前期维特根斯坦更多的工作是在探讨一般句子的普遍形式，这需要逻辑句法去揭示。在这个意义上，《逻辑哲学论》的确关注逻辑学，其符号学的确有符号主义或逻辑主义的某些特质。但是维特根斯坦这项工作旨在澄清语言的表达，进而澄清思维的表达，避免哲学在理智上的犯错。由于"（自然）语言掩饰思维以致不能够从语言的外衣去推知这个外衣包裹的思维是什么样的"（TLP 4. 002），逻辑句法是揭示掩饰思维的语言外衣的手段，以至于维特根斯坦认为整个哲学工作的任务应转到揭示语言符号的逻辑句法上，他称之为"语言批判"（critique of language），从符号学看也是"符号批判"。进一步讲，"（符号的）逻辑主义"不是目的，"符号批判"才是目的，而"符号批判"正是基于记号与符号的区分和关联以及相关的表层语法与深层语法的区分和关联。

二、核心思想：新语境原则下的新意义观

前期维特根斯坦区分了记号与符号，进而谈论了记号与符号的紧密关联：符号是记号的有意义的使用。前一节着重讨论了"使用"，这一节着重讨论何为"有意义"。

（一）新意义观：含义与指称的层级性和互依性

前期维特根斯坦讨论的符号"意义"并非符号的表面"意思"。他继承弗雷格的思路，即一个符号②既有意义也有指称，不同于密尔（Mill）的"内涵"与"外延"。弗雷格用的两个德语词为"Sinn"（含义）和"Beteutung"（指称）③，这两个词在英语词典中似乎都可替代为"meaning"，但其实有很大的不同，所以给英语翻译造成了困惑。相对来说，英语学术界分别以"sense"和"reference"来翻译，权且可以理解。中文翻译也较混乱，本文

---

① 后期维特根斯坦使用"深层语法"和"表层语法"，但前期没有明确使用这两个概念。这里采用这一说法主要是为了形象地表达他的语言记号真正的使用（逻辑句法）和表面的使用。

② 弗雷格没有区分记号与符号，他的"sign"是广义的，包括了"symbol"。

③ 在学界，"Sinn"翻译为"含义"或"涵义"；"Beteutung"翻译为"意谓、指称"。

采用比较容易理解的译语，分别为"含义"和"指称"。弗雷格的含义是表意方式；指称是客观对象，区别于主观观念。广义上讲，意义理论包括了符号的含义与指称；狭义上讲，意义理论特指符号①的含义理论。

但是，前期维特根斯坦改进了弗雷格的符号意义理论，形成了一种新意义观，主要有以下两个特点：

第一，前期维特根斯的"含义"与"指称"具有不同层级性。弗雷格认为名称是符号，有含义和指称，一个表达式也是符号，也有含义和指称，甚至一个句子（或者命题）也是符号，也有含义和指称。含义和指称分别在三个不同层级（名称、表达式、句子）同时具有，因为在弗雷格看来，表达式是更大的名称，句子符号是最大的名称。弗雷格重视句子，句子表达了思想和真值，这对我们交流和把握这个世界有帮助。他把句子纳入符号系统，句子的含义是思想，其指称是真值。最终，从名称到句子构成了一个完整的符号系统。但是，维特根斯坦反对大名称符号观，因为大名称符号观容易导致混乱。"句子记号是事实，这一点被惯常的手写或印刷的表达所掩盖。比如，在打印出的句子中，句子与语词在记号上并没有表现出本质的区别。（这个错误让弗雷格把句子称之为大名称）。"（TLP 3. 42）维特根斯坦的改进方案是，区分记号与符号并把含义与指称分置于不同层级，他认为名称记号只有指称，没有含义，而句子作为符号时只有含义，没有指称。维特根斯坦说："只有句子才有含义，只有句子所体现的连接中，名称才有指称。"显然，维特根斯坦的"含义"更为严苛，记号必须成为符号而且只能是句子才有含义，名称没有含义，只有指称。唯有如此严苛，才能保证我们从句子记号中识别出句子符号，即识别出事实，"只有事实才能表达含义，名称不能"（TLP 3. 142）。原因在于事实是事态的存在，而"事态可以描述，名称不可以"（TLP 3. 144），进一步讲，"句子的含义就是句子与事态存在和不存在的可能性的一致或不一致"（TLP 4. 2）。可见，为了澄清语言符号的表达，维特根斯坦形成了有别于弗雷格的含义观。

第二，前期维特根斯的含义与指称具有互依性。在《逻辑哲学论》中，含义与指称虽然处于不同的层次，但是并不孤立，而是互依（interdependence）②。维特根斯坦声称句子有含义但没有指称，可并没有否认句子符号的组成部分

---

① 维特根斯坦和弗雷格的"符号"很大程度上指的是语言符号。

② James Conant 在 2019 年举办的第 42 届国际维特根斯坦研讨会上谈到了记号与符号的互依性（interdependence）。本文认为不仅记号与符号具有此特点，前期维特根斯坦讨论的指称与含义也具有此特点。

（名称）有指称，不仅不否认，还特别强调，句子有含义但离不开其组成部分（名称）的指称。他明确说："我认为每一个可能的句子（命题）都是合法构成的，假如它没有含义，那只能是因为我们对它的某些组成部分未给予指称。"（TLP 5. 4733）但是，正如上文谈道，他也认为名称的指称离不开句子的含义，"只有句子才有含义，只有在句子所体现的连接中，名称才有指称"（TLP 3. 3）。这两码段表面上看是一个循环论证，实际上不是，因为维特根斯坦不是在表达含义与指称的互相决定或者互相推论，而是表明两者具有互依性。这里的所谓互依性是指在由逻辑句法构成的逻辑空间中两者于不同层面上不可或缺。

（二）维特根斯坦意义论的学理基础：新语境原则

为什么维特根斯坦把含义与指称分置不同层级又让其互依？这是维特根斯坦难以理解的地方。其实，维特根斯坦暗藏着一个语境原则，他的语境原则来自弗雷格，但是如果完全按弗雷格的语境原则去理解，可能把握不了其中的精妙。维特根斯坦的新语境原则有两个特点：一是句子优先，名称①必须在句子中来理解；二是逻辑空间优先，一个合法的句子一定在逻辑空间中来理解。第一点是维特根斯坦继承并发展的弗雷格语境原则，第二点是维特根斯坦特有的。

第一点离不开弗雷格的影响。弗雷格的语境原则出自《算术基础》，他最初的动机是保证数的客观性，因为常有的几种方式，如经验、直观、抽象所得到的数的概念没法确证其客观性。他认为只要同时满足三个原则，就可以确定数的客观性：一是心理的东西与逻辑的东西、主观的东西与客观的东西相区分的原则；二是语境原则，一个词的意义只能在句子中理解；三是概念与对象相区分的原则。语境原则是第二原则，也是核心原则，它能保证第一原则，说明第三原则。数概念既不是客观对象，也不是纯粹心理的，但它的确在心灵里产生。那么为何又如何保证其具有客观性呢？实际上，弗雷格视其为第三世界的客观性，而语境原则意味着可以依赖一个公共可分享的东西，而非某个人的私人观念，语境的公共性确保概念或思想的客观性。维特根斯坦接受了弗雷格的观点，客观性、普遍性是就公共可分享而言的客观性、普遍性。在一个句子的语境中去确定一个语词的意义，这一语境原则具有颠

---

① 维特根斯坦使用的"名称"（name），不仅仅指名词，更接近语词，这来自从密尔至弗雷格的学术传统。

覆性，它颠倒了传统的组合原则，即传统上通常先确定语词的意义，再由各语词组合成句子，最终句子的意义由语词的组合得到确定。语境原则确保了弗雷格的概念文字和维特根斯坦的符号语言具有逻辑上的、公共层面的客观性。然而，维特根斯坦新语境原则下的符号语言不在弗雷格所谓的非心理、非物理世界的第三世界，因为句子符号虽然是命题，却具有物理可感知的记号。更关键的是，新语境原则意味着要从句子符号去看名称记号而不是相反，逻辑连接词也不必设定一个逻辑实体，因为记号的使用（逻辑句法的运用，即符号法）消解了弗雷格的逻辑实体问题。所谓符号是记号的有意义使用，从新语境原则看，意义只有在句子符号层面才算得上使用，因而只有在句子符号层面谈论意义才是合理的，名称记号就无需谈论意义，但名称记号的指称在逻辑上又已经预设了，这就是名称记号的指称不参与逻辑句法（有意义的使用）却又必须存在的原因。

　　第二点涉及如何理解维特根斯坦的逻辑空间。逻辑句法必须在逻辑空间中来理解，逻辑空间可以用几何空间来类比。几何空间关键在于几何位置的确定，最重要的是一种可能性关系的建立。维特根斯坦参照几何空间构造了逻辑空间，他说："几何位置和逻辑位置的相同之处在于二者是一种可能性。"（TLP 3. 411）在维特根斯坦看来，世界不是物而是事实，事实是存在的事态，事态是对象的配置，对象的配置体现一种可能性关系。这种可能性关系即事态的形式；包含各事态的世界（逻辑空间）得以用逻辑符号来刻画，世界可以投射为一种语言表达，即命题的形式。这种投射机制就是一种思维方式，而语言、世界、思想就在这种符合逻辑的可能性关系中具有了一致性，彼此就可以互相刻画。由于"语言是句子（命题）的总和"（TLP 4. 001），句子就成了维特根斯坦的逻辑空间的重点。维特根斯坦说："一个句子在逻辑空间中决定了一个位置。只有靠句子的构成部分的存在和有意义的句子的存在，才能保证这种逻辑位置的存在。"（TLP 3. 4）而逻辑位置是"句子记号和逻辑坐标的结合"（TLP 3. 41）。从具有各种可能性的原子事态到原子句子再到基本句子，再到复杂句子，最后到句子总和（即语言），体现了语言逻辑或逻辑句法的使用。句子则贯穿整个逻辑空间，而且决定了逻辑空间的框架，因为"一个句子决定一个逻辑空间位置，通过否定、逻辑和、逻辑积等就在坐标上不断引入新的要素"，这样"整个逻辑空间（逻辑空间的框架）就被给出了"。（TLP 3. 42）既然句子在逻辑空间中，而且在逻辑空间中决定了一个位置，那么句子的意义当然要在整个逻辑空间中来理解，更不用说句子中的名词也要在逻辑空间中。语境原则也是一种整体论，逻辑空间可以视为一个大的整体，一个大的语境，这就是维特根斯坦的新语境原则的特别之处。在这新语境原则下，含义与指称虽然分置于不同层次，却互相依赖于这个整体中。

三、任意性和理据性的重释

围绕词与物或者符号与对象的关系有着长久的学术争论。早在《柏拉图对话录》中克拉底鲁（Kratylos）和赫漠根尼（Hermogenes）就讨论了名称和所指事物是自然的（natural）还是规约的（conventional），分别近似于理据性（arbitrariness）和任意性（motivation）的争论。近代哲学中洛克、莱布尼茨都谈论过这个问题，到现当代哲学，出于不同动机仍然有不少探讨，如福柯、蒯因都写过《词与物》。符号学中重要的莫过于两种论述：一是索绪尔的符号学，认为符号的能指与所指是任意的；二是皮尔斯的符号学，认为符号与对象的主要关系之一是相似性（iconity），意味着两者之间有理据性。

符号的任意性与理据性的问题在前期维特根斯坦有了新的论述。从前文对记号和符号的区分以及新意义观的讨论，可以看出维特根斯坦实际上绕开了二元论或三元论，他的记号和符号的区分并非词与物，也不是能指与所指。记号是可感知的东西，有点像索绪尔的能指，却不是纯粹心理层面的，它也包括物理感知；更不是所指的物，而只是符号的可感知部分，符号不能没有记号这个物理感知。维特根斯坦的符号包含"使用"的因素，但也不是皮尔斯符号三分法中解释项所暗含的符号使用。他并不反对对象的存在，准确地说，必须有对象（即上文谈到的指称）的存在，但是一个有意义（实际上是含义［Sinn］）的句子符号却无需提到对象，对象是名称记号在语境原则下的必然预设。

那么维特根斯坦如何看待符号的任意性和理据性的问题呢？他不认为符号只有任意性或只有理据性，而是两者兼有，但不能限于词与物或者符号与对象的关系中去看待。

维特根斯坦是这样谈论任意性和理据性的："当用同一个记号表示两个不同对象，如果我们用了两种不同的表达方式，那么这个记号就不能表示两个对象的共同特征，因为记号当然是任意的。"（TLP 3. 322）英文"green"，听起来既可以是人名"格林"，也可以是"绿色的"，这同一个记号有两个不同的符号表明记号与符号的任意性。如果一个句子符号改写成一个命题函项，例如，以自然语言表达命题"（ ）是老师"，这个括号里的对象可以任意填

充，这是任意的，"但是这个填充集合不再取决于任何约定，而仅仅取决于
该句子的本性。它对应着一种逻辑形式"（TLP 3. 315），这种逻辑形式的存
在意味着符号必定有理据性。

任意性和理据性如何兼容呢？维特根斯坦给出了解决方案。这个方案有
赖于抽象符号与具体符号、本质特征和偶然特征的区分。

抽象符号与具体符号的区分离不开对本质特征和偶然特征、形式概念与
句子的区分。什么是句子符号的本质和偶然？维特根斯坦认为："句子具有
本质特征和偶然特征。偶然特征是随同产生命题记号的特定方式而来的特征，
本质特征则是命题为了能够表达其意义所必不可少的那些特征。"（TLP 3.
34）"一个句子中本质的东西，是所有能够表达相同意义的句子共有的东西。
同样地，一般说来，一个符号中本质的东西，是所有能够达到同一目的的符
号共有的东西。"（TLP 3. 341）更直白地讲，维特根斯坦认为表达式（是符
号，句子部分）或句子（也是符号）具有形式和内容。从逻辑句法看，逻辑
空间中表达的可能性关系或形式就是本质特征，内容就是偶然特征，因"有
意义的使用"而具体化为某一个命题或表达式。维特根斯坦认为句子或表达
式既有形式又有内容。（TLP 3. 31）可知，句子或表达式是具体符号，逻辑
句法体现的形式概念就是抽象符号。总之，抽象符号、句子的本质特征具有
理据性（符合逻辑句法），具体符号、偶然特征具有任意性。符号兼有任意
性和理据性而没有矛盾，只是因为符号具有不同层次类型和不同特征而已。

四、总评前期维特根斯坦的哲学符号学思想

前期维特根斯坦的符号学虽然主要讨论符号逻辑和语言哲学的问题，但
是他对符号本身的理解属于普通符号学或理论符号学的研究领域。鉴于其哲
学性质，总体上可以将其称为哲学符号学。相较于索绪尔和皮尔斯的符号学，
这种哲学符号学思想有以下三方面的优势：

一是它没有符号二分还是三分这样的困难。索绪尔符号学采用二分法，
能指和所指对立，两者如何联系就成为困难，对能指和所指之间的任意性问
题后人多有争论。索绪尔二分法的另一个体现是语言自治的符号系统（心理
层面）与客观世界的分离，如果"人是符号动物"① 这一观点成立，人认识
世界或获得外部世界的知识就难以保证。皮尔斯三分法是对康德的范畴理论

---

① 符号学家卡西尔和皮尔斯都有此观点。

的改进，但依然因袭了先验的特质，先验论证的有效性以及繁杂的符号分类一直被很多学者诟病。维特根斯坦抛弃了符号的二分法和三分法。他的记号与符号的区分并不是二分法，记号是符号的（可感知）部分，每个符号必有其记号，两者并不处于对立位。维特根斯坦的符号语言内含简单性和清晰性要求，也就没有必要像皮尔斯那样依赖过多精细的符号分类。

二是它没有落入"意义陷阱"。符号学离不开符号意义的研究，然而何为意义？意义与指称是什么关系？如何确定意义？这些问题充满了争论。维特根斯坦并没去解决这些问题，没有掉入"意义陷阱"。他不关心某个语词的表面"意思"（meaning），而是关心如何"有意义"（have sense），着眼于构造在逻辑句法上清晰的符号语言，这种句子如果构造成功，就是有意义的，即"有意义的使用"。在逻辑空间的世界里，依据语境原则可以保证一种逻辑客观性，判定句子有意义还是无意义。维特根斯坦颠覆了传统思维模式，即从语词的意义入手到确定短语的意义，再到句子的意义，按组合原则去判定语句的意义。他基于新语境原则从逻辑空间到句子再到名称，确保了有意义的句子和有指称的名称，用欧康姆剃刀剃去了不必要的东西，保留了必要的东西，即什么是真正有意义的东西。

三是它以逻辑分析的方法化解了符号学的任意性和理据性之争。维特根斯坦有一种符号学分析方法，即逻辑分析的方法，有利于辨析问题争论的实质从而消解伪问题。词与物或者符号与对象的关系在符号学界一直存在任意性和理据性之争。维特根斯坦采用逻辑分析的方法，辨析符号的不同层次和类型以及特性，把理据性和任意性分别归属于抽象符号和具体符号或者本质特征和偶然特征。换言之，理据性和任意性的矛盾在于错误地将二者放在一个逻辑层面，但在不同的逻辑层面二者是兼容的。

从工作重心看，前期维特根斯坦的符号学贡献与索绪尔一样重在语言符号，与皮尔斯一样都涉及句法学（记号与记号、记号与符号的关系）和语义学（记号与对象、记号与世界的关系），所缺乏的是语用学（符号解释、符号使用）研究，而这在后期得到弥补。后者较为复杂，需要另论。

综上所述，前期维特根斯坦的哲学符号学思想架构的基础是记号与符号的区别和关联。以此为基础，维特根斯坦形成了独特的符号学意义观，认为意义不再是符号的表面意思或孤立的对应物，而是借鉴了弗雷格关于含义和指称的意义论，但与弗雷格不同，维特根斯坦的含义和指称具有层级性和互依性，实际上是一种新意义观，其合理性基于一种新语境原则。新语境原则既需要句子优先，更需要逻辑空间优先。普通符号学对符号的任意性和理据性的争论在维特根斯坦对抽象符号和具体符号的区分中也得到全新的诠释，其消解争论的符号学分析方法也值得重视。前期维特根斯坦符号学思想的哲学动机是一种语言批判，亦即符号学批判，至今都对理解符号的意义以及符号学相关问题有极大的学术价值。

引用文献：

韩林合（2016）.《逻辑哲学论》研究. 北京：商务印书馆.

刘玲（2008）. 维特根斯坦《逻辑哲学论》中的"指号"和"符号". 自然辩证法研究，2008，11，7－11.

维特根斯坦（2003）. 1914—1916 年笔记（陈启伟，译）. 石家庄：河北教育出版社.

维特根斯坦（2021）. 逻辑哲学论（黄敏，译）. 北京：中国华侨出版社.

弗雷格（1998）. 算术基础（王路，译）. 北京：商务印书馆.

赵毅衡（2013）. 重新定义符号与符号学. 国际新闻界，35，6，6－14.

Black，M.（1964）. *A Companion to Wittgenstein's Tractatus*. New York：Cornell University Press.

Proops，I.（2004）. Wittgenstein's Logical Atomism. *The Stanford Encyclopedia of Philosophy*，65，374－376.

Johnston，C.（2007）. Symbols in Wittgenstein's Tractatus. *European Journal of Philosophy*，15，3.

Russell，B.（1908）. Mathematical Logic as Based on the Theory of Types. *American Journal of Mathematics*，30，3，222－262.

Frege，G.（1980）. On Sense and Reference. In Peter，G. and Max，B.（Eds.）. *The Philosophical Writings of Gottlob Frege*. Oxford：Blackwell.

Wittgenstein，L.（1922）. *Tractatus Logico-Philosophicus*（C. Ogden，trans.）. London：Routledge and Kegan Paul.

Wittgenstein，L.（1980）. *Wittgenstein's Lectures，Cambridge，1930—1932（from the Notes of John King and Desmond Lee）*. Oxford：Blackwell.

作者简介：

蒋世强，哲学博士，西北师范大学外国语学院副教授，西北师范大学符号学研究中心主任，现阶段研究领域为符号学、语言哲学、语言学。

Author:

Jiang Shiqiang，Ph. D.，associate professor of Northwest Normal University，director of Semiotics Research Centre at Northwest Normal University，and his current research fields include semiotics，philosophy of language and linguistics.

Email: goodwill98@ 163. com

货币符号学的经济逻辑与文化批判[*]

陈文斌

摘　要：货币作为一种元符号，是解释商品符号的符号。货币经历了"物——一般等价物—符号—象征"的历时演变，最终成为一种绝对抽象的存在，也正是货币的独立化倾向与虚幻性本质，使得货币不需要依托于实体，最终成为意识形态的表征。货币的生成与演化加速了人类意义世界交换网络的搭建。依托于国家信用体系，货币成为欲望投射的对象，同时，国家凭借着对货币的控制，巩固了意识形态对所有个体及其社会关系的控制。

关键词：货币符号学，马克思主义，商品，信用，意识形态

Economic Logic and Cultural Criticism of the Semiotics of Currency

Chen Wenbin

Abstract: Currency is a meta sign that can interpret commodity signs. It has experienced the historical evolution of thing to universal equivalent to sign to symbol, to finally become an absolute abstract being. Due to its tendencies towards independence and its illusory nature, currency is not reliant on any entity and thus becomes a pure representation of ideology. Its evolution has also accelerated the establishment of the network of exchange for the human world of meaning. Relying on a national credit system, currency serves as an object of human desire

＊ 本文为浙江省哲学社会科学规划年度课题青年课题"国外马克思主义符号学的总体状况研究"（22NDQN204YB）、浙江省教育厅一般科研项目"国外马克思主义符号学的商品批判理论研究"（Y202146186）的阶段性成果。

while the state consolidates its ideological control over individuals and their social relations by controlling currency.

Keywords: semiotics of currency, Marxism, commodity, credit, ideology

DOI: 10.13760/b.cnki.sam.202201003

马克思在《资本论》第一卷第一篇中指出货币的元符号本质："货币作为价格的转瞬即逝的客观反映，只是当做它自己的符号来执行职能，因此也能够由符号来代替。"（马克思，2004，p.152）在马克思的界定下，货币可以作为解释商品符号的符号，即元符号，最终指向价值这一解释项。这一元符号本质决定了货币并不束缚于某一种固定形式，它可以是贝壳、纸币、金银，甚至虚拟数字，因此，货币在社会交换中起元符号作用。探究货币的元符号本质，可以帮助理解市场本身发生的形态变化，以及未来经济活动的发展朝向。虚拟货币取代实体货币将普及为新的交易形态，同时，也将重塑人们日常的交换习惯和消费心理。对于诸多经济、文化问题的理解，都可以回到货币的符号学分析上来，由此，货币符号学的理论建构将成为马克思主义政治经济学与符号学结合的新领域。

一、货币与信用

具有主体性的个体凭借货币符号促成了商品交换。"货币符号本身需要得到客观的社会公认"（马克思，2004，p.152），换言之，货币符号的意义需要得到阐释社群的认同，即社会群体意义解释的一致，才可能实现。符号与人的关系研究将拓宽货币符号学的整体视域。"符号学是研究意义活动的学说。"（赵毅衡，2012，p.3）商品与货币构建的领域只是人类意义活动的一部分，当然，也正是透过这个领域，货币符号学研究可以进入人们的日常生活研究。政治、经济、文化诸领域的活动都可以被转化为符号现象，承接马克思主义的批判内核，货币符号学就是以马克思主义思想为旨归而进行的社会文化符号分析。

信用的观念应该早于货币的发明，货币符号的出现是将信用这一意义实体化。商品的交换从本质上来讲满足了交易双方各自的意义需求。卖方是为了实现商品的交换价值，买方是为了获取商品的使用价值，双方不同的意义需求促成了交换的进行。交换过程中最重要的是买卖双方的相互信任，一旦任意一方破坏了这一意义规则，交换的规则就被破坏，信用体系的崩塌最终将阻滞商品交换的实现。

最初的物物交换之所以不能在大范围展开，不仅是因为买卖双方各自需要的商品很难完美对接，更是因为信用会随着交易对象的生疏、交易地点的变更、交易时间的延迟而不断弱化。一旦信用无法兑现，交换就被阻断了。

马克思认为，货币是商品交换社会化的必然结果，"每一个商品占有者都只是想让渡自己的商品，来换取另一个具有能够满足他本人需要的使用价值的商品。就这一点说，交换对于他只是个人过程"（马克思，2004，p. 105）。我们在这里看到的还只是整个表意机制的一端，即发送者的意图意义。在表意机制的另一端，也有一个相同的发送者意图，但它同时也作为接收者而存在。买卖双方互为对象，唯有信任才能突破阻滞交换的意义壁垒。

整个表意过程不再是"发送者—符号—接收者"这样的单向度模式，而是"发送者（接收者）⇌符号⇌接收者（发送者）"的双向循环，处于中间的符号必须同时满足双方的需求。只有这一符号能够勾连更多的发送者和接收者，才能将物物交换这一个体之间的行为转换为社会关系，进而扩展到人类共同体的意义世界中。不论交换的商品是什么，只要彼此有可以共同接受的符号意义，交换就可以冲破身份、时间、地点的限制。而这一能够共同接受的符号意义就是信用，货币正是信用的意义表征。

在《资本论》中，马克思发现货币充当了一般等价物，而支撑这一社会职能实现的其实就是信用。货币能够勾连起所有商品之间的交换，不仅仅是因为货币自身具有价值。从符号意指三分式来看，"符号所代替的那种东西被称为它的对象；它所传达的东西，是它的意义；它所引起的观念，是它的解释项"（皮尔斯，2014，p. 49）。当金银作为货币时，金银自身是有价值的，但当货币变成互联网上的一串数字时，这串数字本身并没有价值。

从皮尔斯的符号三分法来看，"商品即符号，以交换价值为表现形式，商品的对象即价值，商品所引起的观念是使用价值，它能引发购买者对于不同使用价值的意义需求"（陈文斌，2016，p. 7）。商品所指向的对象是价值，但实现价值的并不都是金银，而是具有雄厚经济实力的国家，国家保证了货币价值的兑现。这种保证基于民众对国家支付能力的信任。一旦信用体系崩溃，商品就无法直接指向具体价值。因此，从本质上来讲，货币符号的对象并不是价值本身，而是信用体系给予的价值实现的保证。

对于货币而言，便利性是物质要求，信用是思想基础。从贵金属到硬币，再到虚拟货币，货币形态变化都为商品交换提供了便利。"硬币上的纹章和刻印则是信用的关键，而国王确定硬币的价值并为其提供保证，因此国王被看作是价值的创造者。"（宫崎正胜，2020，p. 30）由此，国王不仅拥有财富，还依托财富获取了权力，这是商品交易带来的政治格局变化以及文化观念更新。正是在商品交换内蕴的权力逻辑下，货币成为权力的载体。马其顿国王亚历山大将自己的肖像雕刻在硬币上宣告权力的交接，如今，所有以物质形态流通的货币大都印有首领的头像，这种权力的符号化展现从未缺席。物质形态上的权力印记指向了国家的信用保障，经验世界延展到虚拟空间后，数字货币的持有者仍旧需要所有权的认可，NFT（Non-Fungible Tokens）这种基于区块链的加密资产依旧在争取得到现实世界信用体系的支撑。

信用体系的实现依托于每一个行动主体的加入，齐美尔认为货币在陌生个体之间建立信任，这一信任伴随着更多人的加入而被共享、再生产、维系、巩固与扩张。构建信任体系恰是依托货币促成规则平等，"货币的哲学意义是：它在实践世界中代表所有存在的公式的最可靠图像和最清晰的体现，据此，事物通过彼此得到了它们的意义，并且它们的存在通过它们的相互关系被确定了"（西梅尔，2007，p. 203）。正是这种确定感维系了意义世界的秩序，由此，制造货币并保障其信用的国家实现了对社会的调控。

二、货币的历史："物—符号"的意义滑动

从符号学角度分析货币，货币必然要被视作人工制造的"纯符号"。货币是被作为意义载体生产出来的，即货币直接指向信用。但是，在运用"货币"这个概念时，我们已经无意识地忽略了货币发展的历史，从而直接将货币归类为"纯符号"。

其实，从符号学对物的分析来看，只有将货币放置在具体历史条件下，将货币作为"符号-使用体"（sign-function），才能从历史唯物主义角度去看待货币的意义滑动。就货币的界定来看，"抽象的价值关系获得一个事物的形态，这就是货币"（张一兵，2014，p. 604）。也就是说，货币作为符号离不开物性，即必须有物质形态来支撑其符号性。这一本质特征从货币诞生之日起就存在，"货币符号的演变始于易腐的消费品，结束于无形的电子记录"（Bankov，2017）。由于货币的当下形态（虚拟货币，如比特币［Bitcoin］、狗狗币［Dogecoin］等）变得抽象，货币的物性正在被人淡忘，也正是这种淡化，使货币发挥意义的效力不断增强。

货币有着自身演变的历史，而这个过程正是物不断向符号滑动的过程，即由纯然物向纯然符号靠拢的历时演化。最初的货币可以是牲畜和粮食，在

狭窄的人际范围内进行物质需要的交换；等到金银作为稀缺金属充当货币，人力开采就不断渗入货币；"如果说黄金还带有天然属性的话，纸币则是彻头彻尾的人造物"（陈创生，2002），褪去了物质上的稀缺性，纸币在国家权力保证的信用体系支持下成为价值的象征；等到数字化货币将价值转化为一连串阿拉伯数字，货币最初的物性也被抹除，变成一种抽象的存在。虽然数字化货币仍旧需要依托于计算设备，但人与物的生产关系被隔断了。

货币在"物—符号"之间单向滑动，但现实情况显然更加复杂，也需要被更细致地划分。最初作为货币的牲畜和粮食同样也是可食用的物，它们只是在偶尔的交换中充当一般等价物。当贝壳、金属等稀缺物开始在交换领域流通时，一般等价物才真正产生，它兼具了物的使用性和符号的意义。纸币则是人造的纯符号，是实用意义符号，它本身无法与物的价值等同，只是作为一种符号来连接商品交换。

纸币不断地在交换中流通，重复地使用加快了货币的流转，数字化货币在转瞬之间交换价值，甚至不需要可触的实体。这样，货币愈发成为一种抽象物，成为笼罩在所有人头脑中的象征。"物——一般等价物—符号—象征"，这一演变将货币在"物—符号"之间的单向滑动进一步细致划分。象征是一种特殊的符号，"是在文化社群反复使用，意义累积而发生符用学变异的比喻"（赵毅衡，2012，pp. 205 - 206）。货币作为财富的比喻，借助处于一定社会关系下人的重复使用，成为新时代的崇拜对象。当所有人都信任货币所给予的承诺时，货币符号就是一种象征了。

由纯然物到象征物的转化是一种高度抽象的过程，不同商品之间的交换是以对社会劳动的抽象为前提的，"而在实际交换过程中，这种抽象又必须物化，象征化，通过某个符号而实现"（马克思，恩格斯，1979，p. 88）。这里延伸出来一个问题：货币为什么最终走向了一种抽象？也就是说，货币本身的形态在不断发生改变，每一次改变都是特定历史条件的要求，其中包括交换的便捷、流通的方便等，但不可否认，除了这些外在可见的现实要求外，其中还渗透着隐秘的意义问题。具体来看，纯然物只需要具备自身特定的使用价值，在历史推进过程中不断更新自己的性能即可，例如计算机由最初的庞大机器更新为现在的掌上设备，物质承载的性质并没有改变。信息传播要求不断拓宽边界，人创造的意义世界要求不断丰富，由此，虚拟化成为必然形势，元宇宙也必然是未来世界的新场域，但这些形势并没有让网络设备本身成为纯符号，那为什么货币最终走向了抽象，是何种原因推动货币不再依赖某类实体？

要思考这个问题，需要在符号学视域审视货币。从表层看，某物与某物直接交换很困难，因为交换双方同时实现意义需求的可能性较小。从意义协调的便捷来看，第三方物的出现可以解决这一意义僵局。而这个"被用作交换媒介的商品，只是逐渐地转化为货币，转化为一个象征；在发生这样的情况后，这个商品本身就可能被它自身的象征所替代。现在它成了交换价值被人承认的符号"（马克思，恩格斯，1979，p. 89）。吊诡的现实是，象征吞噬了物本身，以至于我们现在常识性地接受货币就该如此，或者是说，我们习惯于将价值本身看作抽象数字，这样，对于劳动本身的衡量也转换成数字，对于个人价值的判断也与这个数字挂钩。

财富，这个本身由劳动产生的东西，以货币符号的形式翻转成了主导，所有人向它看齐。斯皮瓦克认为，"货币以其自然的形式腐蚀了自然物，并把它们转换进仅仅为社会交换关系而存在的可见符号中"（1987，p. 33）。这个可见的符号一步一步抹去自己的物性，最终弥散在所有人的社会关系中，由此来看，某个独立个体不是货币抽象化的推手，是整个社会共同合力造就了这个"上帝"，合力的原因即在于意义世界共享的普遍需求，而这又是由人的本质决定的。

三、货币与社会关系

独立的个体无法创造社会，社会立足于集群构建。再者，社会不仅仅是物质性的存在，当人类创造的所有物质得以保留，而只剩下一个人存活时，社会仍旧是不存在的。个体既无法创造社会，也无法拥有社会。社会的存在依附于社会关系的存在，而"关系"直接涉及意义问题。

我们所构建和依赖的社会就是意义的网络，其中存在着不同的意义规则，当然，还有共享的社会常识。由于意义标准的不同，人与人之间会产生误解和矛盾，也由于常识的共享，虽然有国籍、种族、性别、年龄等不同的划分标准，但人类整体仍能够实现交流与共融。"1000 年前，每种文化都有自己的一系列故事来解释宇宙是什么、有什么基本成分。但到今天，全球受过教育的人都相信同样一系列关于物质、能量、时间和空间的理论。"（赫拉利，2018，p. 101）如今的世界已然是意义共享的世界，也是能实现意义理解的共同体，在这之中，经济的互联奠定了意义共享的基础。

厘清社会、社会关系与意义的联系，就可以发现符号学所探究的意义问题与货币及货币背后的社会关系存在着密切的关联。黑格尔说："事物并不是自在的东西；事物只有在关系中，只有通过我以及它与我的关系，才有意义。"（1979，p. 260）这点明了通过研究货币与人的关系，就可以明确货币自身的意义，这也是符号学与政治经济学能够融合的重要理论切口。

先从符号过程的三种不同意义看："发送者（意图意义）—符号信息（文本意义）—接收者（解释意义）"这个单向度的模型诠释了意义流转的过程，三个意义经常不一致，且"时空跨度使这三个意义并非同时在场"（赵毅衡，2012，p. 51）。将这一模型嵌入商品交易过程，就是"买家—商品—卖家"，借助货币中介，买卖双方同时实现了自己的意义需求，这种交换既可以同时在场，也可以跨越时空。举例而言，当面交易，买家通过付现款的形式直接和卖家达成交易；抑或网上交易，买家先付款到第三方，再由卖家发货，买家确认收到自己所需要的货物之后，卖家才能从第三方那里收款。信息技术驱动下的买卖行为不再是当面交易的小范围人际交往，商品交易早已突破了时空的限制，由此，人类意义世界也被不断关联与拓宽。

买卖的交换模型并非单向度的，而是双向的。此刻的买家可以成为下一刻的卖家。将自己拥有的商品卖给另一个人（或同一个人），出售某一商品的卖家同时需要购买其他生活用品而成为买家。买方与卖方的身份可以不断切换，这和表意过程是相通的：发送者和接收者也在随时转换，商品交易实现了社会网络中意义的流通。因此，"买家—商品（货币）—卖家"就都成为交换网络中的实在主体。商品交换本身也就是意义的交换，对于某物的需求和购买就是为了填补意义需求的空白，货币在交换过程中实现着自身的意义。

从符号学的思维继续延展，以货币为媒介所建构的意义网不同于某种单向度的符号意义过程。也正是对这种表意差异性的开掘，才能够探析货币为何会一步步褪去物性，最终演变成抽象存在。货币的这种差异性或独特性，主要表现在以下两个方面：

其一，货币具有独立化倾向。符号文本是由发送者掌控的，一封信怎么写、用什么纸写、什么时候寄出都是由写信人决定的；符号文本也必须受到接收者的控制，信上的内容如何来看，信件阅后是否销毁，这些都不是信本身能掌握的。以此为例去推演，一句话怎么说，这句话又怎么理解，分别取决于两个主体（发送者与接收者）。货币则不同，它具有强烈的独立化倾向，即摆脱交换双方对它的主宰而成为一种独立的主体。按照马克思的说法："货币的内在特点是：通过否定自己的目的同时来实现自己的目的；脱离商品而独立；由手段变成目的；通过使商品同交换价值分离来实现商品的交换价值；通过使交换分裂来使交换易于进行；通过使直接商品交换的困难普遍化，来克服这种困难……"（马克思，恩格斯，1979，pp. 96 - 97）

货币的功能表象掩盖了其独立化倾向。表面上看，如何使用货币是由交换双方来定的，但恰恰是货币本身的存在让交换双方对它的依赖性加强，人类创造的工具最终却成为目的。也正是由于货币强大的勾连关系、满足需求的能力，货币不同于具体的一般物而成为物中的"神"，成为能够勾连所有物的中介，同时也凌驾于所有物之上，成为人们追逐的目标。

褪去物的表象成为一种抽象存在，具有社会关系的内在需求，货币的这种独立化倾向内含于其诞生之日，而助长这种倾向的又恰恰是社会关系中人的不同意义需求。正是因为众口难调，才需要建构新的崇拜让所有人能从中共同获得意义满足，也正是因为这个独立且共享的意义中介，社会关系才获得了某种稳定中枢。单个商品不再是人追求的目标，能够拥有购买所有商品的货币才是终极目的，这就是货币驱动下的意义世界的真相。

其二，货币具有虚幻性本质。这种虚幻性需要从两个层面来讲，从物质载体的角度看，任何商品其实都有可能成为货币，但货币并不与某一实体捆绑，正是这种自由性，让货币本身飘忽而无定形，其最终演变成数字化、虚拟化存在也是发展之必然。从货币演变的历史来看，"一切商品都是暂时的货币，货币是永久的商品"（马克思，恩格斯，1979，p. 94）。最终成为抽象存在已经暗藏在货币的虚幻性本质中。

从货币营造的社会关系来看，虚幻性弥散在整个社会集群中。从交换形式来解析：（1）交换的主体处于自主自愿、公平交易的意义准则中；（2）交换的对象被认为是相等的，用一定量货币购买的物就等于一定量货币所表征的价值；（3）交换行为本身就是通过货币的媒介作用实现的，没有外来力量的干涉。

每个人看似在满足自己的需求，而实际上，"在这种经济关系中，每个人为另一个服务，目的是为自己服务，每一个人都把另一个人当做自己的手段相互利用"（张一兵，2014，p. 633）。借助货币这一媒介，目的被掩盖了，因为彼此利用的矛盾也被平等自由的幻象蒙骗。

协调意义的货币加速了社会关系的搭建，其本身的功效奠定了它存在的必要。也恰恰由于它的必要，它本身可以独立出去，逆转自己作为工具的地位。既然要独立出去，就不能依附于某一特定实体，货币在不同对象身上的依附都是暂时的。货币本身就有虚幻性本质，抽象存在满足了这种虚幻性，且最终走向抽象也是独立化的更高要求。

四、意识形态的幽灵

马克思在《〈政治经济学批判〉导言》中指出："人体解剖对于猴体解剖是一把钥匙，低等动物身上表露的高等动物的征兆，反而在高等动物本身已被认识之后才能理解。"（马克思，恩格斯，2012，p. 705）这句话转而针对货币这一对象时，就是说，只有当货币发展成虚拟货币时，人们才能从中去理解货币从物向符号转化的前历史。也正是当前幻象的解构，才带来了对货币的新反思。

将意识形态分析的对象指向货币，也就指向了货币所连接的社会关系，以及社会关系所承载的社会主体，当然，整个文化也成为分析的对象。所以，对货币的符号学研究必然要走向一种批判性维度，以货币的符号学分析为切入点，可以探究更多人们习以为常而实际上被遮蔽的现实。

回到意识形态研究的路径来看，葛兰西将意识形态划分为有机的意识形态（organic ideology）和随意的意识形态（arbitrary ideology），前者是系统化的思想体系，后者则弥散在日常生活中。阿尔都塞将国家权力划分为强制性的国家机器和意识形态的国家机器，前者用暴力维护统治，后者用意识形态来教育民众。沿着意识形态与国家权力这条路继续走，福柯从宏观走向微观，说明权力渗透在每一个角落。到了鲍德里亚那里，意识形态的这种遮蔽性在消费领域得到呈现，也正是在消费领域，《符号政治经济学》指认符号形式取代了商品形式，符号价值取代了物品本身的劳动价值，其间隐藏着的交换关系卷入了意识形态问题。

交换关系也是一种社会关系，交换关系的进行又进一步依赖于货币这一符号。货币的存在已经常态到没有人会去质疑，去反思。也正因如此，我们才需要警惕并进一步分析货币。按照齐泽克的说法，现如今的意识形态"不再是大的政权方案或哲学方案，而是非常琐碎、微小、不足道的个人体验，遍布在你的日常生活，以及你与他人的互动中"（蒯乐昊，2007）。也正因这种弥散到常态化的现状，意识形态更具有遮蔽性，而解读常态化存在的货币，我们就会发现，每个人的社会实践都将触及意识形态问题。"意识形态不是用来掩饰事物真实状态的幻觉，而是用来结构我们的社会现实的（无意识）幻象。"（齐泽克，2014，p. 30）正如货币凭借着自己的物质形态自在地成为财富的化身，这一状况本身就是以物与物的关系遮蔽了人与人的关系，这一幻觉构建了我们身处的现实，也塑造着我们真实的社会行为。

　　除了语言，货币也许是最好的意识形态分析对象。首先，货币作为价值的象征与权力相关，福柯所言说的权力渗透同样熔铸在货币之中；其次，意识形态辐射在整个文化社群中，而货币作为一种显现物可以捕捉到被遮蔽的意识形态操作；再者，不论是布尔迪厄的"符号暴力"，还是鲍德里亚的"符号消费"，货币这一重要符号都是不能绕过的；最后，按照马克思主义政治经济学对"经济基础－上层建筑"关系的论断，货币既是经济运行不可或缺的要素，也在塑造社会成员的价值观。

　　货币无法从社会生活中剔除，也正是由于这种必要性，货币的存在、流转、演变始终是被合理化接受的。货币既可以作为工具，也可以成为目的，货币掩盖了交易规则平等表象下的权力关系和意识形态操作。货币成为权力话语的支撑物，作为"文化的（符号学式）的元语言"，统治阶级"赋予自己的思想以普遍性的形式，把它们描绘成唯一合理的，有普遍意义的思想"（马克思，恩格斯，2012，p. 180）。这样，掌控货币生产和制造的国家自然地就掌握了权力话语，任何物的价值都被用货币符号表征，任何个体言说都无法超越国家话语。

　　当代的符号危机，已不仅是异化劳动和异化消费的问题，异化符号消费被提出，同样指向了货币符号，"符号危机的原因，是当代生产与消费对符号的依赖"（赵毅衡，2012，p. 374）。不仅是依赖品牌符号，广告符号刺激的只是消费，更为核心的是，我们极度依赖货币符号，这个可以购买任何品牌、任何商品的符号。货币作为中介被人常态化接受，各种以货币购买的商品反而成为批判的焦点。往回退一步，常态化的货币用工具的外表展现着自己的朴素与中立。

　　赵毅衡在论及当代符号危机的四个特征时提出："第一个特征，是对欲望的欲望，这是一种伟哥文化体制"（赵毅衡，2012，p. 369），也就是说，社会不断地制造欲望，诱使消费，通过消费再来刺激生产，拉动经济。以笔者的观点来看，对货币的欲望催生了各种类型的劳动生产与商品消费。劳动是为了获取价值的代表——货币，再用货币去满足自己的具体欲望，由此，货币欲或是拜金思想作为当代文化中的重要现象值得深究。任何目的的实现都要经过货币这一关，意识形态对欲望的把控可以落实到具体的经济措施中，国家通过调控汇率、制定经济政策就可以干预金融市场，进而影响每一个拥有货币的人，这便是货币所具有的遮蔽性以及强大效力。

　　国家减少政府对市场的干预，推动金融贸易自由，金融市场其实影响着人们的文化观念。这不仅仅是一种政治经济的实践，同时也是一种文化话语的影响。金融市场越活跃，参与金融交易的人越多，这种话语的影响力就越渗透进社会各方面，参与其中的经济主体就越无法摆脱国家信用体系的干预。信贷的繁荣强化了经济的依赖关系，同时，货币政策塑造着文化关系。

货币的拥有意味着美好未来的兑现，世界经济的运转都建基于这个设定。人们普遍深信这个设定的真实性，将价值的实现交给货币，于是，越是离不开货币，就越是依附于给予货币职能的国家。正是历史发展的趋势强化了意识形态的效力，人们仍将深信货币所承诺的一切，也需要继续依托国家的存在，即使社会发生变化，一个凌驾于所有人之上的实体还是必须存在的。

引用文献：

陈创生（2002）. 货币符号的象征意义. 社会科学家，4，61.

陈文斌（2016）. 为什么马克思提出"商品是一种符号". 符号与传媒，13，7.

蒯乐昊（2007）. 我们仍然需要马克思主义——专访齐泽克. 南方人物周刊，17，63.

哈维，大卫（2006）. 新自由主义简史（王钦，译）. 上海：上海译文出版社.

赫拉利，尤瓦尔（2018）. 今日简史（林俊宏，译）. 北京：中信出版集团.

黑格尔（1979）. 精神现象学（下卷）（贺麟，王玖兴，译）. 北京：商务印书馆.

宫崎正胜（2020）. 世界史就是一部货币史（朱悦玮，译）. 杭州：浙江人民出版社.

马克思，恩格斯（1979）. 马克思恩格斯全集（第46卷上册）（中共中央马克思恩格斯列宁斯大林著作编译局，译）. 北京：人民出版社.

马克思，卡尔（2004）. 资本论（第一卷）（中共中央马克思恩格斯列宁斯大林著作编译局，译）. 北京：人民出版社.

马克思，恩格斯（2012）. 马克思恩格斯选集（第一卷），中共中央马克思恩格斯列宁斯大林著作编译局译，北京：人民出版社.

马克思，恩格斯（2012）. 马克思恩格斯选集（第二卷），中共中央马克思恩格斯列宁斯大林著作编译局编译，北京：人民出版社.

皮尔斯（2014）. 皮尔斯：论符号（赵星植，译）. 成都：四川大学出版社.

齐泽克（2014）. 意识形态的崇高客体（季广茂，译）. 北京：中央编译出版社.

西梅尔，格奥尔格（2007）. 货币哲学（一）（于沛沛，林毅，张琪，译）. 北京：中国社会科学出版社.

赵毅衡（2012）. 符号学. 南京：南京大学出版社.

张一兵（2014）. 回到马克思：经济学语境中的哲学话语. 南京：江苏人民出版社.

Bankov, K. (2017). Approaches to the Semiotics of Money and Economic Value. 符号与传媒，15，189.

Spivak, G. C. (1987). Speculations on Reading Marx: After Reading Derrida. In Derek Attridge, Robert Young & Geoff Bennington (Eds.), *Post-structuralism and the Question of*

History. Cambridge, New York & Melbourne：Cambridge University Press.

作者简介：

陈文斌，浙江大学传媒与国际文化学院博士后，研究方向为马克思主义符号学。

Author:

Chen Wenbin, Postdoctoral fellow, School of Media and International Culture, Zhejiang University. His research field is Marxist Semiotics.

Email: 819235619@ qq. com

拉康女性主体的符号现象学维度：形式直观中的身体性

郝 娟

摘 要： 拉康精神分析在阐明主体之形成的过程中蕴含着符号现象学的维度。在将菲勒斯视为女性和男性主体形成之关键性的符号指征的同时，拉康主体理论自身也在现象学的某些重要问题上做出了选择，只是这种选择还未完全进入其理论建构的环节当中。从表面上看，拉康精神分析借鉴了黑格尔和胡塞尔有关主体间关系的理论，它试图通过这一理论说明主体形成过程中的性别认同问题。但是在实际的分析当中，其理论包含有身体性的存在，即具有胡塞尔所排斥的心理主义的倾向。事实上，在一门以所谓的心理主义为基本特征的学科当中完全摒弃心理主义绝非易事，因此拉康的这种矛盾性也就获得了进一步探讨的价值。本文从另一位现象学家——皮尔斯入手，通过比较拉康与皮尔斯在符号现象学问题上相近及相异的方面来揭示精神分析当中意识与意义之间关系的另外一种可能。在与皮尔斯现象学的对照之下，拉康性别理论当中的身体维度在进一步彰显的同时，也促使我们质疑拉康意义上女性主体在突破"大他者"之阉割时的优越性以及拉康所指明的女性主义的未来。

关键词： 拉康，女性主体，皮尔斯，形式直观，符号现象学

The Semio-Phenomenological Dimension of Lacan's Female Subject: Physicality in Formal Intuition

Hao Juan

Abstract: Lacan's psychoanalysis has a semio-phenomenological dimension in the process of clarifying the formation of the subject. While taking the phallus as the key symbol for the formation of female and male subject, Lacan's theory of the subject makes choices on some important issues of phenomenology but these choices are sometimes obscure in its theoretical construction. On the surface, Lacan's psychoanalysis draws lessons on intersubjective relations from Hegel and Husserl, through which it tries to explain the problem of gender identity in the process of subject formation. In practical analysis, however, Lacan's theory maintains the presence of "physicality", reflecting the tendency of "psychologism" rejected by Husserl. The departure from Husserl is worth discussing because, as a matter of fact, it is not easy to completely abandon psychologism, despite this abandonment being a basic disciplinary feature of phenomenology. This paper produces a new way of studying this issue. It first turns to another phenomenologist, Peirce, for an exploration of another possible aspect of the relationship between consciousness and meaning in psychoanalysis by comparing the similarities and differences between Lacan and Peirce in semio-phenomenological issues. Placed in contrast with Peirce's phenomenology, the bodily dimension in Lacan's gender theory is brought forward, which also prompts us to question the superiority of the female subject in Lacan's sense of breaking through the castration of the "big Other" and the future of feminism as indicated by Lacan.

Keywords: Lacan, female subject, Peirce, formal intuition, semio-phenomenology

DOI: 10. 13760/b. cnki. sam. 202201004

拉康精神分析在后结构主义思潮的背景之下对启蒙哲学意义上的人的主体性进行了无情的解构。在具体的分析中，"女性"这一能指在二元对立的性别体系中处于一种所指晦暗不明的尴尬境地，究其原因，则是女性主体在语言的无意识结构当中始终未能获得一个清晰的位置。尽管象征界的符号体系通过对主体的阉割造就了被他者建构的女性主体，拉康依旧提出了"菲勒斯"（phallus）作为在场的能指对主体意识的形成具有至关重要的决定作用，也就是说，主体对自我的确证与欲望的符号化呈现有着某种隐秘的联系。但在这种对符号的重视之中，拉康理论不可避免地走向了对于主体之自由本性的肯定以及对于这种自由之不可达到的绝望。我们在拉康理论中能够看见黑格尔绝对精神之自由本性这一观点的倒影，可这一倒影在以扭曲的方式重现的过程当中并未给予人类关于自由的未来允诺。由于缺少形而上学的维度，拉康理论进入一种既唯心又唯物的两难境地。就意识与意义之间关系问题的最终解决而言，尽管他给出了一种类似于符号现象学的解释，其具体的理论建构中却缺乏"形式直观"这样一个关键环节。本文力图在阐明拉康精神分析符号现象学维度的同时，指出皮尔斯的现象学理论能够弥补拉康精神分析中的固有缺陷。

一、拉康精神分析与符号现象学

弗洛伊德的精神分析自诞生之日起就与符号学有着某种内在的关联，精神分析与符号学在能指与所指、表层结构与深层结构的致思理路上具有高度的一致性。精神分析的方法论从本质上来说就是一种对符号的解读：梦、口误、性倒错以及歇斯底里都可理解为一种对潜意识矛盾的符号性表征。如果从索绪尔语言学的角度来看，精神分析的作用就是通过对复杂能指的分析和追问探知隐秘的无意识所指。在从弗洛伊德到拉康的发展过程中，尽管某些根本性的观点发生了变化，这一从能指到所指的分析策略却依旧保持它原初的活力。拉康精神分析中，符号学事实上占据着极其重要的地位，因为拉康的主体理论中并没有一个本然的、一贯的主体，有的只是在能指链中不断寻求着欲望与认同的幻象之"我"，主体的自我认同是在包罗万象的符号世界即文明世界中展开的，进一步说，是在充满语言的"大他者"（big Other）中展开的。同时，性别主体的最终形成需要菲勒斯能指进行定位，菲勒斯能指作为符号归并了两性各自的性别特征，男性及女性主体以菲勒斯的有无为据找寻自身的性别站位。其间，拉康彻底摒弃了生物学的思路，即放弃了弗洛伊德从性驱力的角度思考行为之本源的思路，这在事实上进一步将主体的问题交付给了语言－符号问题的界域。

具体而言，从真实界到想象界再到象征界的这一路途，是主体不断地离开本然的自我，走向符号阉割的过程。现实的社会以强大的符号系统宰制主体的认同和行为，无意识在这个过程中被格式化为大他者的声音，超我以绝对的权威凌驾于主体的意识之上，成为主体永恒的梦魇。在此，拉康将精神疾病的发生视为个体在面对超我绝对命令的霸权时突围的失败。那么，要治疗精神疾病，就必须还原个体在反抗性的心理斗争中失败的全过程。在这一至关重要的环节上，符号学发挥着巨大的作用。在对疾病表征的符号学分析中，欲望能指的转移、能指与所指的错位以及主体身份认同的投射都给予表征形成的原因以巨大的启发。但是，拉康与符号学之间的关系又不仅限于此，深入地分析，就会发现其理论的核心部分涉及意义与意识之间的关系问题，即现象学的问题。

需要明确的是，拉康主体理论的来源非常广泛，但是，其理论就自我认同这一核心问题而言，主要涉及的是意识与意义的关系问题，也就是意义如何对意识显现这一问题。事实上，只要涉及意义问题，就必然涉及符号学与现象学。意义于主体而言如何生成的问题在 19 世纪末 20 世纪初成为一个重要的、亟待解决的问题，这一问题意识是如何被时代环境激发虽很难阐述，但它的确激发了两位重要的哲学家对这一问题的研究，他们分别是胡塞尔和皮尔斯。他们二人当中，胡塞尔研究的是先验现象学，即决定人们认识的那些先天因素的构成，就这一点而言，他向纵深处拓展了康德对先验范畴的研究。因此，他的现象学研究所要解决的依旧是西方哲学的老问题——思维与存在之间的鸿沟怎样弥合，主观与客观如何统一。具体而言，他将问题聚焦于所谓的"意向性"："意向性体现了自我在创造经验对象中的能动的组织作用，它是意识自身的结构，也是存在的基本范畴。"（颜青，2010，p. 141）而这一意向性本身事实上关涉主体之认识是否为真的价值考量。一旦涉及真知能否获得的问题，就势必牵扯到胡塞尔意向性理论的一个独特概念——"本质直观"。

就"本质直观"这一概念而言，胡塞尔首先认为"直观"是存在的，其次形式直观是能够直达对象的本质的。然而，胡塞尔在他的《逻辑研究》当中对从经验主义的角度来看待意识的内在机能问题的倾向——心理主义给予了深刻的批判，他坚决反对从实在的角度来对待这一问题，即他在这里明显表现出一种唯心主义的解决问题的方式："显然，意识能够被经验性的心理学之外的学科研究，如胡塞尔强调的那样，他对实在的和因果的可能性条件并不感兴趣，他重视的是观念性条件。也就是说，胡塞尔的目标并非发现那些使智人实际上获得知识而必须满足的事实上的心理学和神经学条件，而是探讨使任何主体能够具有知识的那些必备能力（不管他的经验和物质的构成）。"（扎哈维，2007，p. 5）这种对生物性、身体性的排斥对于我们发现并解读拉康精神分析当中意识的身体维度并不能带来任何实质的帮助。与之不同的是，皮尔斯的符号现象学与实在性有着某种隐秘的关联。在加入了"符号"这一限定词的"符号现象学"中，他认为并不存在所谓的"直观"，即仅仅凭借胡塞尔意义上的"直观"并不能获得真知。具体说来，应该"把符号现象学直观的范围缩小到对象初始的形式显现"（赵毅衡，2015，pp. 19 - 20），这意味着他极力想要凸显的是直观之后"认知"的核心地位。他认为真知的获得是一个得出结论的过程，它需要推理、判断、概括等思维活动，甚至需要人们在集体探究过程中所达到的"社群性一致意见"，符号活动的累积有助于达成这种最终的一致意见。于是，二人对"直观"以及"真知"看法的差异可以概括为：胡塞尔由于对符号的不信任而认为只有直观才能抵达真知；皮尔斯由于对符号的乐观态度而认为只有通过符号活动的不断累积才能抵达真知，瞬间的直观所得出的认识不具有真理性。

可以看出，在形式直观能否获得真知的问题上，二人的分歧不小，而正是在这一关键点上，皮尔斯的理论显示出一种与实用主义相近的品质。尽管皮尔斯极力否认自身符号学理论与实用主义之间的相似性，但他对真知存在的确定性，即"实在"独立于人的主观意识的实存性坚信不疑。在这种信念之下，他认为真知是绝对存在的，只不过达到真知的道路必须正确，否则得出的认识只是片面的真知。这种对于真知的乐观主义信念使他判然有别于信奉相对主义的后现代主义者，也使得他与拉康之间的区别和联系彰显出来。如果我们在同一层面考察拉康的认识论，就会发现他对主体的看法决定了其认识论的内在结构必然是意识与无意识的分裂，意识所抵达之处皆是符号的建构，而在符号的迷宫之中主体永远无法获得自身的完满。在这种无法调和的分裂之中，真知的获得愈发困难，符号体系的存在对主体造成的是永无止境的误导。于是，拉康精神分析对符号的看法总体上是悲观的，他认为符号建构着人也压抑着人。在此，拉康与皮尔斯两位符号学大师就人与符号之间的关系以及人的命运表达了截然不同的看法。尽管二人所精研的领域并不完全相同，但他们对符号的根本态度显示了对符号问题的看法可以有多么大的差异。而更加值得思考的是，尽管对符号的态度是如此截然不同，但是在意识与意义关系的问题上，他们皆暴露出某种对身体性的调用。

在过往的研究中，研究者们往往强调拉康思想中源自黑格尔的精神现象学以及源自胡塞尔的主体间关系理论。尽管这两大理论资源的确对拉康的主体理论的建构具有决定性的作用，但事实上，拉康精神分析在现象学维度的涵摄力又不仅限于此。之所以这么说，是因为拉康所断言的其对生物性的排除与他具体理论当中容纳了身体维度的事实相违背。如果仅仅从黑格尔和胡塞尔各自的现象学理论入手来考察其理论，就很容易掩盖拉康精神分析中身心关系的这一矛盾性，因为这两位哲学家是纯粹的唯心论者，他们在理论的最深处不会给身体的维度留下任何可能的余地。与此相对，皮尔斯则在结构主义意义上的"语言"之外设立了一个"前语言"的概念，即"心符"。心符是在大他者对主体展开阉割之前就已经存在的语言的准备机制，在未来，现象通过心符的这一过渡最终成为语言。在此，心符独立于大他者的掌控范围，又不完全等同于胡塞尔所探讨的意识的先验机能，这使得对其终极归属的划分产生了争议。正是在这种存在争议的不确定性当中，皮尔斯的符号学具有导向身体维度的可能性。在此，笔者倾向于将之划归为生物意义上进化而来的天生的语言生成机制。这一划定并非主观臆断，而是建立在其与进化论生物学家某些假设，尤其是与生物学家斯蒂芬·平克对于人类语言能力的看法的高度相关性上。皮尔斯的这一心符与拉康主体理论当中似有若无的身体性具有某种内在的一致性，这意味着现象学中意识与意义之间关系的问题具有高度的复杂性。

这种差异之下的相似性是否说明了拉康精神分析的某些根本观念是需要进一步仔细推敲的呢？是否可以说，在心理学研究当中彻底摒弃胡塞尔所言的心理主义是成问题的，因为心理学研究不可避免地涉及身体以及经验的领域？我以为，对这一问题的深入思考能够启发我们进一步探索现代性框架下人之解放与救赎的可能。

既然胡塞尔的现象学当中已经具有了明显的弥合传统身心二元论的倾向，即他对身心关系的看法已经与近代哲学早期的观点大不相同，而拉康对现象学的吸纳又受到了胡塞尔的影响，那么我们为什么还要在此讨论同为现象学家的皮尔斯的理论呢？这一引入本身能够帮助我们弄清什么问题呢？我的回答是，尽管胡塞尔对身心关系的论题进行了大量的阐述，但是这些阐述对于弥合身心之间的二元对立是否有效则是备受争议的。不少学者认为，尽管胡塞尔有意构建身心关系的一致性，但其理论就形态而言最终还是回到了一元论，其对于身心关系的论证也是矛盾重重。这一理论的矛盾性导致他有关身心关系的说法具有高度的不确定性，因此，很难说明他的身心观是如何对拉康产生作用的。但是，从以上的分析中又能够看出，至少在一个问题上拉康与胡塞尔具有明显的一致性，那就是不相信透过符号的认知能够抵达真埋。在不信任符号这一点上，拉康与胡塞尔有着惊人的一致性：胡塞尔认为，符号化、概念化的认知只能导致认识脱离实在的真相。这一看法似乎有夸大形式直观作用的嫌疑，但在这种夸大之中亦能看出他的策略选择：如果符号化的认知只能遮蔽对真知的获得，那么唯一正确的道路就只能是非符号化的形式直观。如果说胡塞尔对拉康产生了影响的话，那么这一影响可以归结为：

胡塞尔对先验主体意识领域先天机能的强调更加坚定了拉康在心理学研究当中对后天的生物性的排斥。

二、拉康性别理论与皮尔斯符号现象学的可沟通性

在此，拉康的理论实际上显示出一股现象学的意味，即他将讨论的范围完全限定在意识的直观感受方面。但是在本文的语境中，即在菲勒斯这一能指对主体之影响的语境下，与其说拉康借鉴了胡塞尔现象学中有关主体间性的理论，不如说他与符号学最主要的创始人之一皮尔斯有更高的契合度。拉康对胡塞尔现象学的借鉴主要体现在前俄狄浦斯阶段母婴之间欲望与被欲望之间的关系上。而皮尔斯在其著作《论符号》当中对他所认为的现象学进行了定义，在此现象学基础上，他提出了自己的符号观，其中所显示出来的对意识问题的研究思路看起来就像是拉康的先导："现象学与它所研究的现象在多大程度上与某种实在相对应是毫无关系的。现象学严格地拒绝就其范畴与生理事实（physiological fact）、大脑事实或其他事实之间的关系展开任何的思辨。它不从事任何类型的假设性解释，而且还坚决避开这种做法。它只是仔细观察那些直接的显现（appearances），并且试图把那些最广泛的可能的概括与精微的准确性结合起来。"（2014，p. 9）

在这段话中，皮尔斯着重强调现象学要摒弃现象与事实之间的联系，要直接研究作为符号的对象在意识中的呈现方式。若要让符号及其运作具有决定人类意识和思维的普遍功能，就必须摒弃多种多样"噪音"的影响。就拉康提出无意识具有语言的结构，无意识是大他者的话语以及作为能指的菲勒斯决定着性别主体的形成这几个观点而言，他又何尝不是通过一种将噪音排除出去的策略凸显符号在心灵中的呈现对性别主体产生的重大影响呢？不过，在皮尔斯与拉康之间建立联系的理据在于，拉康尽管强调语言对人的阉割，但是在他的理论的缝隙里，在他以语言的名义所展开的性别差异的研究中，暗含着"心符"这一重要的过渡环节。即拉康事实上承认了皮尔斯意义上"纯感觉"（pure feeling）对人的影响。"纯感觉"是心符的载体，它是意识与脑之间的种种冲动，在非语言的层面上它影响着主体符号观象的形成，正如皮尔斯所说的："有理由认为与我心中的每一种感觉（feeling）相对应，我身体里有一种运动（motion），这就是思维－符号的品质，它与其意义并无理性的关联。"（赵毅衡，2017，p. 148）如果说以阳具本身的存在来定义性别的思路被彻底斩断，那么就必须在语言和自我意识之间建立更为复杂的联系，

如此才能充分阐明性别差异建立的真相。

赵毅衡从符号哲学的层面探讨符号化的事物是如何在意识当中呈现出意义的，以及携带意义的符号是如何作用于人的意识和思考的，甚至说，非语言的符号是否才是人的主体思维的根本："语言是学习而得的符号，人的思考究竟是否必须在语言中进行？还是可以在一种非语言的符号中展开？或是二者兼用？这个问题，关系到语言与其他各种符号的地位以及关联方式。"（赵毅衡，2017，p.139）假设存在着如皮尔斯所认为的非语言思维，那么"非语言思维用的是什么符号，这些符号，心象，概念，又用何种规律组合成完整的意义？甚至，在对社群语已经熟练的人的头脑中，是否依然有非社群语的符号思维，它与语言性的思维有什么关系？"（赵毅衡，2017，p.140）这种对语言问题的基础性思考能够作为一面镜子映照出拉康精神分析当中菲勒斯符号与意识之间的关系。

在这种基础性的思考当中，赵毅衡提出，学界有关"心语"的假设与皮尔斯的符号现象学有高度的相似性。所谓的"心语"提出的背景是20世纪的语言学转向，在这一潮流中，语言被认为是思维的唯一形态，不通过语言表现的思维是不可能的，不存在语言之前、语言之下、超越语言的思维。针对这种观点，有学者就提出，在实际的情形当中，的的确确存在着不以人们所熟知的社群语为思维符号的思维形态。"某些人所有的时候，所有人某些时候，都会用一种非语言的方式作直觉的思维，这就是'心语说'的根据。"（赵毅衡，2017，p.140）"心语"类似于人的内部语言，或说私人语言。而皮尔斯的符号现象学由于是为了给他的符号学建立哲学基础，就不得不面对这样一个对符号学来说极其尖锐的问题。对此，皮尔斯在一个世纪以前就提出了"思维－符号"（thought-signs）概念，即"心符说"（mental semiosis）。"心符说"认为在个人的前语言阶段，就有了情感、形象、概念作为"我们自身"而存在着，语言的习得和运用建立在对心符的发展之上。就载体而言，"心像"可以被视为形象的载体，而"思维－符号是一种身体与大脑内部的'运动感知'，但是它们携带着意义，因此是符号"（赵毅衡，2017，p.148）。

皮尔斯的现象学在语言学意义上的语言之外开辟出一个前语言的"心符"向度，这就使得意义在意识中的发生复杂化了。在这个界域之内，人的意识对事物的关注是由各种身体、大脑的因素导向的，有着种种非理性因素的存在。其实上面所说的"前语言"并不准确，因为在语言习得之后，心符依然在发挥着效力，只是个人无法在感知中将其分辨出来。而拉康的菲勒斯能指正是在这个地方，在这个非语言的隐蔽之处发挥着重要力量。尽管阳具本身不能决定人的性别占位，但是菲勒斯的存在/缺失会对自我感知的注意力产生影响，它直接作用于意识。菲勒斯捕获或未捕获人的欲望将影响社群语言对心符的发展。这里就出现了一个问题，心符既然包括情感和形象，那么就性别主体而言，女性与男性的心符会是一样的吗？或者说，即便它们是一样的，那么在面对菲勒斯这个能指时，同样的心符又会在发展为语言符号的过程中经历怎样的波折？

拉康曾强调语言在塑造主体时的非凡力量，他曾对《圣经》中的"太初是言"评价道："我赞成圣约翰和他的'太初是言'。但这是谜一般的太初。这意味着：对于这个肉体的存在，这个矛盾的平庸之人，悲剧在言一开始就起作用了，在它化为肉身的时候，如同宗教，真正的宗教所说的那样。正是在言化为肉身之时，它开始变得非常腐败。"（拉康，2019b，pp. 69 - 70）但是这种语言学中心主义的倾向容易遮蔽拉康理论中明显的现象学即符号哲学方面的因素。菲勒斯作为一个符号而非纯粹的物对人的意识发挥了重要的影响，更具体地来看，则是作为一种心像的菲勒斯在不同性别主体当中重组了意义的边界。如果说对社会性符号能指的阉割作用的强调能够揭示女性主体为大他者所建构的基本事实，却无法具身性地说明为何女性在将自身确立为主体的过程中会遇到如此多的障碍，那么为何女性会如此自然而然地将自身确立为他者，即这个问题需要在一个更加微观和隐秘的层面得到说明。在广泛的社会性的父权渗透之下，还必然潜藏着更加微观的两性之间符号感知的层面，正是这种符号感知层面的差异令女性本可拥有的对自身作为主体的意识层面的确定性消失殆尽。而这种不易察觉的两性主体间关系并非仅仅是由狭义上的语言决定的，它更多是由一种对象征及其意义的感知导致的。

从拉康对女性主体之不存在的言说可以看出，在象征界的符号体系对女性主体的规约之外，菲勒斯能指的有无对主体造成了直接的心理影响。在此，拉康未放弃菲勒斯能指这一解决问题的突破口，但是他把目光转向了菲勒斯这一能指在凝定主体欲望方面的奇特效果：正因为男性菲勒斯能够明确地标示男性原乐，而女性在自己身上找不到女性原乐视觉化的可靠标识，所以女性在两性主体间性中默认了男性的主体性地位，将男性视为欲望的主体而自身为他者。这就开启了女性在整个社会符号体系的运作之中进一步将自身他者化的进程。

退一步说，如果女性能够拥有可视化的菲勒斯标识，那么可以设想，由于欲望得到了符号化呈现，那么女性在体认两性关系时就会把自身亦视为一个主体而非绝对的客体，即对自身欲望的确认就是对自身作为主体的最初确认。这种确认会在女性的经验历史中彻底变革其作为他者的被动与无力。这听上去似乎过于理想化，但拉康的理论中的确有这种观点存在："在没有任何象征材料的地方，就会在引发认同——这对主体之性欲的实现至关重要——的方面出现一个障碍，一个缺陷。"（Lacan，1993，p. 176）

我们看到女性的性别主体之形成是以女性的基本心理体验为基础的，这种心理体验必须以实在的物即符号为依托，而非仅仅是他者的话语。这暗示了什么呢？至少可以说明，大他者的力量尽管强大，但它也需要一个实在的起点作为其发挥作用的支点。尽管拉康可以说，两性间的关系作为主体间性的一个维度要以大他者为中介才能成立，即两性主体间性实际上是内在于大他者的，依旧是语言建构的，但不可否认的是，恰恰是在两性关系中，菲勒斯能指不是靠语言而是靠一种心理层面的影响来发挥作用的，即性别气质的差异这一前语言时期就存在的事实究竟是否能划归入由语言主宰的领域是一个困难的问题。

拉康性差意义上的女性主体建立过程中的关键节点就是菲勒斯。他看似聚焦于单一的语言问题，实际上是将符号现象学的问题与狭义上的语言问题相结合，归并为一个广义上的语言问题。他让大他者在场，但是他在这种叙述中又无时不在探讨有关身体的痕迹以及物的痕迹的问题。痕迹是对象性事物存在过的印记，它标记着主体欲望的历史，女性因缺少表现女性之性的痕迹而与男性处在一种不对等的位置。围绕这种象征性的痕迹，可以看到决定着女性主体之最终走向的是对等意义上男性菲勒斯的缺失。菲勒斯作为男性之性的象征，在一种偶然性中必然地使男性欲望得到了符号化呈现，使男性在欲望之再现的过程中获得了对自身欲望直观化的体认，但女性自身性欲未能获得一个清晰可辨的标识。这就导致菲勒斯符号化了的一方默认了自身欲望的合法性，从而进一步认可了这一方在性关系中主体性的位置。我揣测，这种性关系中主体性占位的角色差异是导致男女两性全部社会性差异的根本因素，因为性关系影响下的性别感知是极其深入地潜藏在主体的无意识中的，它具有一种划定主体欲望和行动之界限的功能。但是，这种思路极容易招致弗洛伊德式精神分析"性本位"的诟病，从而再次遭到女权主义的攻击。

归结起来，拉康认为作为象征的菲勒斯可以帮助主体在意识中标记其欲望，使原初整一的欲望在菲勒斯意向这里做一个分流，从而使这一小部分凝定在一个能指上，也就是说菲勒斯符号所形成的心像使男性得以开辟出欲望的一个固定化向度。这其实就是能指对欲望的捕获——菲勒斯切割了欲望本身，用拉康的原话来说就是："男根是这个标志的优先的能指，在这个标志中逻格斯的部分与欲望的出现结合到了一起。"（拉康，2019a，p. 551）得益于这一"捕获"或说"结合"，男性原乐的享受方式变得既清晰又单一，因为在俄狄浦斯阶段男性对父亲由敌意到认同的过程就是彻底接受父法之阉割的过程。男性只有这一条路可供选择。与此相对，女人只能以能指（符号）不明的方式来感受自身的欲望，也就是她无法识别菲勒斯欲望是如何对自身产生影响的。女人对于此时此刻自身所欲望着的究竟是否是菲勒斯欲望这一问题苦恼不已，她的欲望因并未被界定而显得怪异和不可理喻。这就显示出菲勒斯的缺场对女性歇斯底里的影响。

拉康有关女性主体的思想在性别研究领域可谓独树一帜。从消极的一面来看，女性由于没有菲勒斯对自身欲望的凝定故而更缺乏自主自觉的感知，也容易因未能彻底遭受父权的阉割而显露出某种欲望的"剩余"，此种剩余像是有关自由的诅咒，引发了女性深层的心理焦虑；从积极的一面看，这种焦虑是与主体的独特存在相关的，正如索伦·克尔凯郭尔所言，"焦虑是一种可能性的眩晕，只有当主体被迫做出选择，可能动摇他的存在时，当这种心理体验直至令他感受虚无、陵墓、从生到死的过程时，他方能感受到焦虑"（卢迪内斯库，2020，p. 12），焦虑昭示着自由。在拉康眼中，女性可以构建自己的主体性，只要她意愿够强烈。这一看法在抽象层面似乎意味着女性主体的无限可能，但是从皮尔斯现象学的角度来看，这一所谓的有着无限可能的自由状态在现实中首先会受到形式直观的限制，随后又受到所处社群观念的影响，因此它不可避免地被符号世界重构。与拉康不同的是，从皮尔斯的理论出发，这种重构并不是悲剧性的，而是能够导向一种接近真理的对女性性别角色的定位。也就是说，在皮尔斯理论的观照下，拉康精神分析中原有的人的悲剧性得到了某种程度的化解，就符号累积能得到真知这一信念而言，它使得主体性的地位再次得到了承认。此种情形迫使我们反思当今女性社会性别存在的合理性，同时更加深入地去思考人类在现代性和后现代性相交织的生存处境中获得救赎究竟意味着什么。

三、结语

拉康的主体理论底色是灰暗的，它在认定主体为"空"的基础上阐释哪些事物附加在了这个"空"上面，好让人产生自己是一个主体的幻觉。这种彻底否定主体的思路与叔本华、尼采的反主体性的哲学具有高度的相似性，也导向了与佛教当中的"无我"相同的悲观主义。只不过拉康避开了从身体或说生理的角度来论证这一问题。如果说尼采面对主体之不存在所采取的解决之道是权力意志与超人哲学,那么拉康则将对主体的希望寄予女性身上,他希望女性可以在未彻底受阉割之处寻求自我创造和自我改变的契机。在此,这一思路在推崇女性力量的同时将男性冲破文明的禁锢从而最终获得自由的可能性彻底斩断了,于是,拉康主体理论事实上在现代性危机的拯救这一点上走进了死胡同。与之相对,皮尔斯对符号的信任使得"符号对人的阉割"这一命题能够从相反的角度得到看待。当转换了思路,这一命题自身的逻辑就开始自行瓦解了。如果人在符号的世界中能够凭借对符号的使用,凭借在经验中对认识的不断修正,凭借集体力量对意见的重新整合,最终达到正确的认识,那么人的解放这一愿望就不再仅仅是诸多后现代主义者所诟病的宏大叙事。从这个角度看,皮尔斯的理论与哈贝马斯的交往行为理论有某些相通之处,他们皆对现代性问题的解决怀抱巨大的信心。

引用文献:

拉康,雅克(2019a).拉康选集(褚孝泉,译).上海:华东师范大学出版社.

拉康,雅克(2019b).宗教的凯旋(严和来,姜余,译).北京:商务印书馆.

卢迪内斯库,伊丽莎白(2020).精神分析私人词典(罗琛岑,译).上海:华东师范大学出版社.

皮尔斯(2014).皮尔斯:论符号(赵星植,译).成都:四川大学出版社.

颜青(2010).胡塞尔现象学与皮尔斯现象学之比较.四川大学学报(哲学社会科学版),2,141.

扎哈维,丹(2007).胡塞尔现象学(李忠伟,译).上海:上海译文出版社.

赵毅衡(2015).形式直观:符号现象学的出发点,文艺研究,1,19-20.

赵毅衡(2017).哲学符号学:意义世界的形成.成都:四川大学出版社.

Lacan, J. (1993). *The Seminar of Jacques Lacan*, Book Ⅲ, *The Psychoses 1955—1956* (Jacques-Alain Miller, ed. , Russell Grigg, trans.). London:Routledge.

作者简介:

郝娟,四川大学文学与新闻学院博士研究生,研究方向为文艺美学。

Author:

Hao Juan, Ph. D. candidate at College of Literature and Journalism, Sichuan University. Her research field is aesthetics of literature and art.

Email: 706718981@ qq. com

艺术产业的符号美学 ● ● ● ● ●

当代艺术产业分类及其符号美学特征[*]

陆正兰　张　珂

摘　要：20世纪后期以来，以先锋艺术与艺术产业为代表的两种艺术实践，分别从两个不同方向突破了美学的传统范畴。先锋艺术方向的不断创新突破，使许多学者认为定义艺术是徒劳无益的工作；而艺术产业的突破，使艺术的外延扩展到先前时代难以想象的边界，出现了许多传统美学视角不可能考虑到的新型体裁。艺术产业的迅猛发展对美学提出了重要的挑战，艺术理论与艺术产业的经济实践如何关联？本文梳理了"艺术产业"概念的演绎脉络，在此基础上，从符号美学的意义功能出发，将艺术产业细分为纯艺术、亚艺术、拟艺术及类艺术四大类型，为进一步具体地探讨符号美学与艺术产业关系奠定基本框架。

关键词：艺术，美学，符号美学，符号学，艺术产业

Semiotic Aesthetics and the Classification of Art Industry Today

Lu Zhenglan　Zhang Ke

Abstract: Since the late 20th century, avant-garde art and art industry have broken through the traditional category of aesthetics from two

* 本文为国家社科基金重大项目"当代艺术提出的重要美学问题研究"（20&ZD049）成果之一。

different directions. The continuous innovation and breakthrough of avant-garde art makes many scholars think that defining art is futile work. However, the breakthrough of the art industry has extended the extension of art to unimaginable boundaries in the previous era, and many new genres that could not be considered by traditional aesthetics have emerged. How does art theory relate to the economic practice of the art industry? The rapid development of art industry puts forward the important challenge to aesthetics. This article sorts out the context of the concept of "art industry". According to the meaning and function of art symbols, the art industry is divided into four types: pure art, sub-art, quasi-art and para-art. It lays a basic framework for further discussing the relationship between art and industry.

Keywords: art, aesthetics, semiotic aesthetics, semiotics, art industry

一、美学与艺术产业

20 世纪后期以来，以先锋艺术与艺术产业为代表的两种艺术实践，在两个不同方向突破了美学的传统范畴。先锋艺术方向的不断创新突破，使许多学者认为定义艺术是徒劳无益的工作；而产业艺术的突破，使艺术的外延扩展到先前时代难以想象的边界，出现了许多从传统美学视角不可能考虑到的体裁，也造成了当代文化的"泛艺术化"趋势。艺术产业和艺术消费扩展了当代艺术的版图，在文化创意产业政策和实践的引领下，形成了新的文化产业格局。消费时代把当代艺术和产业的关系急速拉近，两者借助消费动力，取得了长足发展。

艺术的开端本是工艺，艺术原本服务于日常生活，早在我国先秦时期，就有《考工记》记录当时的手工技艺。西方也有古罗马时期维特鲁威的《建筑十书》和老普林尼的《博物志》，从中都可见工艺艺术的开始。到 19 世纪中叶，工业化首先在欧洲基本立足，中产阶级进入历史舞台之后，艺术开始朝两个方向发展：一是以英国与法国为代表的唯美主义，他们崇尚"为艺术而艺术"，例如法国诗人戈蒂耶（Théophile Gautier），以及英国的"拉斐尔前派"绘画与诗歌；另一方向则是著名的唯美主义者兼艺术社会主义者威廉·莫里斯（William Morris）提倡的艺术日常生活化。莫里斯是画家，同时还是个花布设计师，他将理论和实践相结合，是第一个自觉地把纯艺术朝日常生活推进的理论家。

工业社会给艺术带来的最大变化，不仅仅是机械复制，而且是大众化、世俗化（secularism）以及日常生活化。传统艺术和大众是隔绝的，享受和欣赏艺术作品只是少数人的特权，而复制技术的出现彻底打破了艺术与大众的隔膜，艺术成了人人可以接近的东西。如果说19世纪后期生活的艺术化和艺术的生活化还只是少数艺术家的个人追求，那么到20世纪下半叶，这就已经成为一个社会文化的自然发展趋势。

德国美学家韦尔施（Wolfgang Welsch）对当今社会泛艺术化的批判，打开了批判泛艺术化运动的闸门。韦尔施认为当今社会存在三个层次的"浅层审美化"：技术与传媒对物质和社会现实的艺术化；生活实践与道德方向的艺术化；与此相关联的认识论的艺术化（2002，p.6）。英国文化学家费瑟斯通（Mike Featherstone）归纳了"日常生活审美化"的三个方面：艺术亚文化消解艺术与日常生活的界限；将生活转为艺术作品的谋划；充斥于当今社会日常生活之经纬的符号与影像（2000，pp.95-98）。皮埃尔·布迪厄（Pierre Bourdieu）批判的矛头也针对"把审美特性授予原本平庸甚至'粗俗'的客观事物"，或者"将'纯粹的'审美原则应用于日常生活中的日常事物"。

但也有不少学者对这种趋势持积极的立场，杰姆逊（Fredric R. Jameson）就提出：文化向着大众化的趋同无疑是后现代主义时期最显著的特性所在，雅俗文化正在逐渐淡出人们的视野，文化摒弃传统的枷锁，从"文化圈层"释放，并愈发与人们日常生活相契合。（1987，p.129）而鲍曼（Zygmunt Bauman）虽然有点过于理想化，其分析却很中肯，他认为消费者必须以审美趣味为导向，而不是以道德规范为导向；是美学，而非伦理学，被用于整合消费者社会，确保其走在正确的道路上，并屡次拯救其于危难；伦理学赋予履行责任以最高的价值，而美学则把崇高的体验放在首位。（2021，p.40）

近二十年来，"日常生活审美化"在中国也引发了大讨论。据高建平的总结，这次讨论构成了20世纪50年代"美学大讨论"和80年代"美学热"之后现代中国美学的"第三次高潮"（2010）。"我们关切和确认生活美学，不是要以清除艺术为代价，而仅仅是要打破艺术的自律权力的一统天下。"（王确，2010）。吴剑锋把"后现代艺术的四个相位"直接归结为：实验艺术、消费艺术、设计艺术、生活艺术。（2014）刘悦笛的《美与日常生活：一种现象学关联》从现象学"直观本身"提出，应该回到事物即生活本身。（2004）

在这场生活美学的辩论中，尽管有朱立元、陶东风等人提出对此除了批评，还应当"规范、引导"（陶东风，2002），但这场辩论最直接的结果是使美学界关注到当代消费社会文化被艺术渗透这个现象，因此，与美学密切相关的"艺术产业"也由此成为一个美学界郑重对待的课题。

二、何谓"艺术产业"？

"艺术产业"已有长期的研究史，只是在不同的文化领域，名称和范围一直在变化，早期的讨论一般采用"文化产业"这一说法，实际上主要是在谈艺术的社会角色。

20世纪40年代，文化研究学家霍克海默（Max Horkheimer）与阿多诺（T. W. Adorno）在《启蒙辩证法》中将电影和流行音乐等称为"文化工业"（cultural industry），原因是法兰克福学派批判资本主义社会操纵大众文化。20世纪前半期，电影兴起，艺术变成重要产业，成为社会"趣味败落"的催化剂，甚至成为资产阶级手中的意识形态控制器，以阿多诺为代表的文化学家们对此非常震惊。在他们笔下，资本主义社会的大众艺术是一种"有目的的无目的性"（purposeful purposelessness）艺术。（2003，pp. 148 - 149）康德名言被他们翻转，以此讽刺成熟期资本主义社会中艺术沦为商品，即以"无目的"为幌子的极端功利的赚钱手法。

在阿多诺等人的理想中，文化与产业是对立的两面，作为文化的艺术，应该是人类独特的创意，应引领文化批判的角色，而不该大众化、产业化、商品化。他们论辩说："艺术的社会性主要因为它站在社会的对立面。但是，这种具有对抗性的艺术只有当它成为自律性的东西时才可能出现。它通过聚集成一个自为的实体，而不是与现存的社会规范合谋并把自己标榜成'具有社会效用'，来达到目的。艺术只是凭借其存在本身而对社会构成批判。"（Adorno，1984，p. 321）文化工业批判的影响力很大，之后的大部分文化学者继承了这种批判路线，直到20世纪80年代，布迪厄与鲍德里亚（Jean Baudrillard）等法国社会文化研究学者，对于文化工业依然持严厉的批评态度。

20世纪六七十年代后，随着资本主义文化、社会和商业关系的加强，英国伯明翰学派开始在亚文化中寻找对抗资本主义的力量，学界对文化工业的复杂性的了解更为深刻。雷蒙·威廉姆斯（Raymond Williams）指出："文化的意义和价值不仅在艺术和知识过程中得到表述，同样也体现在机构和日常行为中。从这一定义出发，文化分析也就是对某一特定生活方式、某一特定文化或隐或显的意义和价值的澄清。"（1961，p. 57）至此，文化研究就把包括大众文化在内的日常生活以及消费行为纳入了研究领域。之后，美国文化研究学者约翰·费斯克（John Fiske）发展了斯图亚特·霍尔（Stuart Hall）的"三种解码"理论①，进一步强调文化消费者的积极再创造的意义，他宣称"大众文化不是文化工业生产的，而是人民创造的"（2001，p. 29），充分肯定大众文化的使用者完全"有权力亦有能力将商品改造为自己的文化"（p. 22）。这样，在文化、消费、大众三者之间，艺术产业形成了一个积极的意义循环。

随着文化工业在国民经济中占据越来越大的比重，不少学者对文化产业的积极面更为关注。法国社会学家伯纳德·米亚基（Bernard Miege）指出："把工业化和新技术引入文化中确实导致了商品化趋势，但同时也带来了令人兴奋的新趋势。"（转引自赫斯蒙德夫，2019，p. 19）类似的观点得到越来越多文化社会学学者的拥护，而且这些学者也反对阿多诺和霍克海默所提出的"单数的文化工业"（cultural industry），他们开始用"cultural industries"这一复数代替原先的单数形式，因为"它被局限为'单一领域'……现代生活中共存各种不同形式的文化生产"（p. 19）。而中文译法也发生了变化，"文化工业"这种带有批判和悲观色彩的表述，逐渐被比较中立的"文化产业"代替，虽然二者差异微乎其微，但比法兰克福学派的说法更符合社会发展潮流。

艺术本是文化的一部分，也是重要的且最能体现文化演变机制的部分。所谓"艺术产业"提法，客观上出现在 20 世纪 90 年代后，当代文化进入所谓"后现代"的表征：艺术在文化中的成分越来越大。学术上的探讨却来自"泛艺术化""日常生活审美化"，学界对此轰然响应，讨论者越来越多。

在经济学研究领域，传统的经济学或古典经济学更多关注经济发展和运行中的理性和效率因素，较少关注艺术这种看似非经济的因素。但 20 世纪 60 年代，经济学界发生变化，文化艺术经济学研究也因此逐渐盛行。到现在，越来越多的文化经济学学者已经意识到，"美学作为一种重要的结构性力量嵌入到经济中，深刻改变着传统的经济模式、资源要素的配置和人们的消费方式"，"学界亟须建立新的经济学概念体系和理论分析框架，来理解和

① 伯明翰学派的斯图亚特·霍尔在《电视话语的制码与解码》一文中，提出了当代文化符号学中著名的"三种解码"，即"主导－霸权式解码"（Hegemonic Reading）、"协商式解码"（Negotiated Reading）及"对抗式解码"（Oppositional Reading）。（Hall，1980，pp. 128 - 138）

阐释美学经济问题的逻辑起点、内在规律与深层机制",即所谓"美学经济"（邱晔,2020),或者"审美应用学"（罗筠筠,2002)。所谓"文化产业"越来越以艺术为重心,尤其考虑到像彗星那样依附于艺术的大量有关文化现象,"艺术产业"这个术语比泛泛而谈的"文化产业"更为精确,由此"艺术产业"成为我们的研究对象名副其实的称呼。只是本文所引用的著作大部分依然在用"文化产业"。了解此概念发展的历史,就能明白如何理解它。

三、艺术产业与美学经济

早在 1966 年,美国经济学家威廉·鲍莫尔（William J. Baumol)和威廉·鲍温（William Bowen)就发表了《表演艺术:经济的困境》一文,直接把艺术产业中的表演艺术和经济放在一起讨论,提出了经济学中著名的"表演艺术成本病"概念。1976 年,英国的经济学家布劳格（Mark Blaug)编著了《文化艺术经济学读本》,强调文化艺术在经济发展中的独特性。之后,一系列有关文化艺术经济的著作出版,其中有索罗斯比（David Throsby)和威瑟斯（Clen Withers)的《经济与文化》,泰勒·考恩（Tyler Cowen)的《商业文化礼赞》,鲁诺·弗雷（Bruno Frey)的《艺术与经济学》以及露丝·陶斯（Ruth Towse)的《文化经济学》等。正如陶斯所总结的:"文化经济的重要性在于,它极大地扩张了范围,从而会给艺术与文化……曾经的'蛋糕上的糖衣'……一个更突出的经济角色。"(2016,p.6)

随着 20 世纪后半叶生产和消费的迅猛发展,文化产业逐渐被各个国家重视,并成为各个国家发展的一个重要指标。在中国,"文化产业"这一领域,也经历了一个较快的发展过程。早在 1985 年,国务院转发国家统计局《关于建立第三产业统计的报告》,就把"文化艺术"作为第三产业组成部分列入国民生产统计项目中,从事实上确认了文化可能具有的"产业"性质。[①] 1988 年,"文化市场"的表述开始出现在官方文件中;1991 年,国务院发布的文件正式提出了"文化经济"概念;1992 年,完善文化经济政策的战略被正式提出,文化卫生事业被当作加快第三产业发展的重点;2001 年,政府明确提出计划发展文化产业;2002 年,政府工作报告提出:为了"进一步解决制约经济发展的结构性矛盾和体制性障碍",应该"大力发展旅游业和文化

---

① 1986 年《国外社会科学文献》译介了法国学者梅西隆（H. Mercillon)的《艺术经济学》一文,对我国 20 世纪 80 年代初期的艺术经济学研究产生了重要影响。

产业"；十六大报告指出要"完善文化产业政策，支持文化产业发展，增强我国文化产业的整体实力和竞争力"。如果说 20 世纪 80 年代还是"文化搭台，经济唱戏"的初级文化艺术产业模式，那么到现在，"文化本身就是一台戏，是新的经济增长点，是转变经济增长方式的重要抓手，是满足新民生的重要内容，是一个国家软实力和综合实力的重要体现。可以说文化艺术产业已经成为以创新创意驱动为特征的现代经济的重要组成部分"（王家新，2016，pp. 2 - 3）。

"文化产业"向"文化创意产业"（cultural creative industry）转变似乎是消费社会发展的必然。关于"文化创意产业"的定义很多，大多数将其理解为"以知识和创意为本的新经济"（knowledge-and-idea-based new economy）之一部分，被视作当代"知识经济"（knowledge economy）的核心竞争力。1997 年英国最早提出"创意产业"这个概念，对此中西方学者的认知有些区别，尽管中西方都承认"文化产业是关于精神产品的生产，是意义、象征、价值等文化符号的物化过程，是将观念想象具体化为有形产品的过程。在这一过程中，创意是关键"（向勇，2016，p. 13），但是，中国学者更强调创意生产背后依托的一个具体的文化背景，即观念、价值和传统的文化内涵，而西方似乎更强调个体艺术的创造才能。英国"创意管理"的首倡者克里斯·比尔顿（Chris Bilton）指出，创意是包括新颖性的创新和合目的性价值在内的统一体，是文化产业（或创意产业）在更大的范围内推动的艺术与商业的再连接，通过创意准备、孵化、阐明和证实等过程，以及创意团队、系统、组织、消费和政策等体系，让"创意"真正成为"产业"。（2010，p. 11）

在现实层面，近年，我国文化和旅游部先后为"文化产业""文化创意产业"发出多种文件，多所高校、研究机构，甚至政府相关部门成立了"文化产业/文化创意产业研究中心"，文化创意产业的价值优势明显：广泛的关联度，增加文化产品内涵，提升产品附加值，扩展经济产业链，容易吸引吸纳社会资金，引领新的投资方向和新的增长点等。因此，"文化创意产业将会成为精神经济发展阶段下的主导产业"（韩顺法，杨建龙，2014，p. 76）。这方面的研究工作近年也已经成系统、成规模（叶朗，2018）。

应当承认，无论文化产业，还是文化创意产业，都包括了大量艺术之外的文化事业，例如报刊、体育、各级教育等，艺术产业并没有单独列出。

联合国教科文组织对文化产业的定义是："按照工业标准，生产、储存以及分配文化产品和服务的一系列活动。"据其定义，文化产业大致可以分为以下三类：一是生产、销售以相对独立的物质形态为基础的文化产品行业，如报刊、图书、影视音像制品等；二是以劳务形态为基础的文化服务行业，如艺术演出、广告策划等；三是为其他行业及其产品提供文化附加值的行业，如装饰设计、文化旅游等。

按中国的文化产业划分，艺术产业包含在文化产业中。比如，李季主编的《中国文化创意产业年鉴（2018）》将文化创意产业划分为文化艺术、新闻出版、广播电视、软件网络及信息技术服务、广告会展、艺术品交易、设计服务、旅游休闲娱乐，以及其他辅助服务共9类。中国"十四五"文化产业发展规划中提到的9项优化重点文化行业供给分别为演艺业、娱乐业、动漫业、创意设计业、数字文化业、艺术品业、工艺美术业、文化会展业、文化装备制造业。艺术混合于其中，因此不少学者认为，在"文化产业"这个大框架中，艺术产业几乎贯穿甚至等同于文化产业、文化经济学。类似的对文化产业的概括比较有代表性，"文化艺术经济学可以描述为：一个以经济学为系统工具和参照系，以文化艺术活动为变量和研究对象的经济学分支。其核心问题有二：一是包括艺术在内的'大文化'是如何促进经济发展的；二是如何最大程度地提供文化艺术产品、有效配置其资源的问题"（王家新，2016，p. 1）。

在其他国家，情况也很类似。譬如文化艺术经济学，"在研究内容上，西方文化艺术经济学基本形成了以表演艺术经济、博物馆经济、电影经济、视觉艺术经济、数字艺术经济为核心的基础框架；在研究方向上，形成了艺术经济学特殊本质和特征研究、艺术与社会发展之间的关系研究，以及基于艺术行业特性的政府公共政策研究三个基本方向"（王家新，2016，pp. 3 - 4）。

文化产业经济学研究的不是文化本身，而是文化产业，即为社会公众提供文化产品和文化相关产品的生产活动。（焦斌龙，2014，p. 5）同样，艺术产业既不研究文化产业的全部，也不仅仅研究艺术本身。艺术产业有相当多的特点，在文化产业中、在艺术中都有特殊地位。经济学界、文化研究界对"艺术产业"进行描述总结的文字极多，但真正从艺术产业理论角度出发的努力，至今比较少见。（张冬梅，2008，p. 3）

四、艺术产业与符号美学

符号是"被认为携带意义的感知"（赵毅衡，2016，p. 1），任何意义都必须由可感知的符号来承载、传播、解释，符号学就是研究意义的构造、传送、解释的学问。研究艺术问题的符号学，一直被称为"符号美学"（semiotic aesthetics，或 aesthetic symbolism）。这个名称被用于指《周易》以降的中国古典美学（王明居，1999），更经常指新康德主义卡西尔与朗格建立的艺术研究体系（吴风，2002），也指巴尔特的艺术研究（蒋传红，2013）以及古德曼创造的体系（Goodman，1976），还被用于总结雅可布森（Winner，1991）、卢卡奇（傅其林，2016）、穆卡洛夫斯基、格尔茨、巴赫金、洛特曼、杰姆逊、德勒兹、鲍德里亚（朱媛，2008）等各派学者的艺术研究。用符号学作为意义分析理论来研究艺术意义这个最难解的问题，是许多学者的共同立场，但理论分途歧出，可以说，"符号美学"至今尚没有形成一个学科。

符号美学努力在复杂的表意中寻找规律，理解并阐释当今艺术产业，这对符号美学本身将是一个巨大的挑战。先前的符号美学理论经常仅被当作一种形式理论，在解释个别体裁（例如先锋美术）、个别潮流（如现代艺术或后现代艺术）时，往往有真知灼见，而一旦要求对艺术与社会生活、经济的融合做出评价时，或对艺术未来发展趋势做出预测时，经常捉襟见肘。用符号美学研究当今中国的艺术产业，似乎应该从理论与对象两块分别论述，但实际上二者密不可分，互相渗透。正如王一川断言：在当代，富有重要社会影响力或艺术史地位的艺术作品，几乎难有例外地是出自文化产业的企业式制作、生产、营销及消费等过程时，艺术学理论把文化产业纳入自己有关艺术的当代内涵、地位、作用和命运等的思考视野中，就是必然的了。（2015）

艺术产业以精神消费为主要生产目的，以符号生产为主要生产内容，以创意管理为主要治理模式，是新型产业形态。艺术产业的符号美学主要研究意义价值问题。"符号产品，需要高附加值，而这附加值来自艺术。"（王一川，2015）艺术的特殊性为产业添加符号附加值，这个符号附加值来自其自身创造的意义。因此，英国文化产业学家赫斯蒙德夫（David Hesmondhalgh）甚至提出以"符号创意"囊括所有的艺术，他说："我想用一个较为冗长的术语'符号创意'（symbolic creativity）来取代'艺术'一词，因为'艺术'一词意指所有与个人天赋和更高指称相关的意涵。同样，我也偏爱用另一个词来代替'艺术家'，这就是'符号创作者'（symbol creators）或者'符号制作者'（symbol makers），即诠释、编译或改写故事、歌曲和图像的人。"（2019，p. 4）向勇以中国工艺品为例，描述其符号化过程："通过主题借用、符号提炼，结合材料加工和工艺手法，最后通过作品呈现将艺术品原作的'光韵'复制为限量的工艺品。"（2016，p. 33）尽管研究者选取的角度不同，但都不约而同地关注到艺术产业中"符号"这个核心价值和意义问题。

符号，是不同的意义携带感知。消费者对一般产品与各种艺术产品存在着明显的感知差异，一般产品只是对生产、生活中的物质性需要的满足，而艺术产品满足的是消费者的意义功能和审美需求，消费者对艺术产品的消费决策，最终依据的并非产品物质载体的耐用性或性价比，而是对其符号美学价值以及参与创造获得的审美及创造愉悦之判断。艺术产业的符号美学研究应该从此出发，进而深入它们对个人、群体以及整个社会产生的意义和影响。

因此，艺术产业符号美学需要解决一系列问题：如何找到艺术产业既区别于一般经济产业，又区别于纯艺术的意义本质？在"产业艺术化"与"艺术产业化"过程中，如何在理论上划出艺术与产业之间的符号界限？艺术产业把各种原先与经济并不相关的一些艺术创作（例如诗歌、游戏、微电影）变成经济行为，在艺术领域孵化出新的产业，比如形象歌曲，它是艺术还是商品？二者之间如何连接才能成功转换？如何细分艺术产业的各种类型？它们各自的符号意义方式（符形、符义和符用）有什么不同？作为产业的核心竞争力，它们在不同消费环节的符号美学价值又体现在哪里？这些都构成艺术产业符号美学的核心问题。

五、艺术产业分类及其符号美学特征

画出"艺术产业"的范围，应该是艺术产业符号美学首先要展开的行动。"艺术产业"是个复杂的概念，但不该是一个模糊不清的星云状概念。如何细分而不至于把经济与艺术混起来，这是个难题，为此，不少领域的学者都做出了颇有成效的努力。比如，邱晔以"美学产业"代替"艺术产业"，从经济生产角度将其分为"美学内容产业，美学加值产业以及美学服务产业"三类（2020）；王一川将"艺术产业"分为"艺术型文化产业，次艺术型文化产业及拟艺术型文化产业"三类，分别以影视作品、衍生产品及创意产品为典型（2015）。应该说，这些分类都很有说服力。事实上"艺术产业"不仅是个概念，还是庞大的艺术产业活动，它的一头是"纯艺术的商业化"，另一头是"商品的艺术营销"。这个艺术光谱过于复杂，不容易截然分段。本文借鉴前面两位学者的分类，将"艺术产业"进一步分解成四个方面（见表1），以细辨从纯艺术品的商业化到以艺术为营销的商品经济活动，甚至到消费者也同时为生产者的参与式生产中，每一段光谱中的符号美学特征。

表1　当代艺术产业类型及其符号美学特征

符号文本类型	典型产业	符号生产方式	符形	符义	符用
纯艺术	艺术品收藏 艺术品拍卖 艺术文物 建筑物遗产 演艺	原创一次性生产	蕴含于作品本身	艺术符号价值 = 艺术品价值	作品主导
	影视 文学出版	原创数字化生产			
亚艺术	游戏 视频节目 节庆展演 广场舞	参与式生产	渗透于服务中	艺术符号价值 + 体验价值	体验主导
拟艺术	城市景观 乡村旅游 产业会展 网络社区				
类艺术	潮玩 工艺设计 时尚设计 产品设计	工业化生产	附着于实体产品	艺术符号价值 + 使用功能价值	设计主导
	艺术周边产品 艺术衍生产品 商品艺术营销				

（1）纯艺术产业：可分为两种，一种指专业的、原创的、唯一的、不可复制的艺术作品，包括纯艺术品原作的收藏、拍卖，博物馆文物，建筑等物质遗产等，它的符号意义在于它的唯一性、不可取代性；第二种也是原创性的，但可以通过数字技术复制，供大众重复消费，比如出版物、影视作品、真人秀、演艺节目等，虽然电影也是一种艺术家主体的创作，但其创作却要求最大化的"上座率"。

（2）亚艺术产业：非专业的，依靠大众参与才能实现的艺术活动，如游戏、节庆娱乐、广场舞等。

（3）拟艺术产业：加入大量艺术元素，模拟艺术生产的城市景观、乡村旅游、产业会展等。

（4）类艺术产业：包含两部分，一部分是最大规模生产的工艺产品设计、时尚设计与产品、商品设计等，有时候被称为"产业艺术"，即原先并非艺术的产业活动，与艺术有关的是其设计部分；第二部分是艺术周边产业，主要指艺术装备产业，比如影视城、剧院、美术馆、画廊的建设和经营，电视机、音响设备的生产，等等，甚至包括和艺术相关的艺术教育，它们也已经形成巨大的产业价值，且直接服务于艺术产业，却又有自己的运作特点。

艺术衍生产业的这四个方面构成了一个漫长的、几乎席卷整个社会文化的泛艺术光谱，贯穿其中的是泛艺术化下的艺术性，它们从不同维度、在不同的程度构成符号美学特征。从最无争议的艺术品类别出发，围绕与社会的关联渐渐展开，四者的边界不会清晰，甚至有交融，但每一段都有自身的特点，且在社会文化中都非常重要。

需要特别说明的是没有完全进入列表的数字艺术。艺术衍生产品几乎在每一种方面都可以延伸。比如，故宫文物的文创产品可以看成是文物的衍生产品；广场舞统一的服装、道具也可以看成是衍生产品；潮玩既可以是类艺术产品，也可以看成是从纯艺术中汲取灵感的衍生产品，如"大艺术家"系列。数字艺术可以称为新型的、可复制的、高效率的艺术产业类型，其形式有音乐下载、短视频播放、数字化展览等。数字化对以上四个方面都有影响，但主要是工具性的，例如艺术作品的数字传播、互联网构成的新音乐空间、电子设备带给城市的面貌变化，等等。另外，与数字技术密切关联的人工智能已经开始独立创造艺术：美术、音乐甚至诗歌等。因此，艺术产业也应包含已经开始萌芽的人工智能艺术产业，关注其中卷入的艺术意向性和产业化的可能，这也是符号美学所关注的艺术产业未来的发展方向。

从符号美学来审视当代艺术产业，可以看到其符号文本在经济链上的每个环节都发生了变化：在创作－展示环节上，出现意向性叠加；在文本功能上，使用、实际意义、艺术意义混杂；在接收与阐释上，美学与经济的复合，拒绝单一解释，在符形、符义和符用上都有自己的符号美学特征，并形成独特的核心竞争力和各自的符号美学功能。也就是说，从创作生产到推广发行再到市场营销，经济行为的每一个环节在艺术产业过程中都会获得新的美学形态。而这种新的美学形态，从深层次上激发出艺术与产业融合的内在价值。正如蒙特豪克斯（Pierre Guillet de Monthoux）的精辟论述："审美判断调动生命冲动进入积极状态，使人类作为观众而成为意见统一体。艺术作品的这种通过欣赏而统一观众的效果起了弥补公共领域的作用。……这也正是为什么私人的经验可提供一种具有公共现象的力量，为什么审美精神可以在诸如市场、社会或企业等多个公共领域形成自己的公众的奥秘所在。"（2010，p. 30）

当代艺术符号文本的双轴关系深入社会文化产业，艺术的原始冲动（艺术灵感）的符号创造力虽然无目的，但在艺术产业中却必定转化成产品和商品，并且带上利润，流通到大众眼前，和大众生活紧密结合，甚至成为大众自身创造的一部分。文化本是一个社会相关表意活动的总集合，而艺术是文化中意义和功能的双重标出项（陆正兰，2020），尤其在艺术产业主导的当今时代。从纯艺术静默式的个人式艺术欣赏到规模化的参与式艺术消费，艺术产业化过程最大的符号意义在于推动了大规模、大面积的审美活动的展开。就像王一川的论断："要了解艺术的当代内涵、地位、作用及其命运之类带有根本性或本体性意义的问题，就不能不面对艺术在文化产业中的存在。"（2015）可以看到，从纯艺术品到各种艺术产业，贯穿其中的核心是艺术性的创造和消费，而艺术性在总体上可以看作"藉形式使接收者从庸常达到超脱的符号文本品格"（赵毅衡，2018）。符号美学关注的正是艺术在社会文化中的这种特殊功能。因此，符号美学既需要深入艺术的产业实践，也不能忽视产业化给艺术带来的平庸，这是符号美学研究应该保持的学术审视距离。

引用文献：

鲍曼，齐格蒙特（2021）．工作、消费主义和新穷人（郭楠，译）．上海：上海社会科学院出版社．

比尔顿，克里斯（2010）．创意与管理：从创意产业到创意管理（向勇，译）．北京：新世界出版社．

费瑟斯通，迈克（2000）．消费文化与后现代主义（刘精明，译）．南京：译林出版社．

费斯克，约翰（2001）．理解大众文化（王晓珏，宋伟杰，译）．北京：中央编译出版社．

傅其林（2016）．论卢卡奇的马克思主义形式符号美学．学术交流，5，5-11．

高建平（2010）．日常生活审美化与美学的复兴．天津师范大学学报，6，34-44．

韩顺法，杨建龙（2014）．文化的经济力量：文化创意产业推动国民经济发展研究．北京：中国发展出版社．

赫斯蒙德夫（2019）．文化产业（张菲娜，译）．北京：中国人民大学出版社．

霍克海默，马克斯；阿多诺，西奥多（2003）．启蒙辩证法（渠敬东，曹卫东，译）．上海：上海人民出版社．

蒋传红（2013）．罗兰·巴尔特的符号美学研究．南京：江苏大学出版社．

焦斌龙（2014）．文化产业经济学．北京：高等教育出版社．

杰姆逊，弗雷德里克（1987）．后现代主义与文化理论（唐小兵，译）．西安：陕西师范大学出版社．

刘悦笛（2004）．美与日常生活：一种现象学关联．载于中华美学学会第六届全国美学大会暨"全球化与中国学"学术研讨会论文集．

陆正兰（2020）．论艺术的双标出性．思想战线，2，165-172．

罗筠筠（2002）．审美应用学．北京：社会科学文献出版社．

蒙特豪克斯（2010）．艺术公司——审美管理与形而上营销（王旭晓，等译）．北京：人民邮电出版社．

邱晔（2020）．美学经济初探．北京社会科学，10，93-107．

陶东风（2002）．日常生活的审美化与文化研究的兴起：兼论文艺学的学科反思．浙江社会科学，1，166-172．

陶斯，露丝（2016）．文化经济学（周正兵，译）．大连：东北财经大学出版社．

王家新（2016）．"文化艺术经济学译丛"总序．载于陶斯，露丝．文化经济学（周正兵，译）．大连：东北财经大学出版社．

王明居（1999）．叩寂寞以求音：《周易》符号美学．合肥：安徽大学出版社．

王确（2010）．茶馆、劝业会和公园：中国近现代生活美学之一．文艺争鸣，7，26-30．

王一川（2015）．文化产业中的艺术：兼谈艺术学视野中的文化产业．当代文坛，5，4-11．

韦尔施，沃尔夫冈（2002）．重构美学（陆扬，译）．上海：上海译文出版社．

吴风（2002）．艺术符号美学：苏珊·朗格符号美学研究．北京：北京广播学院出版社．

吴剑锋（2014）．艺术终结之后：试论日常生活审美化与当代艺术转向．浙江社会科学，11，126-131+159．

向勇（2016）．文化的流向：发展文化产业学论稿．北京：中国文联出版社．

叶朗（主编）（2018）．中国文化产业年度报告（2017）．北京：北京大学出版社．

张冬梅（2008）．艺术产业化的历程反思与理论诠释．北京：中国社会科学出版社．

赵毅衡（2016）．符号学：原理与推演．南京：南京大学出版社．

赵毅衡（2018）．从符号学定义艺术：重返功能主义．当代文坛，1，4-16．

朱媛（2008）．鲍德里亚符号论文化美学研究．获取自 https://kns.cnki.net/KCMS/detail/detail.aspx?dbname=CMFD2009&filename=2009061299.nh．

Adorno（1984）．*Aesthetic Theory*（C. Lenhardt，Trans.）．London：Routledge and Kegan Paul.

Goodman，N.（1976）．*Languages of Art: An Approach to a Theory of Symbols*．Indianapolis，IN：Hackett，1976.

Hall，S.（1980）．*Culture，Media，Language: Working Papers in Culture Studies 1972-1979*．London：Hutchinson.

Williams，R.（1961）．*The Long Revolution*．London：Chatto & Windus.

Winner，T.（1991）．The Aesthetic Semiotics of Roman Jakobson．*Sonus: A Journal of Investigations into Global Musical Possibilities*，11，1-25.

作者简介：

陆正兰，四川大学文学与新闻学院教授，博士生导师，主要从事艺术符号学研究。

张珂，四川大学文学与新闻学院博士研究生，研究方向为艺术学理论。

Author:

Lu Zhenglan, professor of School of Literature and Journalism, Sichuan University. Her research interests mainly cover art semiotics.

Email: luzhenglan69@163.com

Zhang Ke, Ph. D. candidate of School of Literature and Journalism, Sichuan University. Her research field is art theory.

艺术符号媒介论纲*

胡易容　韩嘉祥

摘　要：沿着关于艺术定义的追问，本文从艺术作为符号传播活动考察艺术诸定义的偏向，并提出艺术意义在传播过程中涌现的观念，以凸显被诸种艺术定义遮蔽的"媒介性"。媒介性不仅是当代艺术发展的最重要推动力之一，也是内嵌于艺术的基本属性，其与符号形式互为表里。一门将媒介视为艺术内在要素而非外在传播工具的"艺术媒介符号学"尚待建立。

关键词：当代艺术，符号美学，媒介理论

A Semiotic Study of Art and Media

Hu Yirong　Han Jiaxiang

Abstract:　As an enquiry into the definition of art, this paper examines biases in various definitions of art from the perspective of art as a sign communication activity, and it proposes that artistic meaning emerges from the process of communication. It thereby highlights the characteristic of art as a medium that is obscured by these definitions. Art as a medium is not only one of the most important driving forces for the development of contemporary art, but also a basic attribute embedded in art, thus taking both external and internal semiotic forms. A "semiotics of art media" that would regard the media as internal to art rather than an external tool of communication remains

* 本文为国家社科基金重大招标项目"当代艺术提出的重要美学问题研究"（20&ZD049）及国家社科基金冷门绝学专项课题"'巴蜀图语'符号谱系整理分析与数字人文传播研究"（2018VJX047）阶段性成果。

to be established.

Keywords: contemporary art, semiotic aesthetics, media theory

DOI: 10. 13760/ b. cnki. sam. 202201006

当代艺术最重要的推动力量之一是技术，更确切地说是作为艺术媒介的技术。20 世纪初摄影术与电影使人类文化进入了"机械复制时代"，电视则使社会传播的根本方式突变。20 世纪 80 年代互联网诞生，互联网数量最巨大的传播内容就是图像。从 90 年代中期大行其道的 MTV 开始，我们面对的就不是一种新媒介形态的艺术，而是一种全新艺术。CD、网络艺术、数字艺术、3D、VR 电影、动画游戏等各种技术接踵而来，人类文化进入"超接触性"时代。21 世纪开始的微博、微信、微传播热潮，更是让我们见到"手持终端"构成的集体奇观。2015 年开始大量出现人工智能艺术，电脑不再满足于把任何照片图像风格转移成"特纳式""毕加索式""凡·高式"；把任何音符组成一个曲调，加上和声与配器——谷歌的"品红"（Magenta）能按规定感情定制音乐；"深梦"（Deep Dream）创作的"机器画"想象力丰富，拍得 8000 美元。人工智能甚至开始创作剧本、拍摄电影。

然而，作为诸艺术创新的情形，起到关键推动作用的"媒介技术"仍常被过于简化地解读为一种工具，或被作为泛艺术化的传媒奇观加以批判。本文希望回到艺术本体，并在艺术之为传播活动的维度下，探讨内嵌于艺术自身的媒介问题。这种内嵌以"人类不能不传播"（Watzlawick, Beavin & Jackson, 1967, p. 72）所昭示的人之基本属性为原点展开，同时又反过来澄清这一命题自身受到的误解——人类之传播本能往往被简单地解读为人类需要信息。但实际上，任何形式的生命系统都是"以负熵为食"并"从环境中吸取'秩序'来维持组织"的"信息体"（薛定谔，2017, pp. 74 - 77）。"不能不传播"的人所需要的不仅是机械的信息，更是意义的共享。换言之，若将个人作为信息体来看待的话，首先是越出"我"这一孤立于世的个体，实现与他人的交互而达成的"越出"。当这种越出以超脱庸常的精神维度来加以限定，则这种从信息向意义升格的溢出部分，就构成了基于传播（或交流）而生成的"人之意义"的确证——我们称之为"艺术"。

一、传播观中凸显的艺术媒介性

（一）艺术之为传播

赵毅衡教授在《从符号学定义艺术：重返功能主义》一文中，将几乎陷入困境近半个世纪的艺术定义问题激活了。在他看来，艺术不仅需要定义、可以定义且必须定义。在综合分析了程序论、历史－体制论、形式论等诸流派后，赵毅衡（2018）把艺术性视为"藉形式使接收者从庸常达到超脱"的符号意义，并将艺术界定为"有超脱庸常意味的形式"（the significant form beyond the mundane）（赵毅衡，2018）。这一对定义注重艺术文本品格，落脚于"形式"，主张"回到功能论"。功能论所强调的"接受者感知"意味着，艺术须是一种传播且通达的活动。这也是本文展开论述的基点——艺术作为一种传播活动。

实际上，不仅是功能论，回顾诸流派对艺术的定义，都可从传播诸环节找到对应的解读和理解，但或许是由于艺术作为传播活动看上去太自然而然，传播这个环节常常被不同程度地略去。当对这种自然加以审视时，会发现传播不仅是艺术的必需环节，而且潜在地包含了建构一种对诸种艺术定义的涵涉，进而获得一种理论上的独特视角。可以尝试以传播过程的几个基本要素来分析诸种艺术流派对艺术界定方式的偏向。

从艺术传播中意义解释的主导方来看，可以区分出偏向符号发出者、偏向符号接受者的诸种艺术观。例如，偏向发出者的有：模仿论、表现论、精神分析理论以及诸种创作论，稍微宽泛一些来看还可以包含部分意识形态和宰治权理论，其认为艺术文本的发出方隐含的体制机制对艺术意义具有主导力量。从传播过程的角度看，宰治权理论与历史－体制论分别强调了艺术文本的创制方和艺术文本的解释方。与偏向发出者的艺术诸理论相对的是将艺术意义的解释权力置于艺术的接受者，巴尔特（Roland Barthes）以"作者之死"换取"读者之生"，代表了这种将意义权力交给读者的倡导。接受理论、阐释学、大众文化美学以及诸种文化审美论事实上都可以在这一传播框架中得到阐释。其中，历史－体制论实际上是某种圈层化、专业化的特殊群体受众主导论（尽管它有时候在实践上对艺术文本生产本身产生决定性影响，并常常直接参与艺术生产，但这并不影响该群体作为裁判者的总体偏向）。

艺术符号发出者偏向与接受者偏向并不是艺术传播中关于"人"的理论

的唯一的区分。比如，从个体与集体的角度来看，个体经验与社群观念所展现的理论立场并不相同。模仿论、表现论、精神分析、接受理论、解释学偏向个体的意图或经验，而群体论着重讨论艺术生产、传播、接受的社群机制。除了人的要素，若将整个艺术传播过程纳入考察，还可以在诸种艺术流派的定义中区分出"传播符号文本"与"传播符号认知效果"两种倾向，例如偏向艺术文本的形式论，偏向关注效果的功能论、价值论以及偏向艺术带来的社会效果的文化批判论等。本文用"偏向"一词，即是承认艺术对象的复杂性，而拒绝非黑即白的割裂。例如，解释学显然具有符号形式论的色彩，同时对艺术意义的社会影响也并非毫不关注。再如，艺术传播的个体与群体之间并非毫无联系。如，表现论通常被视为关乎艺术家个体，但科林伍德（R. G. Collingwood）等理论家也强调艺术家与社会责任的密切联系，指出艺术表现的情感应能够引起社会共鸣，而艺术家应是表现这种情感的社会公众的代言人（科林伍德，1985，pp. 122 - 124）。

（二）在传播偏向中审视诸艺术论

偏向发出者的模仿论与表现论。从柏拉图（Plato）开始的模仿论认为，绘画等模仿艺术就是在利用心灵中不同于理性的低贱部分来发挥作用（柏拉图，2012，p. 369）。从传播学的角度看，无论是对自然界的再现还是对"理式"的模仿，均强调了艺术的"信源"的客观生成；与此相对，表现论艺术观则认为，艺术信源由主观生成，是内在情感的外在表现。但模仿论与表现论都将信源作为考察艺术的核心要素。在传播维度下，看上去出发点截然不同的艺术观念的内在逻辑可以彼此勾连。比如，从模仿论的角度，艺术是一种基于对象世界的再现，因而是一种信息的运输加工；而表现论则将此种信息加工视作内在情感的对外传播。两者传播信源指向不同，而同归于借助特定符号及媒介以一定形式对自身之外的世界进行传播。

接受理论，也称"接受美学"。该理论最引人注目的标签"接受"表明了它将接受方作为艺术的主导力量。姚斯（H. R. Jauss）和伊泽尔（Wolfgang Iser）强调读者的接受、反馈及阅读过程，将研究重点置于整个艺术创作实践中作者、作品、读者之间的动态交流和历史维度。因此，姚斯所关注的作为艺术文本的文学的"生产、流通、接受"，实际上是一个标准的符号传播过程。部分对接受美学的批评集中在接受美学所讨论的是外在于艺术的效果与价值而未直面艺术本质，这种批评实际上在要求一种"零度定义"或"超定义"，但这种定义并不存在。

　　功能论，从传播流程的视角看，也可被视为一种符号效果论。正如赵毅衡指出，所有功能论的论辩均可归纳为两种路线：一种是基于艺术创作方的"意图说"（模仿、情感等），另一种是艺术为接受者带来的艺术效果（愉悦、美感、经验、意味等）。（2018）在这一脉的诸多定义中，艺术最终要落实为"美感""愉悦感"。无论是"艺术给人以美感"还是"让观者产生愉悦"，都指向艺术作为一种产生特定效果的传播活动。赵毅衡在《从符号学定义艺术：重返功能主义》一文中试图在形式论、分析美学与功能论之间达成的融通，似乎可从艺术符号传播过程的角度实现。现代艺术理论及实践将功能论的关键词"愉悦感"扩展到包括崇高感在内的"超脱感"，但其传播过程的结构一脉相承。梅洛－庞蒂（M. Merleau-Ponty）说："一个物体实际上不是呈现在知觉中的，物体内在地被我们重新把握，被我们重建和体验，因为物体联系于我们接受其基本结构、物体只不过是一种可能的具体化的世界。"（2001，p. 413）这段话非常清楚地阐明了，艺术乃是一种"联系"，用本文的术语来说，即一种"交互的传播"。

　　指向艺术文本的形式论，如前所述，是一种注重艺术文本自身形式规律的理论。但文本的形式在整个传播过程中却是"内容"问题，而传播的媒介、渠道等才是典型的"形式"。不过，麦克卢汉（Marshall McLuhan）等关于"媒介即信息"的论断，清楚地表明了形式与内容的可转化性。而形式论自身对艺术的界定也并非将艺术从传播过程中抽象出来孤立看待。比如朗格（Susanne K. Langer）谈情感的形式时，即包含了发送者意图这一要素。用符号传播的观念来看她的重要论断——"艺术，是人类情感的符号形式的创造"（朗格，1986，p. 51），即艺术是内在情感的外在符号化、媒介化。艺术形式论最典型的定义莫过于克莱夫·贝尔（Clive Bell）提出的"有意味的形式"（贝尔，2005，p. 5）。这个定义看上去舍弃了其他要素，而单独保留了艺术之为形式的核心点，但此形式中的"意味"却包含了一个不言自明的判断者。谁来判断一个形式具有某种意味？例如，马列维奇（K. S. Malevich）的《白底上的白色方块》是否具有什么意味？这意味着，此概念隐含地指向了一个意义感知的结果。此外，形式美学依然存在发出者或接受者的偏向问题——艺术的意味来自发送者的注入还是接受者的阐释？例如，朗格的情感形式的定义偏向于从发送者的情感角度解释艺术形式的生成，而解释学的侧重则并不相同。伽达默尔（H. -G. Gadamer）的符号分类思想提供了清晰的形式界定，在其理论逻辑下，艺术图像符号即便在完成传播表意之后，依然是不可消融的，其具有自我呈现特性（伽达默尔，1999，p. 94）。

凸显特定群体决定观的"历史－体制论"指向意义社群契约的达成。如果说个体审美经验和功能论都无法对艺术实施某种确证——见仁见智的审美趣味必将导致争论不休的艺术观念并导致对某个具体作品的歧见。此时，将决定权交给一个群体或是唯一的途径——这是历史－体制论的要义。在历史－体制论来看，艺术是一个意义的群体化规约，即特定文化社群的人基于隐含的话语争夺（身份、行业属性、社会）形成的"规约"来判定一个对象是否构成艺术。事实上，历史－体制论也是在艺术实践中最易操作的方式，而艺术市场或艺术产业不过是通过资本市场为艺术代言的某种具体形式，尤其是现代以来的诸种艺术形式，正是通过历史－体制论的方式得以确证的。

历史－体制论在逻辑上和实践上都并不求全，而是一种实践性的妥协。不在艺术圈内的普通民众可能依然无法接受"小便池"或"曼佐尼的大便"之为艺术——但蓬皮杜国家艺术中心（Le Centre national d'art et de culture Georges-Pompidou）或佳士得（Christie's）拍卖行无非是通过小的行业圈层或资本市场的方式宣称了这种界定的有效性（尽管资本市场与艺术圈也会产生矛盾或博弈）。值得注意的是，总体意义上的历史－体制论几乎是无法反驳的，因为某人一旦将自己作为"艺术理论家"提出反驳意见，就成为"体制之内"的一员实施话语争夺。本文的重点并不在于为历史－体制论辩驳，而在于阐明这种艺术界定方式指向社群传播的维度。这种社群化界定艺术的方法是不同于功能论指向受众和形式论指向文本的界定方法。

总体而言，本文对艺术的观照将其视为"人类心灵自我超越的符号传播实践"。这并不是要取代此前任何一种艺术定义，而是将艺术作为一种传播活动加以考察。

首先，艺术必传播。借由符号表现或展示的艺术必被以特定方式进行传播——内心活动无法被界定为艺术。其次，艺术借助外在符号形式实现对庸常的超脱。就此而言，艺术与宗教关系密切并具有某种共通的目标性。两者的不同之处在于，艺术的超越方式不是宗教提供的那种借助外物的信仰寄托，而是基于心灵自身的表达形式——符号品格。这一点，赵毅衡《从符号学定义艺术：重返功能主义》（2018）一文说得十分清楚。这也使得我们甚至可以区分宗教艺术（或艺术中的宗教性）中的艺术层面和非艺术层面。比如，一幅宗教主题的绘画所指向的艺术性是心灵中不借助外物的那部分"形式"，而非其所指涉的"对象"——任何宗教对象物本身，如上帝、神、圣物。这些对象物本身不是艺术，但它们所激发出的心灵的表达形式则可能形成艺术。就此而言，虚构的上帝与自然界中激起心灵感受的石头对艺术的作用并没有本质的不同。换言之，作为符号传播活动的艺术观是与"艺术符号文本形式论"相容的。这种形式关系发生于符号再现体与解释项的联结过程所形成的精神共鸣——艺术涌现于此过程中，而非藏匿于某个单一环节之中。也就是说，艺术超脱庸常的品格不来自艺术符号本身的形式性（如分形几何），也不来自艺术对象的特殊性（如宗教），而是源于符号传播过程中发生的意义。

因此，艺术是一个由符号文本的创制者（发出者）、符号（艺术品）、艺术阐释社群（接受者）、艺术阐释（效果）以及整个符号传播语境构成的动态意义系统。此论点试图将置于某种单一环节当中定义的艺术解放出来，将艺术意义的发生置于雅各布森（Roman Jakobson）所说的整体交流之中。它也揭示出，在诸种单个环节中挖掘艺术定义的方式无异于盲人摸象式的还原论，不同的只是它们还原的方式和指向。

艺术符号传播论在揭示艺术意义发生系统观的同时，还展现出诸艺术理论对艺术媒介性的忽略。不少学者都注意到了这种将媒介问题作为艺术研究的背景现象（甘锋，李坤，2019），其在学理上的缺憾是将媒介作为艺术的单一环节性要素来处置，而忽略了"媒"与"介"在传播过程中与符号形式上的双重意义。

二、媒介之于艺术

若将艺术视作传播活动，则会发现，此前讨论的诸定义中，艺术的媒介性在形形色色的表达中被一定程度地遮蔽了，它似乎始终处在一个外在于艺术的位置。当然，有不少学者都注意到了媒介之于艺术的重要性。比如，鲍桑葵（Bernard Bosanquet）指出："媒介是探讨美学基本问题的真正线索。"继而"如果你能把这个问题回答得彻底，我相信你就探得艺术分类和情感转变为审美体现的秘密了；一句话，你就是探得美的秘密了"（鲍桑葵，1983，p. 31）。换言之，在鲍桑葵看来，艺术媒介可以作为艺术分类的依据，是从艺术家的内在情感到外在作品的通道。

然而，如鲍桑葵这样重视媒介的理论家，也并未将媒介性作为艺术的本体性问题，而只不过是较为重视媒介作为艺术之类型标准罢了。实际上，将艺术传播的过程列出后，就会发现媒介内在地嵌入了几乎每一个环节，如图1所示：

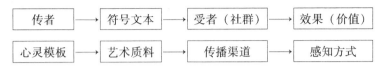

图1　内在于艺术传播全过程的媒介

这里的媒介不仅指符号传播的介质，还包括从一开始就必然对艺术表达形成制约的"质料"；它甚至还构成艺术创作者的"心灵模板"并模塑受众的艺术感知方式。由此，应当在艺术符号传播的整个过程中考察并界定艺术媒介的内涵与指涉。艺术传播的第一步是"心灵"对意义实现的符号化，此处符号化与媒介化是同步且一体两面的事实。这里的媒介嵌入了艺术传播的每一个环节：

（1）对于艺术的心灵而言，媒介使心灵通达有形世界，否则心灵将陷入孤立，无法通达他者，艺术也就不存在；心灵在不得不由特定媒介通达世界时，不自觉地被模塑。

（2）媒介是艺术符号的物理面，包含形式结构并制约艺术文本的达成——与艺术演化互为促进。某种意义上说，一种新艺术门类不过是一种新媒介艺术。

（3）艺术文本的传播渠道，这是最常见的艺术传播学问题，它表明艺术符号必须在社群意义上被认可，而非孤芳自赏。

（4）从功能论意义上说，艺术符号与其他符号的区别在于其获得的意义具有某种超脱性，预设这种效果论或价值论可以达成的判断是通过特定的感知方式实现的。

首先，媒介模塑艺术家心灵与受众感知渠道。当我们以一种艺术哲学的方式谈论"心灵"或"灵魂"时，可回到哲学做一个"元话语"审视。媒介理论家基特勒（Fredirch Kittler）还谈到了两个有趣的案例：一是古希腊对灵魂的诸种界说之一——将其视为一个"白板"，这个白板正是古希腊人用来记录文字的媒介——蜡版；另一个有趣的案例是在电影技术发明之初，人们描述濒死体验"像放电影那样"（Kittler，2010，p.35）。换言之，人们描述心灵（或灵魂）的方式是被人们习惯的媒介模塑而成的。这并非对自由意志的否定，而是说心灵的表达形式可能不是一个纯然的黑箱，而是有迹可循的，也是受到形式限制的（福西永，2011，p.119）。例如，数字绘画与传统绘画因其媒介不同，艺术家创制的侧重点各异，这种偏重也会直接导致受众的感知取向各异。除一类模仿传统绘画笔触的数字作品，大部分数字艺术家依赖电脑提供的超广色域，强调色彩组合等视觉表现力；而传统绘画则通常自觉或不自觉地提供"内容宏观"和"材质微观"两个审美层级，层级之间的张力是像素屏幕无法触及的，无限放大的屏幕最终只是一个个不明所以的色块。而这一差别图式认知，往往在受众接触艺术作品的一瞬间就已产生效用，受众会根据媒介属性，自动形成差异化审美标准。

其次，媒介形式也制约着从心灵生发出的艺术表现。从普遍理解来看，艺术的媒介性指向质料因——构成艺术的材料所内含的限制性和支持性，如柔软材料的书写和坚硬材质的蚀刻。甚至，现代绘画中"综合材料"这一门类就是"作为艺术质料的媒介"的极端显现。瓷器、绳条、金属、塑料……不同的媒介杂糅在一起，形成了艺术作品的独特观感，它们构成了最具体而直观的艺术媒介。

最后，广义媒介及其引发的艺术体裁革命——观念革命与媒介革命从来无法分开。新媒介在新艺术诞生或艺术变革中起到了至关重要的作用，英尼斯（H. A. Innis）甚至将媒介作为艺术之赖以存在的文明总体的基础座架。科技的发展在直接影响创作内容的基础上，也带来了整体艺术风格的改变。艺术开始由"对自然的模仿"变成"对改进自然的模仿"。艺术诸流派在前两次工业革命中打了一场关于传统与反传统的长达百年的拉锯战。以"工艺美术运动"为代表的传统一派强调手工制品，与拥抱工业化的未来主义者们对垒，而后者作为当代艺术或未来艺术的重要根基，似乎单方面宣布了这场战斗的胜利。此外，艺术通常能搭载媒介座架，作为社会转型之哨兵，单从发展顺序上看，后现代概念较早于建筑这一领域发声，尔后扩展至文艺理论及哲学论题。美国著名建筑师查尔斯·詹克斯（Charles Jencks）（2017，p. 9）有言："典型的后现代主义就是将过去、现在和未来的元素混合起来。"调配混合的偏重，又可引出后传统（Post Traditional）的概念。第三次工业革命或称科技革命所带来的电子信息技术、新材料技术、生物技术更迫使我们重审艺术价值取向及艺术本质的问题。

三、媒介性凸显与新媒介艺术

（一）技术的媒介呈现——当代艺术中的介质形态

许多新介质的使用造成的艺术创新成为当代艺术的一种基本路径。从杜尚（Marcel Duchamp）到蔡国强，数字新媒介创作者如谭力勤、徐文恺、林俊延、迪莫特·丝雀碧（Diemut Strebe）、乔恩迪·赫维茨（Jonty Hurwitz）

莫不如此。杜尚借小便池这一现成品奠定了其在西方现代艺术中的思想核心地位，现成品绕过的"亲手性"恰好凸显并解放了器物的媒介性。此后，从媒介物本身形态入手进行艺术创作成为常态。而这种媒介性的突破同时开放了艺术自身的叙述时空限制。诸如，蔡国强的焰火艺术较之传统水墨画，在天空画布下恣意展示刹那之美，以火为墨，点燃、爆破传统绘画材料，向观众展示过程性，与水墨画作品的静态呈现不同，这主要是由媒介特性决定的。

广义的新媒体艺术不仅仅是艺术的超大门类——它在理论上是超门类的，因为任何艺术形态的革新都是相对的新媒体。当今时代正在见证以数字技术为基底的新艺术图景。如谭力勤将原始观念放置于数字化社会这一容器中，孵化出"树结胳膊""数码原始国王"等极具视觉感染力的作品。徐文恺、林俊延的新媒体作品对焦数字媒介环境的斑斓之处，又用数字手段加以批驳——"媒介自我指涉"背后是科技想象与人文关怀的冲撞。在新媒介观念下，数字技术表现形式作为一种元话语，在艺术作品意蕴阐释中的作用逐渐将包括数字技术在内的生物、化学、物理领域的新型材料和表达介质包含在内。

生物材料领域，艺术家用培养皿和微生物作画，并借用这种新媒介开启了新的艺术风格或意涵。如雷丝（Klari Reis）在培养皿中用细菌创造色彩和纹理，以及格雷戈里（Ryan Gregory）的作品。前者灵感的缪斯女神是艺术家自己的一次生理病理检查。此外，迪莫特·丝雀碧借用凡·高弟弟的玄孙捐赠的一小块皮肤，结合计算机、生物技术，将其培育成一只包含了凡·高基因的耳朵；日本东京大学于2016年研发的生化机器手指，在人造打印的骨骼上装配两组老鼠肌肉并使其持续运作一周。这种生物化材料，是《EVA》《攻壳机动队》等以人机融合为主题的动漫影视作品的现实显像。

不同的新型物理材料都具备诗性和审美潜力。当跃过复杂的整体效果后，材料也会在微观层级上带来美学愉悦。纳米技术的成熟催生了一系列生物视觉无法触及的艺术作品。如乔恩迪·赫维茨利用纳米打印机创造出仅有头发一半宽的人体雕塑；日本科学家利用双光束聚合将一个与红细胞直径相当的"纳米公牛"带到了大众视野。

自然界的云彩因其形态不定而带来的奇异感，一直在艺术创作中得到宠幸，读云习画已经成为传统。荷兰艺术家伯恩德诺特·斯米尔德（Berndnaut Smilde）利用化学反应造云，将云这一自然物搬到了室内，在其短暂存在的几十秒间展现艺术与科技、自然之间的互动。相反，自愈修复材料则尽可能延长艺术作品的维持时间。亨戈·约恩克（Henk Jonkers）将这种原本为太空船研发的新型材料运用到建筑环境艺术中。

2021年2月，箭体上涂装有"天书"的"徐冰天书号"火箭点火，短暂的信号丢失宣告了火箭发射的失败。这不是人类历史上第一次对宇宙的试探，但用这些连人们都看不懂的无序的汉字式组合，更突显了艺术的形式品格以及其媒介属性：一场无关乎发出者预设内容的传播。火箭发射失败，艺术品抱憾而终，但也唤起了人类更多的浪漫想象与艺术自觉，这不仅是一次面对外太空的传播，更是企望引起人类的精神共鸣——"天书"这个内容符号已经为人所耳熟能详，当它借助"火箭"这一媒介再次获得关注和传播时，就实现了一次超脱庸常的双重媒介化传播。

在艺术的语境下，"媒介即信息"就是说媒介并非外在于艺术文本的载体，而是深刻嵌入艺术本身并构成了艺术意义的展现形式。"媒介－符号－意义"三位一体构成艺术传播。

（二）从新媒介到新艺术

保罗·莱文森（Paul Levinson）将新媒介的演化描述为"玩具、镜子、艺术"三个阶段（莱文森，2007，pp. 3-15）。从陶器到电影再到虚拟现实，基于新媒介的工业生产形态诸标志性事件，无不是这一演化关系的注脚。陶器是人类告别旧石器时代、迈向新石器时代的标志之一，而绵延五六千年的制陶工艺亦是一部人类设计心灵、探索艺术的史诗。电影在发明初期给观者带来"火车迎面驶来"的错觉，而今人们不满足于不够逼真的3D电影——人们在习惯一种媒介表现方式后对新媒介刺激的迭代需求正在成为对艺术本身的欲望之一。

本·拉波斯基（Ben F. Laposky）于1952年创作的 *Oscillon 40* 呈现的是被捕捉到的电子波形，说明早期的计算机技术也经历了媒介作为艺术质料的阶段。但随着技术进步，算法介入，计算机艺术突飞猛进，人工智能艺术创作应运而生。法国艺术团体奥伯维尔斯（Obvious）通过"生成对抗网络"模型创作完成的《爱德蒙·贝拉米肖像》（*Portrait of Edmond Belamy*）在2018年以43.25万美元高价拍卖。画作本身很难从技法、色彩上让人首肯，甚至作为一幅被定位为写实风格的肖像画，其是否像人都要打上问号。自此，在"婴儿的涂鸦是艺术吗？""动物的绘画作品是艺术吗？"等一连串发问之后，不得不加上一个新问题："人工智能创造的作品是艺术吗？"

虚拟现实技术在研发初期建模粗糙，与真实世界相去甚远，还会引起"恐怖谷效应"。人们在感慨媒介的新奇时，也不自觉地鄙视媒介技术所生产的内容的低质量。但 AR、VR、MR 等一连串关键词在短短一二十年内接踵而至，技术致力调动人的全感官，甚至以接入脑机的方式将触手伸入"认知神经黑箱"。如今，"元宇宙"（Metaverse）的概念将虚拟现实技术再次推向了风口浪尖，马克·扎克伯格（M. E. Zuckerberg）也宣布将"Facebook"更名为"Meta"。实际上，不能仅把元宇宙当作与现实世界并行的一个纯虚拟世界，或干脆把它当作一个游戏模式，而要站在虚拟与现实交互的层面，从元宇宙的物质性基础——现实世界这一起点来思考。因此，元宇宙自然被归类为一种媒介环境，屏幕和界面在元宇宙中悄然退场，数字内容直接被视神经捕获。

新媒介带来新艺术，同时，新媒介环境随之建构，浸泡在新媒介环境下的人类的"造物"审美亦被模塑。每一次媒介革命，都是对人类想象力边界的一次冲击。天文学家开普勒（Johannes Kepler）创作的科幻作品《梦，或月球天文学》（*A Dream, or Lunar Astronomy*）填补了当时科学原本无法触及的领域。而人类在太空中的第一个脚印，给予了这些浪漫想象力照进现实的可能。于是，技术想象被更大限度地运用于艺术文本的创作中。从弗兰克·赫伯特（Frank Herbert）的《沙丘》（*Dune*），到田中芳树（たなか よしき）的《银河英雄传说》，再到《三体》，文学这一语言艺术，促使整个太空艺术成为一种广为认可的门类。伊亚尔·盖弗（Eyal Gever）的《笑星》将地球上十几万人的笑声经数字处理转化为可供 3D 打印的模型，并在太空中创造出一个雕塑作品。而埃隆·马斯克（Elon Musk）将自己的跑车送向太空，在泛艺术的语境下，似乎完成了一件极具艺术性的作品——航空技术媒介成为超越庸常意义的符号。与太空艺术并驾齐驱的是赛博格（Cyborg）。如果说太空艺术的超越指向宏大的宇宙，赛博格艺术则诉诸人类身体。人机嵌合已经成为当下生活之日常，我们对人与机械的结合已不陌生，从眼镜到假肢，从衣服到人工心脏，似乎自然而然。实际上，从人类使用工具、穿着衣服以来，自然的"裸人"就不再存在。只是，当科幻艺术将弗兰肯斯坦式的极端情形展现出来时，这种麻木才被遽然刺痛。

结　语

数字媒介时代泛艺术化最大的特点是无远弗届的去空间性，以及交互反馈形成的"接受者强度参与"。而正当艺术家对着电脑绞尽脑汁时，电脑从人类手中抢过了艺术创造的魔杖。艺术符号文本的媒介性表现在：一方面，艺术的物性构成艺术的形态并成为推动艺术革命的内在动力；另一方面，艺术的符号性与媒介性是一体两面，而当前新媒介正在推动艺术面目的整体改变。隐含在上面诸问题之中的元问题类似于"仿生人会梦到电子羊吗?"这不仅是艺术作品对技术产物移情般的人文关怀，更是对"何以为人"的一次诘问，是对"艺术－技术－人"中主体性的重审。上述探讨意味着，媒介问题从艺术传播学通常秉持的外在工具观根本性地转变为内嵌于艺术本体的研究，这意味着艺术传播学成了一个易于导致误解的称谓。基于对艺术媒介性与意义性（或符号性）一体的观念，本文建议将这个尚待系统建构的研究领域称为"艺术符号媒介学"，其可被视为在艺术符号传播过程整体观下探讨艺术符号与介质关系的学问；外延上，它涵盖"媒介艺术"与"艺术媒介"两方面，而当今诸种新媒介艺术则是其涵涉的具体问题之一。

引用文献：

鲍桑葵（1983）．美学三讲（周煦良，译）．上海：上海译文出版社.

柏拉图（2012）．理想国（王扬，译）．北京：华夏出版社.

贝尔，克莱夫（2005）．艺术（薛华，译）．南京：江苏教育出版社.

福西永（2011）．形式的生命（陈平，译）．北京：北京大学出版社.

甘锋，李坤（2019）．艺术的媒介之维——论艺术传播研究的媒介环境学范式．东南大学学
　报（哲学社会科学版），5，105－113＋148－149.

伽达默尔，H.－G.（1999）．真理与方法（洪汉鼎，译）．上海：上海译文出版社.

科林伍德，R. G.（1985）．艺术原理（王至元，陈华中，译）．北京：中国社会科学出版社.

莱文森，保罗（2007）．莱文森精粹（何道宽，译）．北京：中国人民大学出版社.

朗格，苏珊（1986）．情感与形式（刘大基，等译）．北京：中国社会科学出版社.

梅洛－庞蒂，M.（2001）．知觉现象学（姜志辉，译）．北京：商务印书馆.

薛定谔，埃尔温（2017）．生命是什么? 活细胞的物理观（张卜天，译）．北京：商务印
　书馆.

詹克斯，查尔斯（2017）．后现代主义的故事：符号建筑、地标建筑和批判性建筑的50年
　历史（蒋春生，译）．北京：电子工业出版社.

赵毅衡（2018）．从符号学定义艺术：重返功能主义．当代文坛，1，4－16.

Kittler, F. (2010). *Optical Media* (A. Enns, Trans.). Cambridge, UK：Polity Press.

Watzlawick, P., Bavelas, J. B., & Jackson, D. D. (1967). *Pragmatics of Human Communication: A Study of Interactional Patterns, Pathologies, and Paradoxes.* New York：Norton.

作者简介：

　　胡易容，四川大学文学与新闻学院教授，四川大学符号学－传媒学研究所研究员，主要研究领域为传播符号学、文化与艺术学理论等。

　　韩嘉祥，四川大学符号学－传媒学研究所成员，主要研究领域为传播符号学。

Author:

Hu Yirong, professor of College of Literature and Journalism, researcher of the ISMS Research Team, Sichuan University. His research interests are semiotics of communication, culture and art theory.

Han Jiaxiang, member of the ISMS Research Team. His research interest is semiotics of communication.

Email: yu813878@ 126. com

艺术识别：从历史叙述法到新功能主义符号美学*

周尚琴

摘　要：从各种传统的功能主义到20世纪下半期的程序主义，艺术从可定义到不可定义，尤其在当下泛艺术时代，"艺术识别"成了一个凸显的美学难题。本文在分析传统功能主义、程序主义的艺术定义的基础上，仔细辨析了诺埃尔·卡罗尔提出的用历史叙述法识别艺术的重要价值，以及赵毅衡提出的新功能主义符号美学中艺术定义的意义。本文提出，将历史叙述法与符号美学的"物－符号－艺术"三联体理论结合，或许才是泛艺术化时代识别艺术的有效方法。

关键词：艺术识别，历史叙述法，符号美学，"物－符号－艺术"三联体

Identifying Art: From Historical Narratives to Neo-Functional Semiotic Aesthetics

Zhou Shangqin

Abstract: Art has become undefinable since the shift in the second half of the 20th century from various traditional functionalisms to proceduralism. Especially in the contemporary pan-artistic era, identifying art has become a prominent problem for aesthetics. Based on the analysis of the definitions of art in traditional functionalism and proceduralism, this paper demonstrates the important value for the definition of art of

---

* 本文为国家社科基金重大项目"当代艺术中的重要美学问题研究"（20&ZD049）阶段性成果。

Noël Carroll's historical narratives and Zhao Yiheng's neo-functional semiotic aesthetics. The paper proposes that combining historical narratives with the object-sign-art triad of semiotic aesthetics may be an effective way to identify art in the pan-artistic era.

Keywords: art identifying, historical narratives, semiotic aesthetics, object-sign-art triad

DOI: 10.13760/b.cnki.sam.202201007

随着艺术与生活的融合，现代主义艺术高蹈于艺术之上的景象日益被艺术生活化与生活艺术化取代，整个社会出现了"泛艺术化"趋势。一方面，艺术生活化，就如美国分析美学家诺埃尔·卡罗尔所描述的，"整体主义（the Integrationist）的先锋艺术"（Carroll，2012，p.19）将日常生活中的物品、动作、声音、材料等纳入当代艺术的创作：沃霍尔《布里洛盒子》与寻常物在视觉上难以分辨，《曼佐尼的屎》更是挑战感官极限。日常动作在现代舞蹈中随处可见，朱迪斯·邓恩的《阿卡普尔科》融入她缓慢梳理头发、玩牌、熨裙子的动作，露辛达·查尔斯的《街舞》包含聊天和日常生活的其他方面，道格拉斯·邓恩的舞蹈仅仅包含坐下和起立的动作。日常声音在艺术中的使用以约翰·凯奇《4分33秒》为代表，作为一个整体主义艺术家，凯奇选取生活中的真实声音作为艺术内容，"恰好是对艺术与世界分离这一观点的挑战"（Carroll，1994，p.93）。另一方面，日常生活借助艺术符号进行艺术化的再现与传播，生活艺术化的结果无论是以经济策略为目的的浅表审美化，还是对以虚拟现实为目的的深层审美化，都"远远超出了设计或美学的狭窄领域"（韦尔施，2006，p.35）。正是在这种泛艺术化的社会背景下，何为艺术，如何"识别艺术"的命题就显得尤为重要。本文将梳理程序主义和传统的功能主义对艺术的定义，并结合符号美学的三联体理论分析历史叙述法，甄别这些方法识别艺术身份的有效性。

一、艺术识别：传统的功能主义与程序主义

"艺术是什么"或者"什么是艺术"这一问题，在艺术与生活泾渭分明的时代，答案清晰而直接，但到泛艺术化时代，就遇到了挑战。

第一种，传统的功能主义定义。按照斯蒂芬·戴维斯的划分，20世纪60年代之前的艺术定义可归为传统的功能主义（functional）阵营，以艺术再现

论、表现论、形式论和审美论等定义为主。按照传统的功能主义定义，艺术即具有再现对象、表现情感或形式审美功能的实践活动，但当整体主义先锋艺术以反再现、反表现、反审美的全新形式登场时，"艺术是什么"这一问题就让人陷入迷惑，因为"如果艺术品和寻常的汤罐看起来很像，那么艺术品就没必要具有再现、表现、有意味的形式或美等特性"（Carroll，2012，p. 19）。

第二种，程序主义（Proceduralism）。程序主义的出场，看上去是解除了"何为艺术"的定义焦虑。程序主义者提出识别一个被制造出来的东西是否为艺术的方法是"根据程式、规则、公式、配方，或是任何与这个东西被生产出来相关的方面"（戴维斯，2014，p. 62）。该阵营的主要代表为阿瑟·丹托的艺术界理论、乔治·迪基的艺术体制论、杰罗德·列文森的历史性定义、纳尔逊·古德曼的"何时为艺术"、贝伊斯·高特的簇概念、约瑟夫·马戈利斯的文化相对主义，以及斯蒂芬·戴维斯将非西方艺术囊括进来的艺术制造理论等。

这两种方法是否有效？对此诺埃尔·卡罗尔提出了挑战，他认为这两种艺术定义都是本质主义的，区别在于程序主义自觉地使用充分必要条件对艺术进行定义，即"自觉的本质主义观"（Selfconscious Essentialism），而传统的功能主义非自觉地使用充分必要条件对艺术进行定义，是"非自觉的本质主义艺术观"（Unselfconscious Essentialism）。他指出，这两种本质主义的定义法都不能为识别泛艺术化时代的艺术提供有效的理论手段。因为非自觉的本质主义定义将再现、表现、形式、审美看作艺术的本质，自觉的本质主义定义将另外一些元素视作艺术的本质。非自觉的本质主义尽管对美的艺术具有一定阐释力度，但它们具有的归纳不全、封闭性和排外性问题使得再现论、表现论、形式论和审美论无法容纳普遍具有反审美和非审美特征的先锋艺术和大众艺术。自觉的本质主义尽管在很大程度上可以识别后现代艺术，但普遍存在的逻辑循环使得反例依然不能杜绝。在卡罗尔看来，封闭的艺术定义无法将具有创新性的艺术实践囊括进来，将新的艺术形式硬塞进一个陈旧的艺术定义中，无异于削足适履。

二、历史叙述法与艺术识别

作为一个反本质主义者，卡罗尔对"艺术是什么"这一问题进行反思，并进一步追问："存在识别艺术的可靠方法吗？艺术具有一个本质吗？艺术具有一个真实的定义吗?"（Carroll，2001，p. 78）他的回答是艺术的本质与真实定义并不存在，只存在识别艺术的可靠方法。之后他沿着反本质主义的路径，不再对艺术进行充要条件的定义，而是提出以历史叙述的方法对艺术进行识别，以此构建足够开放的艺术识别理论。

卡罗尔发表于1988年的《艺术、实践与叙述》一文提出："面对一个遭到挑战或者可能遭到挑战的艺术品，应对方式不是一个定义，而是一个解释。"（Carroll，1999，p. 255）历史叙述（Historical Narratives）是一种对泛艺术化时代的艺术品、艺术运动、艺术体系进行识别的方法，这种方法"努力地弄清并界定它们在传统中的位置，或在历史发展中和/或在特殊艺术流派或种类中的归属"（Carroll，2001，p. 16）。在历史叙述法中，"历史性"（historicity）和"叙述"是这一概念的两个关键词，历史性保证叙述的准确和真实；叙述包括复制、拓展、摈弃三种常见手段，对某一潜在艺术品的历史叙述构成一个具有开头、中间、结尾的整体结构。

历史叙述法对泛艺术化时代的艺术身份在一定程度上可以较为有效地识别。彼得·基维评价历史叙述法为"自从丹托成为此领域的权威人物以来，出现的第一个新方法"（Carroll，2001，p. xi），舒斯特曼也看到历史叙述理论具有面向未来的开放性，认为"历史叙述理论的开放性，对把握艺术的开放性是十分必要的"（舒斯特曼，2002，p. 67）。

历史性作为艺术的本质，并不像本质主义艺术定义那样，将此作为区分艺术与非艺术的充分必要条件。从这个意义上说，历史性的艺术本质观是反本质主义的，印证了"艺术从来就是历史的，艺术是历史地观看和判断后的对象"（吕澎，2013，pp. 24－25）。历史性这一特征存在于艺术的生产与接受过程中，艺术的生产传统和接受传统都具有历史性的维度。

首先，艺术家的生产与创作处于一个传统中。艺术家的创新不是凭空产生的，必然以艺术家对某种艺术传统的学习为前提。在学习过程中，艺术家关注社会习俗、自我理解、经验法则、有联系的价值，甚至艺术理论，艺术传统作为艺术家自身历史的一部分而存在，并对他的艺术创作产生巨大的影响。在生产艺术品时，艺术家与艺术传统保持对话，重复、提高、怀疑此传统中的大师的成就，进而通过自己的作品，以这种或那种方式，为这个传统增添某种新的东西。但无论如何，艺术家一直在延续着传统，即使那些摈弃大部分传统的艺术家也是在延续传统，因为对一部分传统的摈弃是与对另一部分传统的继承相关的。

其次，包括艺术家在内的接受者也处于一个传统之中。观者欣赏和理解艺术作品的传统，并不完全与生产的传统脱离，艺术家就是自身作品的第一个观众。当艺术家转换位置，处在观众的角度对艺术品进行接受时，便明确了艺术欣赏和理解所应遵守的规范和应该达到的目的。在很大程度上，包括艺术家在内的观众对一部艺术作品的理解，就是把它放入一个传统为它寻找合适的位置。

由于受制于艺术史知识、历史敏感性，这种理解对有些人来说可能难度较大，对另一些人来说则非常容易。包括艺术家在内的观众正是凭借事件要素之间存在的"叙述的联系"（narrative connection）来识别艺术。一般意义上，历史被认为是真实的，叙述则被认为是一种虚构，两者并列会产生一种奇怪的悖论。卡罗尔之所以将看似矛盾的两个词并列在一起，是因为他并不认为叙述意味着虚构，他通过对海登·怀特的反对，阐明了自己对历史叙述的认识。

怀特作为新历史主义的代表，断言：（1）历史学家通过（隐喻、转喻、提喻、反讽等）修辞构建他们的描述，（2）历史学家用普遍的故事形式来叙述，（3）历史学家用来预示或用于其他用途的修辞与普遍故事形式是一致的。（Carroll，2001，p. 141）对历史与故事的类比，使得怀特认为历史叙述做不到原原本本的复制，其真实性是值得怀疑的。

但卡罗尔并不认为任何历史叙述都是虚构的。在他看来，将历史等同于虚构这一命题，预设了对历史事件的选择意味着虚构这一前提，而只有在镜像意义上的复制才不是虚构的，这是在经验主义意义上对真实性的某种预设。卡罗尔认为选择不一定就导向虚构，历史的真实不需要通过这种镜像式的复制也能达到，因为"叙述是一种再现形式，在这种意义上，它们是被创造出来的，但这并不排除它们具有提供准确信息的能力。叙述可以依据它们所追踪的特征提供关于过去的准确知识，也就是事件发生过程中的构成要素，包括背景条件、原因和结果，也包括社会背景、情境逻辑、实践商议及随后的行动"（Carroll，2001，p. 142）。

因此卡罗尔提出，事件要素之间如果具有"叙述的联系"，叙述就是准确而真实的，叙述的联系包括以下条件：（1）话语再现了至少两个事件/情况，（2）大体上方式是向前看的，（3）至少关于一个统一的主题，（4）事件和情况之间或它们各自内部的时间关系清晰，并且（5）序列中前面的事件/情况至少为后面的事件/情况的出现提供必要条件。（Carroll，2001，p. 126）

在历史叙述可以提供真实性的前提下，卡罗尔主张依据艺术史知识进行历史叙述，从而对候选的艺术品、艺术运动等进行识别。在这种识别过程中，重复、拓展和摒弃是三种最为常见和最具代表性的叙述工具。三者应用于当下艺术与先前艺术的参照系中，显示出艺术史之间的前后关联。

在这三种叙述中，最简单的形式是重复，即作为候选者的对象对先前艺术的形式、形象和主题具有重复性。"重复（repetition）不是精确的复制，直截了当地复制一部先前的艺术品，使它与原型无法区分，这不能在重复的名义下被称为艺术。"（Carroll，2001，p. 68）拓展（amplification）是对先前艺术的修正，是一种对先前艺术在形式层面的扩展，可被认为是变化的一种进化模式。与拓展相比，摒弃（repudiation）虽是革命性的，但不代表传统的结束。"通过对比和先例，摒弃仍然保留着对文化实践传统的延续。对于一位艺术家来说，要使一部新作品以摒弃的名义被艺术家、批评家、观赏者接受为艺术，就必须坚持该作品确定地否定传统中的一部分，但又重新发现和改造了另外的部分。"（Carroll，2001，p. 70）

不可否认，这三种叙述形式对先锋艺术的身份识别具有非常有效的解释力度：立体主义者的绘画是对绘画二维平面的挑战，针对的是把线条和色彩作为绘画的基本构成的传统；现成品艺术则是对立体主义等现代主义艺术的挑战，摒弃的是把艺术与生活分离的康德传统；之后的观念艺术、行为艺术、环境艺术等先锋艺术进一步拓展了艺术的疆域。重复、扩展和摒弃既是叙述的方法，也是历史叙述中最为关键的过程，结合统一主题、时间顺序等叙述联系中的因素，构成一个由开始、中间和结尾组成的故事。故事的开始涉及对新艺术出现之前的艺术史背景的描述，只要是已经在艺术史中得到承认的背景都可以作为叙述的援引，不限于对艺术意图、艺术风格、艺术功能等联系的叙述，艺术候选者只要能在某一方面与先前艺术形成某种重复、拓展或摒弃的叙述关联，便具有艺术家族的纯正血统。

按照这一方法，许多先锋艺术都变得有据可凭。以伊莎朵拉·邓肯的现代舞为例，卡罗尔阐述了一个完整的先锋艺术的历史叙述故事。在邓肯之前，19世纪后期美国的舞蹈以古典芭蕾舞为主流，邓肯对此的评价为：陈旧、呆板、沉闷。在此背景下，她寻求一种自然的舞蹈形式。1904到1914年之间，她在交际舞、人体文化、体操和行为艺术中广泛吸收资源，创造了赤脚舞蹈，摒弃了芭蕾舞的足尖触地形式；创造了宽松的束腰外衣，摒弃了芭蕾舞的紧身衣；与此同时，她的舞蹈拓展了跑步和慢步的肢体语言，摒弃了芭蕾舞程式化的舞步，最终形成了颇具个性的现代舞，解决了舞蹈艺术停滞不前的问题。但是，尽管邓肯的现代舞摒弃了古典芭蕾舞的形式，但她并不认为自己创造了崭新的东西，她认为自己使舞蹈回到了希腊艺术对自然价值的崇尚。

可见，作为一种艺术史的叙述，历史叙述法对新艺术，特别是革命性的作品提供了侦察手段，重复、拓展和摒弃三种叙事作为对新艺术"案发现场"进行侦察的工具，找到了足够的证据来证明"艺术"的身份。

然而，无法对没有先例的艺术进行历史叙述，也是历史叙述法饱受诟病的地方。斯蒂芬·戴维斯批判性地指出，很多先锋艺术在努力颠覆、拒绝或评判以往的传统，而不是遵循、扩大或传播这些传统，很难说这些东西是因为与以往传统之间的联系而成为艺术的，历史叙述法"可能也难以解释摄影、爵士乐、电脑互动创造等没有历史先例的门类为什么会被包括在艺术世界中"（戴维斯，2008，p. 44）。卡罗尔的回应是，这些最新的艺术品都不是凭空出现的，而是存在于艺术史的传统之中，新艺术摒弃一部分的同时也显示了对另一部分的回应。如，艺术摄影在某种程度上是通过模仿主流绘画风格而出现的。卡罗尔给出的理由也是历史叙述法能够成立的基石，但先锋艺术以花样创新为标榜，没有先例的开创性艺术极有可能问世，对这一部分艺术候选者应用历史叙述法就显示出一些局限。

三、新功能主义符号美学与艺术识别

2018 年，赵毅衡发表长文《从符号学定义艺术：重返功能主义》，开始了"新功能主义符号美学"探讨。在这篇长文中，赵毅衡坚持艺术作为符号文本必有意义的立场，强调定义艺术的必要性："近半个世纪在学界热火朝天的'艺术可否定义'讨论，本身就说明了为艺术定义的需要。有这样的需要并不说明艺术是一种特殊事物，恰恰是在肯定它是人类文化中的一种事物类别，与其他任何类别一样，这个类别不得不要求定义。"（赵毅衡，2018b，p. 5）他具体地辨析了程序主义和传统功能主义的几个重大缺陷，即便对他所赞赏的克莱夫·贝尔与罗杰·弗莱提出的"有意味的形式"（significant form），也提出了批评："艺术的'意味'必然寓于'形式'，却没有指出艺术必有的是什么意味。反例就随处可寻：哪一种文本的形式没有'意味'呢？"（赵毅衡，2018b，p. 7）在此基础上，赵毅衡主张回到功能主义，但不是回到几种已经被艺术发展抛弃的传统功能主义，而是从符号学出发的一种新功能主义，即把艺术性视为"藉形式使接收者从庸常达到超脱的符号文本品格"（赵毅衡，2018b，p. 1）。这个定义既强调了形式中的结合内容范畴的"超脱"意味，也强调了被传统功能主义忽略的艺术作为一种特殊形式的意义功能。也就是说，艺术的超脱，靠的是艺术形式带来的超脱意义，而"有意味的形式"又必须是包含"超脱"的意味的形式。这个定义，拉开了与纯粹的形式主义和传统的功能主义的距离，也拉开了与程序主义的"不可定义论"的距离。

在某种意义上，新功能主义符号美学也是对历史叙述法的一种扬弃。新功能主义符号美学中的文本间性和卡罗尔对艺术候选者与艺术史传统的关系的叙述，有着异曲同工之处。赵毅衡在著作中强调了六种伴随文本在符号文本与社会文化历史之间的连接功能。"我们对符号文本的解读，不得不从文化中借用各种文本联系，伴随文本就是文本和文化的联系方式。"（赵毅衡，2011，p. 151）我们可以对两者做个对比："历史性"是副文本、型文本和前文本，"叙述"即链文本、评论文本等解释性伴随文本。副文本包括文本的标题、作者身份、印鉴、包装等"框架因素"。型文本是文化背景规定的文本归类方式，包括从创作者、演出者、时代、派别、题材、风格类别等角度进行的归类。前文本是一个文化中先前的文本对此文本生成产生的影响，"狭义的前文本比较明显，包括文本中的各种引文、典故、戏仿、剽窃、暗示等；广义的前文本，包括这个文本产生之前的全部文化史"（赵毅衡，2011，p. 143）评论文本是对文本的评论，链文本是"接收者解释某文本时，主动或被动地与某些文本'链接'起来一同接收的其他文本，例如延伸文本、参考文本、注解说明、网络链接等"（赵毅衡，2011，p. 145）。

再具体分析，我们从新功能主义符号美学审视伊莎朵拉·邓肯的现代舞，将其归于艺术阵营的主要依据是这一实践活动与已有艺术文本具有的文本间性：前文本为19世纪后期美国的舞蹈以古典芭蕾舞为主流，邓肯对此的评价为陈旧、呆板、沉闷；型文本为该实践活动处于20世纪初期的现代舞流派背景下；副文本为邓肯是具有开创精神的舞蹈家；评论文本为邓肯现代舞是一种自然的舞蹈形式；链文本即与邓肯舞蹈相关的日常行为，如交际舞、人体文化、体操和行为艺术。从生产性伴随文本到解释性伴随文本的多个文本互相指涉，共同印证邓肯的现代舞艺术身份。可见借助历史叙述与伴随文本识别艺术候选者的身份，关键在于解释这一候选者与先前艺术史之间的联系。

而对泛艺术化时代中没有先例的艺术，如电脑软件合成的绘画、音乐、诗歌，如何进行历史叙述？同样的候选者出现在不同时间、不同语境，如何对它的身份进行界定？卡罗尔的历史叙述识别法又显示出它的不足。而新功能主义符号美学却对古德曼的艺术认识论做出了推进。

纳尔逊·古德曼将艺术看作一种认识论，将"什么是艺术"转换为"何时是艺术"。"躺在公路上的石头往往不是艺术品，但是在艺术博物馆里展览时它也许就成了艺术品。……另一方面，伦勃朗的绘画在被用来替换一扇坏掉的窗户或是被当成垫板时便不再是艺术品。"（古德曼，2011，p. 208）古德曼指出，普通物借助特定语境在某一时间嬗变为艺术的主要途径是获得艺术符号的五个特征，即句法紧凑、语义紧凑、相对饱满、范例性、多样和复杂的指称性。

"何时为艺术"在新功能主义符号美学的三联体结构中得到了进一步说明。在"物－符号－艺术"（赵毅衡，2011，p. 300）三联体中，正如赵毅衡的概述，"'泛艺术化'就是文化的符号文本越来越多地进入第三联'艺术意义'这种文化现象"（赵毅衡，2018a，p. 34）。"在绝大部分的事物中，符号的使用性、实用表意、艺术表意三联意义都是潜在地存在，只是在非艺术的场合中，艺术意义被有用的'物性'所遮蔽（例如农鞋在泥泞中的跋涉），被意义的实用性所遮蔽（表示农民清苦的消费身份）。"（p. 39）当这两种有用性被悬搁，观者会注意到被我们忽视的艺术意义，比如凡·高画中的农鞋。"物－符号－艺术"三者通常呈反比，由具体语境决定倾向于哪一部分：

物＝使用性（＋实用表意功能＋艺术表意功能）

符号＝（使用性＋）实用表意功能（＋艺术表意功能）

艺术＝（使用性＋实用表意功能＋）艺术表意功能

在新功能主义符号美学的视野中，艺术性在一个文本中的存在是动态的，"物－符号－艺术"三联体是滑动的，只有当物滑动到艺术一端，艺术表意功能才具有艺术的超脱性。而何时为物，何时为艺术，也靠不同时期的"动态的解释社群"的社会真知识别。（赵毅衡，2017，p. 260）非艺术的物向艺术的擢升或艺术向非艺术的物降格需要借助特定语境、特定时间。

若用 X_1、X_2、X_3 分别代表艺术、符号、物，t_1、t_2、t_3 表示不同时刻，艺术、符号、物三者此消彼长、互相独立的三种情况可用以下公式表示，本文称之为"物－符号－艺术"三联体独立论：

当解释者在 t_1 时刻将 X_2、X_3 悬置，将意向性指向 X_1 时，X_1 若具有艺术表意功能，便为艺术；

当解释者在 t_2 时刻将 X_1、X_3 悬置，将意向性指向 X_2 时，X_2 若具有实用表意功能，便为符号；

当解释者在 t_3 时刻将 X_1、X_2 悬置，将意向性指向 X_3 时，X_3 若具有使用功能，便为物。

以上情况可借助坐标图进行更加直观的展现：

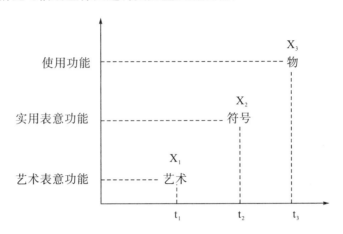

图1　物－符号－艺术三联体

通常情况下，在与生活像似性极低的现代主义艺术中，物、符号、艺术相对比较独立，区分明显，艺术品与生活中的寻常物不易混淆，即便是以线条、色块为主要呈现内容的极简主义绘画，占据观看者知觉场的依然是绘画的"艺术"身份，物的功用性和符号的实用表意功能很容易被悬置。但在无限融合的泛艺术化时代，艺术与符号、物互相融合、彼此纠缠，观看者在实际情况中是否能够总是不受干扰地悬置日常生活？如何避免使用功能与实用表意功能对艺术表意功能的干扰？这是对新功能主义符号美学的挑战。

显然，后现代艺术与日常生活的高度像似性使物的使用功能无法被轻易悬置，当我们面对杜尚的作品《泉》时，难以回避小便器的使用功能与作品艺术表意功能之间的斗争与博弈，小便器的功能性作为模糊但在场的边缘域，在主体感知周围世界的知觉场中必然存在着，此时"现实被知觉的东西，多多少少清晰地共在的和确定的（或至少某种程度上确定的）东西，被不确定现实的被模糊意识到的边缘域部分地穿越和部分地环绕着"（胡塞尔，1992，p. 104）。因此在泛艺术化时代，物与符号的使用、实用表意、艺术表意三联意义很可能在知觉场中以知觉中心与边缘域的关系共现，我们可以以迈克尔·波兰尼的默识整合理论进行论述。

波兰尼将默识分为中心意识和辅助意识："我把我指着的手指称作辅助性的东西，或者工具性的东西，它通过指向处于我们注意中心的对象而起作用。而且我认为这里有两种不同的意识。我们附带地意识到指着的手指和集中地意识到手指指着的对象。通过认出手指将我们指过去的方向和通过跟从这个方向，我们确立了两种意识之间的整合关系。"（波兰尼，2006，p.562）根据波兰尼的默识整合理论，我们观看一幅画时，可以对画布、颜料、色块有选择地运用集中意识和辅助意识，从而看到不同的视觉内容（见表1）：

表1　运用默识整合理论对画作观看的分析①

集中意识到	辅助意识到	没有意识到	看见结果
颜料	色块	画布	有颜色的幻觉图像
色块	画布	颜料	常规具象绘画
颜料	画布	色块	绘画的色彩

同理，在泛艺术化时代，若用 X_1、X_2、X_3 分别代表艺术、符号、物，t_1、t_2、t_3 表示不同时间，X_1、X_2、X_3 将有三种共现情况出现，我们可称之为"物－符号－艺术"三联体共在论，以区别于"物－符号－艺术"三联体此消彼长的独立论：

当解释者在 t_1 时刻，集中意识到艺术候选者的 X_1，辅助意识到 X_2、X_3 时，如果 X_1、X_2 和 X_3 代表的艺术表意功能、实用表意功能和使用功能在知觉场中以知觉中心－边缘域共现，那么艺术与符号、物共在；

当解释者在 t_2 时刻，集中意识到艺术候选者的 X_2，辅助意识到 X_1、X_3 时，如果 X_1、X_2 和 X_3 代表的实用表意功能、艺术表意功能和使用功能在知觉场中以知觉中心－边缘域共现，那么符号与艺术、物共在；

当解释者在 t_3 时刻，集中意识到艺术候选者的 X_3，辅助意识到 X_1、X_2 时，如果 X_1、X_2 和 X_3 代表的使用功能、艺术表意功能、实用表意功能在知觉场中以知觉中心－边缘域共现，那么物与符号、艺术共在。

因此，艺术、符号、物这三者在观者的知觉场中，既有彼此独立的时刻，也有共在的时刻。那么，回到前面的问题：对丁没有先例的艺术和出现在不同时间、不同语境中的相同的艺术候选者，该如何进行身份识别？

如果用符号学理论来解释，则可以暂时悬置对艺术史知识的叙述，只要证明某物在某时具备有超越性的艺术表意功能即可。即当解释者在 t_1 时刻，

---

① 表1参考了彭锋《美学导论》（复旦大学出版社，2011年）。

集中意识到艺术候选者的艺术表意功能 X_1，辅助意识到实用表意功能和使用功能时，如果艺术表意功能、实用表意功能与使用功能，能够在知觉场中以知觉中心－边缘域共现，那么对于该候选者而言，艺术就与符号、物共在，该艺术候选者作为物和符号的同时，也是艺术。

假设一个自称为艺术家的人根据艺术史对躺在公路上的随便某块石头进行历史叙述，并将这块石头捡回去放在艺术博物馆展览，按照历史叙述法，只要在艺术史知识范围内，依据艺术史这一隐性的血统，能够找到这块石头与艺术史的关联，就可以认定它为艺术。然而，当这块石头重新回到路边，它的艺术品身份就难以为继。

用符号美学的方法对同一块石头的两种情况可做如下解释：

> 首先，当解释者在 t_1 时刻，集中意识到博物馆里石头的艺术表意功能，辅助意识到石头的使用功能与实用表意功能，此时石头的使用功能、艺术表意功能、实用表意功能在知觉场中能够以知觉中心－边缘域共现，那么对于这块石头来说，艺术与物、符号共在，这块石头作为艺术品的同时，也是物与符号。

> 其次，当解释者在 t_3 时刻，集中意识到路边石头的使用功能，辅助意识到石头的艺术表意功能与实用表意功能，此时这块石头如果在形式上具有超越庸常生活的意义，便具有成为艺术的可能性，石头的使用功能、艺术表意功能、实用表意功能在知觉场中能够以知觉中心－边缘域共现，那么对于这块石头来说，物、符号与潜在的艺术共在，这块石头作为物的同时，有可能成为艺术与符号。

同理，伦勃朗的绘画被偶尔用来当作垫板时，垫板的使用功能占据知觉场的中心区域。刘益谦以上亿港元拍得明成化年间的鸡缸杯并用这杯子喝了一口茶，杯子的使用功能占据知觉场的中心区域。在两种场景中，作为垫板的绘画和作为茶杯的鸡缸杯，至少在使用意图明显强于艺术意图的那一刻，是物的使用功能占据知觉场中心，作为边缘域的艺术和符号身份暂时变得模糊，但并未完全悬置。

也就是说，当解释者在 t_3 时刻，集中意识到伦勃朗的画作或鸡缸杯作为物的使用功能，辅助意识到二者的艺术表意功能与实用表意功能时，二者的使用功能、艺术表意功能、实用表意功能在知觉场中，以知觉中心－边缘域共现，因此伦勃朗画作或鸡缸杯的物、符号、艺术身份共在，接受者不必因为它们的使用功能占据主导而否认其艺术身份。

　　同理，在艺术生活化与生活艺术化的泛艺术化时代，艺术与日常物、日常声音、日常动作以"物－符号－艺术"三联体的共在形式存在于艺术世界与生活世界中，我们的目光所及之处，"物－符号－艺术"三联体的使用功能、艺术表意功能、实用表意功能在我们的知觉场中以知觉中心－边缘域共现，它们在某一时刻是艺术还是物，取决于接受主体的意向性在何处。泛艺术化时代艺术与物的共在关系导致艺术身份的不确定性与流动性，这既是现代性的后果，也反映出鲍曼对现代性之流动性的解释："既不固定空间，也不绑定时间。"（Bauman，2000，p. 2）流动的现代性使艺术身份的永恒性成为一种幻象。

　　从历史叙述法到新功能主义符号美学，诸学说之所以能将艺术身份授予潜在艺术品，主要方法都离不开"解释"。阿瑟·丹托说："世上本没有艺术品，除非有一种解释将某个东西建构为艺术品。不过这样一来，某物何时成为艺术品这一问题，就会等同于对某物的某个解释何时成为艺术解释这一问题。"（丹托，2012，p. 167）而在数字技术进一步推动下的泛艺术化时代，技术与艺术的联合既带来艺术生产与消费的高效便捷，也导致艺术识别变得愈加困难。在新的语境中如何识别艺术，依然是每个艺术研究者不可回避的挑战。

引用文献：

波兰尼，迈克尔（2006）. 社会、经济与哲学——波兰尼文选（彭锋，译）. 北京：商务印书馆.

戴维斯，斯蒂芬（2008）. 艺术哲学（王燕飞，译）. 上海：上海人民美术出版社.

戴维斯，斯蒂芬（2014）. 艺术诸定义（韩振华，赵娟，译）. 南京：南京大学出版社.

丹托，阿瑟（2012）. 寻常物的嬗变——一种关于艺术的哲学（陈岸瑛，译）. 南京：江苏人民出版社.

古德曼，纳尔逊（2011）. 何时是艺术. 载于 Thomas E. Wartenberg（编）. 什么是艺术（李奉栖，张云，胥全文，译），201－210. 重庆：重庆大学出版社.

胡塞尔（1992）. 纯粹现象学通论（李幼蒸，译）. 北京：商务印书馆.

陆正兰，赵毅衡（2018）. 泛艺术化的五副面孔. 云南社会科学，5，166－171.

吕澎（2013）. 如何学习研究艺术史. 北京：北京大学出版社.

舒斯特曼，理查德（2002）. 实用主义美学（彭锋，译）. 北京：商务印书馆.

韦尔施，沃尔夫冈（2006）. 重构美学（陆扬，张岩冰，译）. 上海：上海译文出版社.

赵毅衡（2011）. 符号学：原理与推演. 南京：南京大学出版社.

赵毅衡（2017）. 哲学符号学：意义世界的形成. 成都：四川大学出版社.

赵毅衡（2018a）. 从符号学看 "泛艺术化"：当代文化的必由之路. 兰州学刊, 11, 30 – 39.

赵毅衡（2018b）. 从符号学定义艺术：重返功能主义. 当代文坛, 1, 4 – 16.

Bauman, Z. (2000). *Liquid Modernity*. Cambridge：Polity Press.

Carroll, N. (1994). Cage and Philosophy. *The Journal of Aesthetics and Art Criticism*, 1, 93 – 98.

Carroll, N. (1999). *Philosophy of Art: a Contemporary Introduction*. New York：Routledge.

Carroll, N. (2001). *Beyond Aesthetics*. New York：Cambridge University Press.

Carroll, N. (2010). *Art in Three Dimensions*. New York：Oxford University Press.

Carroll, N. (2012). *Living in an Artworld: Reviews and Essays on Dance, Performance, Theater, and the Fine Arts in the 1970s and 1980s*. Louisville：Chicago Spectrum Press.

作者简介：

周尚琴，博士，西南交通大学人文学院讲师，四川大学符号学 – 传媒学研究所成员，研究方向为艺术哲学、艺术符号学。

Author:

Zhou Shangqin, Ph. D., lecturer of School of Humanities of Southwest Jiaotong University, member of the ISMS research team, Sichuan University. Her research direction is Philosophy of Art and Semiotics of Art.

Email: 498370164@ qq. com

艾柯研究 ● ● ● ● ●

艾柯与中国[*]

李　静

摘　要：艾柯作为著名的符号学家和小说家，对学术界和文学界的影响是深远的。本文从三个方面分析研究艾柯和中国的关系：第一，艾柯的两次中国之行；第二，艾柯对中国的研究和兴趣；第三，艾柯在中国的译介与研究。通过分析，本文认为：艾柯和中国有着亲密的关系，他对中国文学文化有积极活跃的影响和意义，是比较文学的重要研究对象。

关键词：艾柯，中国，关系

Eco and China

Li Jing

Abstract: As a famous novelist and semiotic, Umberto Eco wins profound influence in academia as well as in literary circles. This thesis focuses on the relationship between Eco and China from the following three aspects: first, Eco's two visiting to China; second, Eco's research and interests concerning China; third, the translation and study about Eco in China. In conclusion, Eco and China are closely related, and he produces positive influences on Chinese literature and

* 本文为国家社科基金项目"西方美学传统与艾柯的美学思想研究"（18BWW009）阶段性成果。

Chinese culture, which makes him a very significant topic in comparative literature study.

Keywords: Eco, China, relation

DOI: 10. 13760/ b. cnki. sam. 202201008

导　论

作为博学大师，艾柯对西方文化了如指掌，在诠释学、符号学、美学、哲学和宗教等方面有着很高的造诣。可以说，艾柯是当今世界上绝无仅有的天才式学者作家，他凭借对整个博大精深的西方文化深入的了解，令世界瞩目，成就了他如今在学术界和文艺界广受推崇的地位。艾柯及其所属的西方文化和话语权不能孤立地存在于这个世界，就像歌德、马克思曾经预言过的那样，"世界文学的时代即将到来"。在全球化语境中的今天，学术交流在东西方经济、政治、文化交流和对话中扮演着不可替代的重要角色。艾柯的两次中国之行充分说明了他对这个东方古国文明的好奇和向往，他在中国高校的讲学充分说明了他对中华文化在世界文化中地位的肯定和对中国学术界寄予的厚望。

中国在近现代世界新格局中处于相对弱势的地位。近代中国与世界接轨以后，西方的思想和文艺理论不断输入。这个输入过程尽管引起过种种争论，但从未中断。中国文论处在一个重构的过程中，这个过程既有与过去决裂的阵痛，也有对未来不知去向的迷茫，更有在西语众声喧哗中患上的"失语症"。但是我们坚信，在中国一代又一代学人的坚持下，中国文论一定能以一种崭新的姿态，以一种平等的地位与西方对话。作为一代理论大师，艾柯的符号学诠释学理论已经给中国文论带来了很大的影响，受到了一定的关注和研究，艾柯的美学理论以及其他理论也必将给中国学界以影响与启示。作为一个学者型作家，艾柯创作的百科全书式博学小说将作者、文本、读者紧密联系，建构成巨大的知识迷宫和智慧殿堂，对中国当代的小说创作也有重大的启示。分析艾柯与中国的关系，能够扩展中西方文学文化关系的比较研究，为中西方文学文化的交流做出一定的贡献。

一、艾柯的两次中国之行

艾柯曾经两次来中国，参加会议，参加文化考察，发表自己对于中国和世界的各种看法，他还多次在自己的著作中论及中国与中国文化。这些都是非常宝贵的文化交流，值得发掘和研究。

1993 年，艾柯第一次来中国，参加中国和欧洲共同举办的为期三周的"丝路文化联合考察计划"。考察队从广州出发，途径西安、敦煌、吐鲁番，最后到达北京长城。艾柯在北京大学举办的大会上发表了题为《独角兽与龙》的演说。在这个演说中，艾柯提出了自己对于非基督教文化的看法，并表达了对异形态文化（相对于西方基督教文化而言）的尊重。"艾柯认为，当两种文化相遇时，由于相互间的差异，会产生文化间的冲撞。"（乐黛云，1995，p. 1）这种冲撞表现在三个方面：征服、文化掠夺、交流。征服，就是指优势文化成员将劣势文化成员视为非正常人类，并将其定义为野蛮人或者低等人。对于这两类人，优势文化成员会采取教化或者毁灭的政策以达到同化或者消灭的效果。文化掠夺与征服听起来很类似，但是在实质上有着很大的差别。文化掠夺即"A 文化成员认为 B 文化成员是某种未知智慧的传人。A 文化可能在政治、军事上征服 B 文化。但，他们又十分尊重这一异文化"（乐黛云，1995，p. 1）。比如，希腊人欣赏埃及人的智慧，并且吸收借鉴其智慧的成果。"交流，是一种相互影响和尊重双方的流程。比如欧洲在最开始接触中国时就属于这种情况。总而言之，征服、文化掠夺和交流是三种抽象的模式，事实上，在具体的个案中，这三种态度是融合出现的。"（乐黛云，1995，p. 2）

接下来，艾柯还谈到了"崇洋"的概念。与今日国人大谈特谈的崇洋媚外不同，艾柯认为，崇洋只是一种态度和方式的不同，没有上升到国家民族和政治的高度。笔者认为这种认识具有客观性和理性。艾柯举例，自 17 世纪直到 19 世纪早期，整个欧洲都痴迷"汉风"，欧洲艺术在某个时期几乎变成中国式的。在这种文化态度的驱使下，"一切来自于遥远异域文明的陌生、不同、非一般化的事物都显得美丽、诱人"（乐黛云，1995，p. 2）；同理，在另一个时期，欧洲文化又变成古希腊式的或者中世纪式的。艾柯这种颇为自我剖析式的看待自己浸润已久的西方文化的方式和对西方文化的批判态度尤其值得借鉴。

在《他们寻找独角兽》一文中，艾柯的中心还是有关误读的——错误认同（false identification）。他以寻找独角兽为例，证明了"背景书籍"的影响力和这种影响力可能造成的后果。由此他提出中国之行的宗旨："不是寻找独角兽，而是努力理解龙的习性和语言。"（乐黛云，1995，p. 12）

2007 年 3 月，艾柯第二次到中国。与第一次丝路文化考察不同，这次他受到的关注堪比娱乐明星，从上海到北京，艾柯成了最耀眼的学术明星。由此可以看出艾柯在世界上尤其在中国的影响力和知名度，同时也可以看出传媒业的迅速发展。第二次他谈的主要话题不再是传统的文化图腾，比如上次谈独角兽和龙，而是更多聚焦于当下的世界，在中国社会科学院关于"治与乱"的研讨会上做了题为《古典战争与后现代战争》的演讲。

综合来看，各家主流媒体的采访主要谈论的是艾柯的文学思想和艾柯关于世界变化发展过程中出现的很多新鲜事物的一些看法。《新世纪周刊》报道开篇便写道："'小径分岔的花园'是艾柯的魅力所在。每一次阅读体验，就像参加了一次作者与读者共同完成的冒险游戏。"（张鹭，2007，p. 110）在这次采访中，艾柯主要提到了四个方面的问题。（1）对于书籍的看法是：阅读书籍能够引发思考。显然，这是对后现代思潮中关于"文学已死"和"书籍已死"看法的直接驳斥。（2）对历史的看法：被误读。艾柯认为："历史上很多谎言被当真，结果就创造了历史。"显然，艾柯对历史的看法与对文学的看法如出一辙——误读时有发生，谎言和真相一样可以成为历史的一部分。他以中世纪一封假的罗马帝国皇帝的信为例，阐明了虚假的事物对于历史和人类命运的影响。（3）对知识分子的看法："知识分子不解决现在的问题，只能解决未来的问题。"（张鹭，2007，p. 111）艾柯认为，指望知识分子解决所有的问题是不现实的。除此之外，他对环境污染的状况提出了自己的担忧。（4）对误读的看法：误读时有发生，但并非所有阅读都是误读。关于误读的看法，笔者在前文已经做了充分论述，此处不再赘述。

在《南方周末》的采访中，艾柯既谈文学也谈战争，主要涉及两个方面的问题。（1）关于与其作品译者的沟通问题，艾柯认为，译者最好是能和他多进行沟通交流，日本的译者到意大利与他进行沟通，向他讨教问询，这让他"非常高兴"（夏榆，2007，p. 1）。所以，艾柯也希望中国的译者能与他多一些沟通。（2）关于作家关注的重心问题：无论是卡尔维诺那样关心政治、战争等现世题材的作家，还是马尔克斯那样注重文学形式或者文体试验的作家，都具有现实意义。他以自己的小说《玫瑰的名字》为例，有些人认为这是本历史小说，因为它以中世纪为背景，题材来源于中世纪。"但是我借用一个历史题材反映意大利现实的问题——这是我个人的看法。"作为欧洲现代重要的公共知识分子，艾柯显然是关注着这个世界的，用他自己的话来说："我现在关注的最重要的问题是地球的存亡问题，我岁数已经很大了，但我还有个6岁的孙子，所以我很关心这个星球未来是什么样子。"（张鹭，2007，p. 111）这句话也与前文提到的——知识分子无法完全关注现在并对现实起作用，他们关注和影响的是未来——不谋而合。

对于大家关注的知识分子的精神状态是否发生变化这个问题，艾柯指出这不是关键。知识分子在20世纪50年代和60年代会走上街头示威，在社会正义走失后发出自己的声音，但艾柯对于知识分子所能做的仍感到悲观。这并不是说明知识分子丢掉了对于社会事业的狂热，而是人们一开始的预设就选错了对象。艾柯认为，知识分子的狂热不是他作为知识分子来表现的，正确的预设应该是知识分子作为一个公民对公共事业表达关心，不应该时时刻刻被扣上"知识分子"的帽子。"不要把知识分子的行动和公民的行动混在一起"（乐黛云，1995，p.2），很好地表达了艾柯对这一问题的看法。对"文学已死"这个观点，艾柯显然并不认同。艾柯说："一会儿说文学死了，一会儿说小说死了，更疯狂的说法是书已经死了，但事实上，我还在不断地阅读、在写作。"他毫不留情地抨击"那样的说法非常愚蠢"（夏榆，2007，p.1）。艾柯对于中国的感受很复杂。他到过中国很多城市，复杂的行程很难用简单的话语概括。他对中国的第一印象是"到了北京就像到了洛杉矶"。

总的来讲，艾柯的两次中国之行都是中西文化交流碰撞的结晶，两次中国之行也有各自的重心，体现了艾柯认识的变化，也从侧面展示了中国与世界接轨所发生的种种变化。第一次中国行的主题就是"文化"，艾柯认为独角兽与龙的交流应该是平等的，不能以独角兽的角度对龙做出判断，反之也不可以。在中西文化碰撞交流的过程中，西方文化应该以一种开放的姿态，撇去西方中心主义的弊病，和中国文化相互问询、讨教，这才是对世界文化应该抱持的态度。第二次中国之行与上一次相隔14年之久。随着世界文化的发展，人们关注的重心也发生了变化。艾柯主要就战争、互联网等热门话题展开了论述，当然也有文学。总的来说，"误读"这个诠释学的概念贯穿了艾柯中国之行的整个过程，他关注的历史的、政治的、人文的问题都涉及"误读"。对中国城市建设的误读、对战争态度的误读、对文学和书籍的误读，诸如此类，不胜枚举。尽管艾柯博览群书，他对诠释、对人类探索世界，还是抱着谨慎的态度，认为谁也不能真正清楚了解自己所处的这个世界，没有人能看清这个世界。这其实正是艾柯的智慧所在，不管是出于谦虚，还是受神秘主义或者不可知论的影响，我们应当知晓，不管是物质世界还是精神世界，有待发掘的东西还有很多，这也是文学不死、文化不死、书籍不死的原因。

二、艾柯对中国的研究和兴趣

艾柯在许多文章里都提到中国，他对中国始终怀有好感和好奇心。他曾运用符号学的方法分析过中国的漫画，撰文《人民的漫画书：红色娘子军，围剿及其他中国漫画》（"The People's Comic Book: Red Women's Detachment, Hot on the Trail, and Other Chinese Comics"），在《推延的启示》（1994）中有一篇文章《论中国连环漫画：反信息和交替信息》（"On Chinese Comic Strips: Counter-information and Alternative-information"）。在《康德与鸭嘴兽》（1999）中有一篇文章《马可·波罗与独角兽》（"Marco Polo and the Unicorn"），谈到马可·波罗当年在东方和中国游历的趣事。在《寻找完美语言》（1995）中有专文比较埃及和中国的语言意象（"The Egyptian vs. the Chinese Way"）。艾柯在多篇论文里谈到汉字，也有学者认为汉字是上帝赐给亚当的语言，即完美语言。

在《开放的作品》（2005）中的文章《禅与西方》写于1959年，当时在意大利对禅的兴趣开始流行起来，这也是西方世界对中国和日本的禅大感兴趣的时期。20世纪50年代末期有一家发行量很大的美国杂志归纳一个最引人注目的文化现象时写道："最近几年，一个日本词，一个发声噝而尖的词，人们经常会在很多地方听到，或是明确有所指的，在同女士们交谈时，在学术性的会议上，在鸡尾酒会上，到处都能听到。这个小小的引人振奋的词就是'Zen'（禅）。"（艾柯，2006，p. 172）艾柯认为禅已经超越了"习俗现象"，因为它是对佛学的一种阐述，而佛学的历史已经有很多个世纪，对中国和日本的文化具有深刻影响。但是，对于西方世界来说，禅成为一种习俗现象还是近几年的事："禅和垮掉的一代、禅和心理分析、禅和美国的先锋音乐、禅和非形象绘画，最后是禅和维特根斯坦哲学、禅和海德格尔、禅和荣格等等。"（艾柯，2006，p. 172）许多非常有名的人物在研究这一现象，在美国和英国出现大量有关这一问题的著作，艾柯问道："是什么原因使禅在西方大行其道？"他从禅的主张、众多的案例来分析禅在西方流行的原因，从文学领域如垮掉的一代到哲学领域如现象学，从中国到日本，艾柯的研究分析深入而具体，他认为禅最终不能成为西方人的主流，它只是西方人的认知模式的一种补充。

艾柯对中国的研究还体现在他对其他汉学研究者的关注，比如他对基歇尔的《图说中国》和其他意大利传教士关于中国的评说都有自己的独特看法。艾柯深入研究过基歇尔，认为他对中国的看法很多是想象的，比如基歇尔认为中国人是埃及后裔甚至是希伯来闪族后裔，中国的文字也源于埃及文字。艾柯对于海外汉学也有研究，相关观点集中在第一次到中国时发表的论文《他们寻找独角兽》中，主要论述西方人对中国文化的误读。他提到许多对中国文化入迷的人，比如著名的哲学家培根和莱布尼茨，他们对汉字都有研究，有的喜欢，有的讨厌，然而，无论如何西方学者都是在东方文化中寻找西方的独角兽。艾柯认为这就是中西方文化误读产生的原因，西方学者在中国文化中应该寻找的是龙而不是独角兽。艾柯的研究资料详尽、内容可信，从他对中国的研究看得出他对中国有深切的关注。

在文集《在超现实中旅行》中，艾柯有一篇文章《论阐释；或者，成为马可波罗的难度》，讨论中国如何接受安东尼奥尼的电影。1974年安东尼奥尼的电影在威尼斯双年展上遭禁的那晚，艾柯正好在首映现场，所以他非常清楚来龙去脉。1977年，艾柯在《电影季刊》发表文章，以符号学家和文化评论家的身份，结合对电影语言表达手法的分析，既道出了安东尼奥尼身为西方导演来拍摄中国的左右为难的苦衷，也解释了艺术作品处于世界上两种不同文化之中，自然会受到人类学和符号学的价值判断，也难免被另一文化误读、曲解甚至拒绝。他给予双方的都是理解。

艾柯第二次到中国，曾经和上海译文出版社的赵武平先生有过频繁交流，赵武平撰文回忆：

> 翁贝托也还说过，自从马可波罗访问中国以来，无数向往中国、热爱中国文明的欧洲人，即所谓的"中国爱好者"（Sinophiles），无论是虔信的耶稣会传教士，还是"最后一个文艺复兴人物"基歇尔，和近代大哲学家莱布尼茨，或者其他的后继者，都希望接近中国文化，了解中国社会，和中国人民进行交流。但他们努力的目标，并不容易实现；在新时代做马可·波罗，同样面临风险和困难。（赵武平，2016）

但是赵武平表示："翁贝托也是一位真诚的'中国爱好者'，一个想真正了解当代中国的马可·波罗。"

艾柯在他的《别想摆脱书》的结尾，谈到他的藏书之命运问题时说："也许我的藏书会让中国人买走吧？我曾收到某一期在美国出版的《符号学》杂志，那一期是中国符号学专题。杂志中对我的作品的引用次数甚至超过了我们的专著。也许，有那么一天，比起别的地方的人，我的藏书将引起有志了解西方荒唐种种的中国研究者的特别兴趣吧。"（吴雅凌，2010，p. 286）可以将这段话看作艾柯对中国的一种友好表示和对中国学术的期望。

三、艾柯在中国的译介与研究

与艾柯的国外研究相比，国内研究比较落后，不过对于艾柯作品的翻译已经小有规模，研究性的学术论文数量一直呈上升趋势。

20世纪80年代艾柯及其研究被引进中国，国内最早介绍艾柯的文字材料是1981年王祖望翻译的载于《国外社会科学》第5期的美国人T. 谢拜奥克的《符号学的起源与发展》一文，文中提到了艾柯在国际符号学界所起的作用，并且以注释的方式对艾柯做了简要说明。1984年，艾柯的小说《玫瑰之名》首次得到介绍。1984年《译林》第2期上弋边的《世界文坛动态》介绍了小说的故事情节并提及该书在美国受欢迎的情形，此外，作者认为这部小说基于虚无主义，人为杜撰情节的痕迹比较明显。

1986年《外国文学》第6期载王斑的《高雅的传奇故事》，在国内第一次详细介绍艾柯《玫瑰之名》的故事内容，并在文中预告读者，《玫瑰之名》已由北京外语学院文学研究所与《外国文学》杂志的五位青年译者翻译，不久将在《外国文学》上以连载的方式与读者见面。接着，1987年《外国文学》第4期至第10期连载了闵炳君翻译的《玫瑰的名字》，这个译本最终成书于1988年，由中国戏剧出版社出版发行。该译本对原本的内容和情节做了适量删减，增强了故事的可读性，卷首附艾柯的亲笔信，他对自己的作品被翻译到中国表示高兴。1988年，林泰、仲林和曙光翻译的《玫瑰之名》由重庆出版社出版，该版本根据英文版《玫瑰之名》翻译而来，文笔流畅，有较强的可读性。1987年，中国符号学家李幼蒸编译的《结构主义和符号学》一书对艾柯的符号学理论进行了介绍，这是国内比较早的对艾柯的理论介绍。总之，20世纪80年代引进艾柯之初，主要的成果就是出版了两个版本的《玫瑰之名》。

进入90年代，国内对艾柯的理论有了比较深入的译介。1990年，中国人民大学出版社出版了由卢德平翻译的《符号学理论》，该书是艾柯的符号学重要著作，在西方学术界一直备受推崇。1993年，艾柯第一次来中国，并在北大发表了题为《独角兽与龙》的演说。1995年，曾有一本林周戚译的《玫瑰之乱》由吉林人民出版社出版，这是《玫瑰之名》中译本的第三个版本。1997年，王宇根译的《诠释与过度诠释》由三联书店出版，这本书在国内曾引起过较大的反响。1999 年，社会科学文献出版社出版了李幼蒸的著作《理论符号学导论》，对艾柯的符号学理论进行了比较系统的介绍。此外，还有一些介绍性文章。总之，20 世纪 90 年代对艾柯的最重要的译介就是他的《符号学理论》《诠释与过度诠释》这两本理论著作。

2000 年以来，对艾柯的译介呈现繁荣之势，尤其是他的小说得到了比较系统的翻译。2001 年，谢瑶玲译的《玫瑰的名字》、翁德明译的《昨日之岛》由作家出版社出版。河北教育出版社出版了徐明岳、俞宜国翻译的日本篠原资明的《埃柯：符号的时空》，这本书对艾柯的研究比较全面，按时间顺序论述艾柯的理论和创作，对于国内的艾柯研究有很大的参考价值。2003 年，作家出版社出版了谢瑶玲译的《傅科摆》，华龄出版社出版了高俊方译的《大学生如何写毕业论文》。2004 年，广西师范大学出版社出版了由彭俏、马淑艳共同翻译的《带着鲑鱼去旅行》。由康慨翻译的艾柯的《书的未来》刊登在《中华读书报》上，该文根据艾柯在 2003 年 11 月 1 日在埃及亚历山大图书馆的长篇演讲《书的未来》翻译而来，原文刊于开罗《金字塔周刊》（*Al-Ahram Weekly*）。2005 年，新星出版社出版刘儒庭翻译的艾柯成名作《开放的作品》，三联书店出版俞冰夏翻译的《悠游小说林》，王宇根所译《诠释与过度诠释》再版。2006 年，百花文艺出版社出版王天清翻译的艾柯学术专著《符号学与语言哲学》，新星出版社出版了吴燕莛翻译的艾柯随笔小品集《误读》。

2007 年 3 月，艾柯第二次到中国，在中国社会科学院"治与乱"研讨会上发表了《古典战争与后现代战争》演讲。艾柯此次中国之行受到学术界的热烈欢迎，并受到《南方周末》《中国新闻周刊》等多家国内主流媒体的跟踪报道。同年，杨孟哲翻译的《波多里诺》由上海译文出版社出版，彭淮栋翻译的《美的历史》由中央编译出版社出版。此外，艾柯的访谈录也频频出现：2000 年第 6 期《花城》载晓强译的《艾柯访谈录》，该文选译自俄国 1998 年 6 月 2 日的《书评报》，访谈者为亚历山大·休普洛夫和尼古拉·奥格洛布林；2002 年第 2 期《当代外国文学》载张仰钊译的法国皮埃尔·邦瑟恩、阿兰·让伯尔辑录的《恩贝托·埃科访谈录》，该文系法国《读书》杂志所刊登的对艾柯的采访内容，涉及他的个人创作以及他所关心的问题；2007 年以来，在中国的网络和报纸上出现了大量的艾柯访谈录，这些访谈录对于研究艾柯也有积极的参考意义。

以上是艾柯的译介简况，迄今为止，国内对艾柯的翻译已经小有规模，其中香港、台湾对艾柯的翻译超过了大陆，艾柯的符号学、诠释学、文艺理论，更多的是小说，都已经得到了大量的翻译。虽然如此，他的很多意大利语和英语作品依然没有翻译成中文，这是遗憾，也希望今后中国学者能够翻译艾柯的更多作品，将一个完整的艾柯呈现于中国读者面前。但是目前已有的翻译作品不少是从英语转译而来的（当然艾柯部分作品是用英语写成的），译文的质量各有参差，其中不乏谬误。与艾柯在多个领域的丰富的原著比较，翻译还是有点少。令人欣慰的是，上海译文出版社组织了一批优秀的翻译工作者重译艾柯的作品，自 2007 年迄今已经翻译出版了一批高质量的艾柯作品，这对于中国的艾柯研究无疑会有很大的促进和帮助。

与较为繁荣的翻译现状相比，对艾柯进行学术研究的队伍的实力和规模都显得相对薄弱，长期停留于对艾柯及其作品的介绍上，缺乏深入的研究成果。随着翻译和介绍的日益增多，对艾柯的研究也逐步加深了，但总体上还不能和西方相比。

国内的艾柯研究尚处于初期，深入系统的研究还比较少，目前艾柯研究专著有五部：于晓峰《诠释的张力：埃科文本阐释理论研究》（2010），孙慧《艾柯文艺思想研究》（2015），李静《符号的世界——艾柯小说研究》（2017）和《符号学家的文学世界——艾柯文学研究》（2018），朱桃香《联结碎片：解读艾柯的迷宫文本理论》（2019）。硕博士论文现有十余篇，集中在艾柯的符号学、阐释学理论和小说方面。对艾柯的美学研究比较少，中国知网上的论文只有很少几篇，例如《美的理想与美的存在——读〈美的历史〉》《美的西方发展轨迹——评翁贝托·艾柯的〈美的历史〉》《试论艾柯的美学及其小说实践》，前两篇简单评述艾柯的美学思想，后一篇主要分析艾柯美学与小说的关系。其他刊物或网站上有零碎的短评。关于艾柯的美学研究，既无硕博士论文，更无专著，这样的研究现状相对艾柯这样的美学大师而言显然不相称。艾柯对世界的影响深刻且广泛，选择艾柯进行研究，具有积极的科学意义和重要的学术价值。所以，进一步推动艾柯研究的深入，是中国学者的责任之所在。

结　语

在西方，艾柯是一位全方位的学者，被称为博学大师和百科全书式的作家。对于世界上各种符号或者文化现象的敏锐感知让他在这些领域做出了巨大的成就。在西方文化语境中，无论是在理论研究领域还是在文艺创作领域，艾柯都是一位当之无愧的集大成学者型作家。此外，艾柯还是一位著名的公共知识分子，写过大量的政论杂文。与一般的文人作家不同，艾柯对自己身处的世界格局、政治经济也有很深入的了解，对于人类现在所处的世界做了许多的思考，对于欧洲的未来和世界的未来提出过种种假设。可以看到，不管是形而上的还是形而下的，不管是精神的还是物质的，艾柯都有涉猎且见解独到。即便如此，艾柯具有大多数西方学者不具备的全面的、真正意义上的全球视野。对于中国，除了如一些汉学家等对中国文化感兴趣的少量学者外，艾柯是少有的愿意全面了解中国，以公正的眼光看待中国的文艺和社会的西方学者。一方面，艾柯主动了解中国文化，主动关注近代工业文明以来的世界格局中中国的位置，关注西方文明给中国带来的影响，注重东西方的文化交流。另一方面，他也注意到中国文化元素对西方世界的影响，比如在《开放的作品》中，他用大量篇幅谈到禅在西方引起的关注。

近年来，艾柯在中国被越来越多的人熟知。他的作品一度畅销并获得了很高的评价，他的"文化迷宫"吸引了越来越多的中国学者去探索。艾柯的各种创见洞见，关于人类文化，关于文学理论和创作，都能给当今学人带来极大的鼓舞和启发。我们应该从艾柯身上看到人类掌握知识、把握世界的可能性，应该有像艾柯一样追求知识、探讨宇宙的精神，从而推动世界和人类文明的发展。

附：艾柯去世

艾柯于 2016 年 2 月 19 日去世，国际符号学会开了专门的网页供世人纪念。世界各大媒体都有报道这颗巨星去世的消息，在中国也有很多的学者写文章进行悼念，很多媒体也进行了专门的报道，四川大学符号学研究所网站和杂志做了纪念专栏、专刊。

引用文献：

艾柯，翁贝托（2005）. 开放的作品（刘儒庭，译）. 北京：新星出版社.

托纳克，让·菲利浦·德（2010）. 别想摆脱书——艾柯 & 卡里埃尔对话录.（让·菲利浦·德·托纳克，编；吴雅凌，译）. 桂林：广西师范大学出版社.

夏榆（2007）. 我是一个经常被误读的人. 南方周末，D25，1.

乐黛云，勒·比松（1995）. 独角兽与龙. 北京：北京大学出版社.

张鹭（2007）. 艾柯：我没说过"一切阅读都是误读". 新世纪周刊，50，110 - 111.

赵武平（2016 - 02 - 29）. 翁贝托，你一定是带着微笑走的——纪念一位远去的可敬智者.

获取自 http://www.semiotics.net.cn/index.php/view/index/news/5006.

作者简介：

李静，文学博士，重庆大学外国语学院副教授，重庆大学语言认知及语言应用研究基地专职研究员，研究方向为比较文学、符号学、美学哲学。

Author:

Li Jing, Ph. D., associate professor at the School of Foreign Languages, Chongqing University, full-time researcher at the Research Base of Language Cognition and Language Application of Chongqing University. Her research interests cover is comparative literature, semiotics, aesthetic philosophy.

Email: oceans1997@ sina. com

翁贝托·艾柯大众文化研究的符号学特色

曹怡凡

摘　要：翁贝托·艾柯的大众文化研究是他开启符号学理论研究道路的
重要标志。在艾柯大众文化研究的早期（20 世纪 60 至 70 年代
中期），符号学不仅作为方法论被用于大众媒介批评，还引发
了他对"批判的文化"的相关思考。进而，艾柯对大众文化表
现出不同于启示录派的坚决抵触和综合派的绝对拥护的态度。
20 世纪 70 年代末期以后，新兴的文化现象激发了艾柯对大众
媒介与意识形态关系的重新思考。同时，符号学理论也促成了
艾柯对文化等级区分的破除，使他呈现出更加包容的文化观。

关键词：翁贝托·艾柯，大众文化，符号学，研究

Semiotic Features in Umberto Eco's Popular Culture Research

Cao Yifan

Abstract: It was his research on popular culture that brought Umberto Eco into
semiotic theory. At the time of his early studies of popular culture
(from the 1960s to the mid-1970s), semiotics not only presented a
methodology for mass media criticism but also triggered his thinking
on "critical culture". Furthermore, Eco took up an attitude that
differed from both the resolute resistance of Apocalyptic intellectuals
and the absolute support of Integrated intellectuals. Beginning in the
late 1970s, emerging cultural phenomena inspired Eco to rethink the
relationship between mass media and ideology. Meanwhile, the
capacity of semiotic theory to help breaking up cultural hierarchies

offered him a more inclusive cultural outlook.

Keywords: Umberto Eco, popular culture, semiotics

DOI: 10. 13760/b. cnki. sam. 202201009

翁贝托·艾柯对于大众文化的关注始于 20 世纪 50 年代。大众文化研究反映了他对战后意大利社会现实的敏锐洞察与深刻分析，推动了其符号学理论的发展，构成了其学术生涯的重要转折。① 安娜·玛丽亚·洛鲁索（Anna Maria Lorusso）教授认为，于艾柯而言，符号学本质上就是文化学。因为"不可能在符号学存在的文化逻辑之外解释符号活动。如果有一个领域符号学是有用的，那就是社会和文化分析"（Lorusso，2015，p. 117）。符号学的研究视野使艾柯发展出异于当时大多数欧洲学者的文化观念，并让他呈现出了"决心向国际潮流开放的"新一代意大利知识分子的面貌（Eco，1994，p. 3）。然而，时至今日，国内学界并未对艾柯的大众文化研究给予足够的关注。② 基于此，本文通过对艾柯大众文化研究经历的回溯，力图探讨符号学迈向艾柯大众文化研究领域的进路及其作用。

一、走向符号学：艾柯的早期大众文化研究

艾柯对于大众文化的关注，与战后意大利的经济复苏、美国消费主义涌入意大利等现象密切相关。电视作为主导媒介促进了美国文化在战后意大利的"入侵"。1956 年，艾柯在一个国际美学会议上发表过一篇研究电视的文章，随后又发表了研究通俗小说的文章，1962 年（同年《开放的作品》出

---

① 意大利学者詹保罗·普洛尼（Giampaolo Proni）曾将艾柯的学术生涯划分为三个主要的阶段（Sebeok & Umiker-Sebeok，1988，pp. 3 - 22）。第一阶段始于艾柯对托马斯·阿奎那与中世纪美学的研究，后来艾柯邂逅了前卫艺术，又投身于大众文化批评的潮流之中。此后，艾柯开始潜心研究符号学，步入了其学术生涯的第二个阶段（1968 年到 1976 年），并最终建构了自己的符号学理论。第三个阶段艾柯重新回到艺术和文化研究领域，将自己的理论付诸实践，创作了诸如《玫瑰之名》《傅科摆》《昨日之岛》《波多里诺》等小说作品。

② 据笔者考察，目前国内学者撰写的文化理论研究著作中对艾柯的大众文化研究鲜有涉及。但不少国外的文化理论研究著作都提及艾柯的大众文化研究及重要作品。例如安德鲁·米尔纳与杰夫·布劳伊特合著的《当代文化理论》（刘超、肖雄译，江苏人民出版社 2018 年版），帕特里克·弗瑞与凯莉·弗瑞合著的《视觉文化与批判理论》（*Visual Cultures and Critical Theory*，Oxford University Press，2003）、迈克尔·瑞恩等主编的《文学文化理论百科全书》（*The Encyclopedia of Literary and Cultural Theory*，Wiley-Blackwell Press，2011）、多米尼克·斯特里纳蒂的《大众文化理论导论》（*An Introduction to Theories of Popular Culture*，Routledge，1995）、大卫·沃尔顿的《文化理论研究》（*Doing Cultural Theory*，SAGE Publication Ltd.，2012），等等。

版）还应邀在《新生报》发表了两篇呼吁学界重视新兴的文学形态与大众媒介研究的文章（Eco，1994，pp. 51 - 57）。1964 年，《启示录派与综合派》（*Apocalittici e integrati*）① 一书的出版标志着他正式投入大众文化研究的热潮之中。在《启示录派与综合派》中，艾柯延续了之前在中世纪美学与前卫艺术研究中的形式研究路径。如果说《开放的作品》（*Opera Aperta*）② 研究的是前卫艺术的语言，那么《启示录派与综合派》则是对大众文化语言及其结构的讨论。重要的是，符号学作为方法论在此书中崭露头角（Eco，1994，p. 52）。

（一）《坏品位的结构》首次使用雅各布森的语言学

20 世纪 60 年代，对大众文化研究的兴趣推动着艾柯寻找到了符号学。他声称当时需要一个统一的理论框架，这个理论框架在《坏品位的结构》、詹姆斯·邦德与尤金·苏的小说叙事、电视节目和广告修辞等研究中日益清晰。

在 1964 年的文章《坏品位的结构》（"La Struttura del Cattivo Gusto"）③ 中，艾柯从雅各布森的语言学中获得启发，他认为所有的作品都可以被视为一种需要接收者进行解码的信息。在此基础上，他重新区分了高雅、媚俗与大众文化的概念，并对它们的关系进行了重新阐释。邦丹内拉认为此文暗示了艾柯未来对符号学的拥护，因为他发现符号学是一个可以同时处理高雅文化与大众文化的理论工具（Bondanella，1997，p. 49）。

艾柯在此文中首先指出："坏品位表现为缺乏一定的尺度，这种'尺度'本身却很难定义。因为它因地而异，因时代而异。"（Eco，1989，p. 181）接着，他介绍了格林伯格、麦克唐纳关于高雅和媚俗的观点。格林伯格在《前卫与庸俗》中认为，有教养的观众从毕加索的画作中获得的价值是"对由画作的造型价值所带来的直接印象进行反思的结果"，而在列宾的作品中，"反思的效果早已内在于画面"，列宾的画为观众提供了一条通向审美愉悦的捷径；"毕加索画的是原因，列宾画的却是结果"。（格林伯格，2015，p. 18）艾柯也认为，"媚俗（kitsch）是懒惰的观众们的理想食物"（Eco，1989，

---

① 该著收集了许多艾柯早期大众文化研究的重要文章。

② 《开放的作品》（*Opera Aperta*）出版于 1962 年，该著提出的"开放的作品"理论不仅奠定了艾柯先锋诗学的地位，后来也成为新先锋派运动的宣言。

③ 此文原收录于意大利语版《启示录派与综合派》（*Apocalittici e integrati*，1964），后译成英文并收录在英文版《开放的作品》（*The Open Work*，1989）中。

p. 183）。与此同时，他质疑了麦克唐纳将"前卫"等同于"高雅文化"并认为它是唯一有价值的领域的观点。艾柯认为在麦克唐纳等眼中高雅与媚俗之间的关系十分僵化，他们缺乏对先锋派运动深刻的历史动机及其与中产阶级的复杂联系的考察。然后，艾柯将研究重点从谴责大众文化（媚俗）转移到大众文化产品的结构及其产生的效果上。他强调艺术作品是在不同层面（视觉或声音节奏、情节、意识形态内容）发生的若干元素（物质元素、作品的参考系统以及作品引发的读者心理反应系统）之间的关系的系统（Eco，1989，p. 200）。根据雅各布森的观点，艺术的诗性在于符号与其对象的脱节，即符号（sign）与指称（referent）之间的正常关系被打乱了，这样就使符号作为自身获得了某种独立的价值（Eagleton，2004，p. 85）。因此，艺术的目的并非传递某种单一的意义，它的成功恰恰是由于它的开放性与模棱两可。但媚俗通过从成功的艺术作品中挪用一些现成的风格或效果来营造一种氛围，就像它把前卫艺术的风格挪用到广告中。媚俗不可能独立存在，它必须把从前的艺术作品及其风格作为理解的前文本。因此，不同于前卫艺术开放的结构和它对前理解的颠覆，大众文化产品的结构往往比较封闭，它们在一定程度上限制了读者阐释的无限可能。这种封闭的结构导致它们更多时候站在了信息发送者的角度。最后，艾柯重新界定了"媚俗"——它不仅适用于那些旨在产生直接审美效果的艺术，还是"那些试图通过审美经验的外衣，把自己当作艺术来证明其目的的作品"（Eco，1989，p. 203）。

（二）将符号学运用于大众媒介的意识形态批判

艾柯的大众媒介批评的文章大多收录于《启示录派与综合派》《邦德的故事》（Il Caso Bond，1965）、《文化产业》（L' industria della cultura，1969）、《家庭习俗》（Il costume di casa，1973）[①]、《大众超人》（Il superuomo di massa，1976）[②] 等书中。他的研究涉及 19、20 世纪的通俗小说和 20 世纪各种形式的大众媒介，如漫画、歌曲、电影、电视和广告等。通过对它们的叙事与修辞研究，艾柯主要探讨了大众媒介与意识形态的关系。

关于通俗小说的批评主要出现在艾柯的《大众超人》中。在本书中，他从文化社会学的框架出发，通过对小说进行叙事研究来对其隐藏的意识形态进行揭示。他认为，这些意识形态大多是保守的、支持现状的。在对大众超

---

① 本书的英译本为《超现实旅行》（Travels in Hyperreality）。

② 《大众超人》（Il superuomo di massa）中的许多文章后被收入英文版《读者的角色》（The Role of Reader）中。

人文本进行分析时，艾柯首先借用传统神话中的英雄概念将现代小说与传统神话中的英雄进行了比较，然后从神话结构、叙述结构和时间结构等角度对超人漫画进行了研究（Eco，1984，pp. 107 - 124）。在时间结构方面，传统神话中的人物故事从很早就开始了，但在现代小说叙事中，人物并非事先确定，而是以意想不到的方式出现并展现给未来。这种结构使读者更容易产生认同，因为人物的命运不可预见，就像我们可能遭遇的一样。大众超人既具有神话的永恒特征，又能出现在我们的日常生活中。因此，他们是传统神话与现代小说中的英雄的混合体。另外，艾柯指出，在漫画或侦探小说等大众文化作品中经常可以发现"冗余"的味道，即某种重复使用的场景、道具或叙事策略。读者被它们吸引并非由于新颖，而是出于一种安全感。例如在《苏的〈巴黎神话〉中的修辞和意识形态》（"Rhetoric and Ideology in Sue's *Les Mytères de Paris*"）与《弗莱明的叙述结构》（"Narrative Structures in Fleming"）中，类似的冗余效果是通过情节的发展来实现的，它们总是通过重申资产阶级道德和现状来获得这些效果，读者也因想起他们已知的事物而感到安心。

20 世纪以来小说体裁的吸引力逐渐减弱，叙事迁移到电影、电视等新媒介中。艾柯认为，这些新媒介削弱了观众的分析能力，它们比传统的小说叙事更容易渗透进意识形态的编码。具体而言，语言可以使读者保持一定的疏离以便于进行批判活动；电影或电视通过视觉图像，以一种感知综合体的方式运作，因而在一定程度上损害了观众的分析能力，并使他们被动认同。文化工业正是利用这种意识形态编码培养消费者的服从意识，让他们被动接受所在社会的某种主导价值观。尽管如此，艾柯仍然给予卡通《花生漫画》高度评价。他认为作者舒尔茨是一位诗人，因为在《花生漫画》中作者通过呈现资本主义社会中人被孤立和异化的状况来向这种社会体制表达了控诉（Eco，1994，pp. 36 - 44）。

克里斯蒂娜·安·埃文斯（Christine Ann Evans）认为艾柯的大众文化研究是在法兰克福学派的批判理论上发展而来的，尤其在"文化工业"理论的影响下对大众文化产品进行了意识形态批判。布沙尔也认为，艾柯的早期大众文化研究带有显著的马克思主义色彩（Bouchard，2005，p. 4）。事实上艾柯对于大众媒介及其意识形态的关系研究是基于这样的立场，即"文本的主要结构与产生这些结构的世界之间存在着严格的同源性"（Eco，1989，p. 13）。于是，在他看来，知识分子的任务绝不仅仅是谴责大众文化，而是应该利用它们揭示其掩盖的意识形态与操纵性的权力结构。正如他在《关于关注现实的形式模式》中的观点，这种形式研究的前提在于不能脱离真实的社会状况（艾柯，2005，pp. 196-250），这也是他将符号学运用于大众媒介意识形态批判的初衷。

艾柯曾在《大众超人》的序言中声明其中的大多数文章并不是纯粹的符号学研究，也有学者把艾柯此阶段的研究称为"前符号时期"（Bondanella，1997，p. 43）。重要的是，20世纪60年代以后艾柯在大众文化研究中明显地表现出了对符号学的兴趣。例如他在对大众文化产品的分析中把它们视为一个个结构，但在具体的研究中又要以复杂的研究对象为重心，主张"宛若结构不存在似的进行操作"（篠原资明，2001，p. 79）。

（三）元语言层面上的"批判的文化"

艾柯在对"文化"概念进行梳理和思考时，在元语言层面上提出了"文化"的第四种定义，即"批判的文化"。在《反文化是否存在？》（"Does Counter-culture Exist?"）一文中，他把现有的"文化"的定义总结为美学的、道德的和人类学的三类（Eco，1994，pp. 115-128）。第一，"文化"通常表示与科学、政治或经济学相对立的精神领域，赋予审美趣味以特权。第二，"文化"是对各方面知识的占有。银行董事或金融家可以被视为一个有文化的人，但维修工人等底层劳动者却被排除在文化人的行列之外。第三，"文化"是所有人类制度、神话、仪式、法律、信仰、日常行为、价值体系以及物质技术的结合。较前两者而言，第三种定义呈现出更加中立的立场，它抛弃了所有文化的正面或负面评价。但艾柯接着指出，这种人类学的文化概念在现实生活中往往是最难被接受的，"毒品文化""食人文化"等表述通常会引发人们的不满。正如霍克海默、马尔库塞对"肯定的文化"的揭示，人们通常将"文化"从社会语境中抽离出来，为它建构出一种独立的积极价值。最后，艾柯提出了"文化"的第四种定义。它是在前三种定义之上，在元语言的层面对主流文化与新兴文化的反思和批判，即"批判的文化"。艾柯认为马克思写作《资本论》就是在这第四种意义上创造文化。这种"批判的文化"总是以"反文化"的形式出现，致力对现有社会、技术或审美范式进行积极改造。尽管它对主流文化提出了质疑，但对人类社会具有积极意义。接着，与葛兰西的"有机知识分子"不谋而合，艾柯也认为知识分子可以被描述为以开展第四种意义上的文化批判活动为己任的人。于是，根植于资本主义市场经济土壤之中的大众文化成为知识分子开展批判活动的最佳场域。

（四）对启示录派与综合派的双重拒绝

在《启示录派与综合派：大众媒介与大众文化理论》（"Apocalyptic and Integrated Intellectuals: Mass Communications and Theories of Mass Culture"）[①]一文中，艾柯将对大众文化持有不同意见的两类知识分子冠以"启示录派"与"综合派"的称号。虽然艾柯直言这样的划分从根本上是错误的，但考虑到如此既满足了出版社吸引读者的要求，又利于全书论述的展开，便采用了此书名（Eco，1994，p. 17）。《启示录》是预言末世来临的书，启示录派代表了认为大众媒介会导致文化末世来临的知识分子。相反，综合派则抱有更加乐观的态度，他们认为由于大众媒介引领潮流，文化只能融合其中。启示录派知识分子通常拒绝从电影、漫画、通俗小说等中看到任何积极的好处。对这些人来说，大众文化的表达实际上证明了高雅文化已经堕落和腐败，并且此状况通常是由资本主义经济体制造成的。于艾柯而言，法兰克福学派的成员是启示录派知识分子的原型。在该书再版时，艾柯在前言中将马尔库塞称作"完美的启示录派知识分子"。马尔库塞认为在发达工业社会中，生产和分配的技术装备不再作为脱离其社会影响和政治影响的工具总和，而是作为一个整体的系统来发挥作用。技术的进步渗透并延伸至人类社会的方方面面，它协调并统一了个人与公众、个人需要与社会需要之间的冲突，成为"社会控制和社会团结的新的、更有效的、有令人愉快的形式"（马尔库塞，2008，p. 6）。发达工业社会正是由于其一体化发展而面临着批判被抽空的状况，即所有的批判因被剥夺了基础而失去了现实意义，从参与理论实践的批判理论退回到抽象的哲学思辨。因此马尔库塞认为，社会将被一种单一的价值取向统摄，人类因此沦为了"单向度的人"。在艾柯看来，启示录派知识分子实际上从未对这些文化产品及其结构特征进行具体分析，而是整体否定了它们（Eco，1994，p. 25）。综合派知识分子则强调大众文化的积极因素。艾柯后来又将麦克卢汉视为综合派知识分子的代表。麦克卢汉认为当大众取得胜利时，习惯于以另一种方式去感知世界的新人类就会诞生，"我们不知道这个人是好是坏，但我们知道他是新的。启示录派看到的是世界末日，麦克卢汉看到的则是历史新阶段的开始"（Eco，1998，p. 137）。

艾柯拒绝了以上两种立场。正如他在元语言层面上提出的"批判的文

① 该文原收录于1964年《启示录与综合派》，后译为英文收录于1994年出版的《延期的启示》（*Apocalypse Postponed*）。

化"，他认为启示录派对大众文化的批判文本实际上也构成了提供给大众消费的复杂产品。对于文化工业、商品拜物教的揭示让大众得以在现实生活中瞥见一个"超人"群体。于艾柯而言，启示录派对大众文化的整体否定使他们忽略了大众文化的产生机制及其与现实世界的联系，综合派对大众文化的积极肯定又缺乏分析与批判的维度。换言之，他们在各自的研究中都体现出一种"知识被动"（Eco，1994，p. 18）。尽管如此，艾柯肯定了他们对大众文化研究所做出的贡献，并决定要将《启示录派与综合派》献给那些他称之为启示录派的批评家们，"如果没有他们不公正、偏见、神经质、绝望的指责，就没有此书四分之三的观点"（Eco，1994，p. 34）。

20 世纪 60 年代至 70 年代中期，艾柯对于大众文化的批判主要体现出一种现代主义立场。他对复杂的大众文化现象的研究兴趣使他逐渐发展出自己的文化符号学理论。随着《缺席的结构》（*La struttura assente*，1968）① 和《一般符号论》（*Trattato di semiotica generale*，1975）② 的出版，艾柯的符号学理论体系日益完善。他认为："文化的所有方面都可以作为符号学活动的内容而加以研究"，"文化不仅可以用这种方式研究，而且——正如将会看到的——只有以这种方式进行研究，其某些基本机制才得到阐明"（艾柯，1990，p. 25）。总之，在整个早期的研究中，艾柯呈现出一种力图对复杂的文化现象及其具体产生机制进行研究和干预的积极姿态，并且始终保持着对所有观念的警惕。

二、符号学影响下艾柯呈现出更加包容的文化观

在 1977 年发表的一篇文章中，艾柯声明："今天，我不得不纠正我在 1974 年的某些观点……我因当时（1964 年）曾希望从文化内部进行某种干预，希望文化工业能进行某种清理而感到惭愧。"（Eco，1994，pp. 55 - 56）文集《七年的愿望》（*Sette anni di desiderio*，1983）的出版更加证实了艾柯观点的变化。他在《关于理性危机的危机》（"On the Crisis of the Crisis of Reason"）③ 一文中展开了对西方现代理性及其系统危机的相关讨论。"在过

---

① 《缺席的结构》是艾柯最早的符号学理论著作。

② 《一般符号论》的英译本《符号学理论》（*A Theory of Semiotics*）于 1977 年出版，中译本《符号学理论》于 1990 年出版。

③ 《关于理性危机的危机》原收录于《七年的愿望》（*Sette anni di desiderio*，1983）中，后被收录于论文集《超现实旅行》（*Travels in Hyperreality*，1986）中。

去的几十年里，我们目睹了大量叫作宗教危机、伦理学危机、精神分析危机、存在主义危机、主体性哲学危机等的出版物的出现。"（Eco，1998，p. 126）有学者认为，艾柯在 80 年代以后似乎放弃了以前的公共知识分子身份，放弃了以一个理性的意义理论去干预或指导文化的可能（Bouchard，2005，p. 8）。事实上，艾柯后来某些观点的转变恰恰反映了他对复杂的文化现象的洞察，并且符号学在一定程度上促成了他观点的转变，使他发展出了包容、开放的文化观。

（一）对大众媒介意识形态论的反思

尽管艾柯之前在《启示录派与综合派》中指出了启示录派与综合派对于大众文化的"知识被动"，并与二者保持距离，但他早期对于大众媒介的意识形态批判在一定程度上受到了法兰克福学派文化理论的影响。按照他们的观点，"大众媒介并不传播意识形态，它们本身就是一种意识形态"（Eco，1998，p. 136）。因此，通过对大众媒介的形式结构与其意识形态的关系的考察，艾柯认为大众媒介最大的错误在于传达了一种标准化的、过度简化的、静态的、自满的观点，这种观点掩盖了事物的真实复杂性，并含蓄地否定了改变的可能。在 2004 年的一篇文章中，艾柯也回顾了 20 世纪六七十年代各个研究机构对风靡欧洲的电视的分析和研究。当时他们普遍认为电视（大众媒介）是一个控制信息的强有力的工具，通过对这些信息的分析可以了解到它们如何对受众的观点产生影响，甚至如何塑造他们的意识。但后来在《观众对电视有害？》[①] 中，艾柯修正了自己从前的观点。他指出，即便是结构相对封闭的大众文化产品也无法预测观众的反应，因为信息产生的效果通常是不可控的。正如当屠夫和印度婆罗门看到一头母牛时，他们的想法及所产生的反应很可能是不同的。（埃科，2016，p. 194-196）

可以发现，艾柯早期"大众媒介往往传达了某种单一的观点"的论断是出于其早期现代主义的文化研究立场。例如在之前的《开放的作品》和《读者的角色》中，艾柯将大众文化与前卫艺术进行了比较研究，他认为乔伊斯小说呈现了一种典型的开放的作品结构。艾柯自创了"chaosmos"一词来表达以乔伊斯作品为代表的这种现代先锋派诗学的特点，该词由单词"chaos"（混沌）与"cosmos"（宇宙）构成，代指介于传统的有序体系与开放的无序

---

① 《观众对电视有害？》收录于艾柯的生前最后一部作品《帕佩撒旦阿莱佩：流动社会纪实》中。

体系之间的状态。他指出，乔伊斯的辩证法为我们提供了在混沌与宇宙之间、无序与有序之间、自由与规则之间、中世纪的怀旧与新秩序的设想之间的不断发展的两级（Eco，1989，p. 3）。相反，通俗小说通常拥有一个比较封闭的形式结构，这样的结构在一定程度上限制了读者阐释的自由。可正如艾柯在《媒体的增殖》（"The Multiplication of the Media"）① 中所说的那样，由于大规模生产的大众文化产品与艺术作品之间的差异正在逐渐减少，我们必须重新审视六七十年代对大众文化的否定态度，即把大众文化视为一种由上至下的意识形态载体。如今，随着媒介的不断增殖，我们已经很难准确找到信息的发出者和接收者，因为所有人都参与到这个过程当中。艾柯以一个马球衫的广告为例，不仅是电视广告，所有穿着它的人、谈论它的人都完成了对它的宣传。他问道："谁在发送信息？是马球衫的制造商？是穿着它的人？还是在电视屏幕上谈论它的人？"（Eco，1998，p. 149）

（二）对文化等级区分的破除

在早期文章《坏品位的结构》中，虽然艾柯质疑把高雅文化作为唯一有价值的领域的做法，但他仍肯定了麦克唐纳和格林伯格对大众文化（或媚俗）是一种"旨在产生即刻效果的交流"的描述（Eco，1989，p. 185）。在此基础上，艾柯认为虽然媚俗和大众文化都从高雅文化中借用了一些元素，但媚俗进行了隐藏，并自命为"艺术"。与媚俗相比，大众文化诚实得多，它体现了一种"纯粹的工匠精神，没有任何艺术的矫揉造作"（Eco，1989，p. 209）。2010 年，艾柯在其《高、中、低三档》一文中又对原来将文化进行区分的做法进行了反思。他列举了文化领域的许多新现象，例如像卢西亚诺·贝里奥（Luciano Berio）和普索尔（Henri Pousseur）这样的音乐家不仅精通古典乐，也创作出了非常出色的摇滚乐。艾柯认为现在的文化等级划分已经从内容、形式转移到了它们的运用方式上，高雅文化也可以从媚俗文化中汲取养分（埃科，2016，pp. 212–214）。

艾柯后期对于高、低文化等级区分的反思破除文化精英主义，这是其文化观之包容性的重要体现。这些观点受益于其符号学理论，尤其与符号生产理论和意识形态论密切相关。艾柯通过符号生产理论探讨"认知"（recognition）、"提示"（ostension）、"复制"（replica）和"发明"（invention）等符号生产功能诸类型，认为"发明"出现在挑选出尚未分节的新的物质连续体，并设定

① 《媒体的增殖》写于 1983 年，后收录于论文集《超现实旅行》中。

其中尚未代码化的符号功能（艾柯，1990，pp. 249 - 297）。但他强调不可能存在完全的发明，即便是极其追求创新的艺术也必须把以前的作品作为参考背景。于是，发明和其他生产样态一同被置入了迷宫式的动态的相互交织的网络，共同构成了复杂的符号生产理论。这决定了艾柯得以跳脱出艺术本体论，将艺术与大众产品的关系作为研究的重心。在《符号学理论》中，艾柯曾以"糖"和"环己基氨基磺酸盐"（甜蜜素）为例来认识意识形态的本质（艾柯，1990，pp. 329 - 332）。他说在某一段时间里，糖被视为肥胖的原因，而肥胖又可能引发心脏病等，因此在这段时间里，人们把糖从营养性食品中排除出去，并用甜蜜素替代糖。但 1969 年 11 月的一项医学研究发现甜蜜素属于致癌物质，于是许多食品开始标注不添加甜蜜素，转而用糖代替。从这个案例中可以发现，曾经被赋予了负面价值的事物，很可能后来又被赋予正面价值。艾柯提醒我们，"糖的义素频谱并未改变，它继续作为致肥因素而加以编码"（艾柯，1990，p. 331），只不过通过与甜蜜素对比而获得了积极的意义。这种意识形态的作用正是通过符码的转化来实现的。通过符号学的分析，艾柯发现所谓的高雅与媚俗有时也可以相互转化。即便是公式化的、重复的庸俗作品也可以具有与前卫作品相同的审美趣味，并且可以通过暗示产生与前卫作品相同的社会效果。

这是否说明在艾柯这里，文化已经真正成为一个没有区分的领域？在这个领域中，高雅与媚俗早已丧失了合法性？如果是这样的话，如何理解艾柯一边在研究中展现出对高雅与媚俗同样的忠诚和热情，一边在其小说创作中坚持语言、形式上的审美追求（尽管他也将高雅和媚俗混合其中）？这是否说明了其思想中的矛盾性？这或许与其丰富的个人经历有关。事实上，艾柯并非成长于大众文化的摇篮，他从小接受的是欧洲精英主义文化的熏陶，因而拥有极高的审美品位。此外，艾柯自 1955 年起在 RAI 电视台工作后便一直活跃在大众文化领域，同时他还在大学任教，并从事文化、艺术、哲学等研究工作。他在深入文化内部进行研究的同时，又始终对所有的主张、意识形态保持着高度的警惕。或许正因如此，他在反思和破除文化精英主义的同时，也没有放弃个人的审美趣味。

（三）艾柯的文化研究途径："高于"参与

20 世纪 70 年代末以后艾柯经历了思想上的转变，重新审视了其早期的许多观点，其中包括对大众媒介与意识形态关系的重新思考、对文化等级划分的反思，关于知识分子身份及其作用的新讨论……正因如此，有的学者认为艾柯对于大众文化的态度模棱两可，带有一种"愤世嫉俗的相对主义"立场（Berghoff & Spiekermann，2012，p. 187）；还有的学者认为艾柯的文化语义分析隐含了其真理取消论的前提——"他把文化现象所涉及的物理因素、社会因素和价值因素混为一谈了，也就必然使文化分析中的事实判断与价值判断的区别不复存在"（李幼蒸，2007，p. 590）。

事实上，艾柯后来在《绝对与相对》《虚假的力量》等文章中论及这个问题。尤其在《绝对与相对》一文中，艾柯认为"判断真理存在不同标准"，并且只有"承认了这一点，我们才谈得上所谓的'包容'"（埃科，2020，pp. 24 - 45），可即便肯定了这一点，也不代表否认任何绝对原则的存在。换言之，对文化现象的复杂观点是由于该问题的复杂的真实状况，而非对绝对原则的取消。此外，20世纪90年代艾柯再版了他早期的文化研究作品，如1994年出版的《延期的启示》（*Apocalypse Postponed*）[1] 和《带着鲑鱼去旅行》（*How to Travel with a Salmon*）[2] 等，且再版时他也并未修正其早期的某些观点。1993年出版的《寻找完美的语言》则标志着艾柯将符号学推进到更加复杂的学科领域。而在90年代末出版的《道德五论》（*Cinque scritti morali*）中，艾柯不仅提供了对战争、法西斯主义、媒介等的探讨，还发表了自己的重要意见。由此可见，艾柯并没有放弃他作为知识分子对社会、文化的积极参与。即便知识分子不能给出确切的真理，但他们每个人都在试图向真理靠近。罗伯特·拉姆利（Robert Lumley）在《延期的启示》的序言中对艾柯的大众文化研究实践给予了中肯的评价："艾柯没有放弃做出价值判断和选择的必要性，但他通过幽默的间离效果消除了道德主义的任何印象。在某种程度上可以说，艾柯是'高于'参与的。"（Lumley，1994，pp. 7 - 8）这种"'高于'参与"来自艾柯与霍尔的一次对话。艾柯在对话中提及他喜欢卡尔维诺写的《树上的男爵》，这本书讲的是一个18世纪的贵族的故事，这个贵族决定一辈子都待在树上，但他仍然参与了法国大革命。这个故事成为一个隐喻，暗示着有一种方法可以站在树上改变地面上的生活。

符号学理论构成了艾柯大众文化研究思想中的重要组成部分。它不仅让艾柯对大众文化的研究更加深刻，也使他有了包容的文化观，文化因此不再是精英的专属。与此同时，艾柯的大众文化研究促进了其符号学理论的诞生

---

[1] 《延期的启示》的大部分文章选自1964年意大利语版的《启示录派与综合派》。

[2] 《带着鲑鱼去旅行》的大部分文章选自1963年意大利语版的《最小的日记》（*Diario minimo*）。

与发展，最终形成了独特的文化符号学理论。在艾柯这里，符号学成为一种对文化的理解，一种批判的、揭露的学科，其意义在于对文化系统的审问和分析。然而，学界也不乏对艾柯大众文化研究的争议。例如有学者认为符号学的研究视域使他的文化作品分析缺乏感性维度；还有学者认为艾柯的符号学方法论过于复杂，"我们真的需要符号学来告诉我们这些吗？"（Robey，2005，p.196）笔者认为，这恰恰证明了艾柯对任何简化、单一观点的警惕，他坚持现实语境的复杂性，主张从多元的角度来看待和研究文化问题。更何况，20世纪中叶艾柯首次将符号学引入了意大利的文化研究领域，他对意大利文化研究具有先驱作用。

引用文献：

艾柯，安伯托（2005）. 开放的作品（刘儒庭，译）. 北京：新星出版社.

艾柯，乌蒙勃托（1990）. 符号学理论（卢德平，译）. 北京：中国人民大学出版社.

埃科，翁贝托（2016）. 帕佩撒旦阿莱佩：流行社会纪事（李婧敬，陈英，译）. 上海：上海译文出版社.

格林伯格，克莱门特（2015）. 艺术与文化（沈语冰，译）. 桂林：广西师范大学出版社.

李幼蒸（2007）. 理论符号学导论. 北京：中国人民大学出版社.

马尔库塞，赫伯特（2008）. 单向度的人：发达工业社会意识形态研究（刘继，译）. 上海：上海译文出版社.

篠原资明（2001）. 埃柯：符号的时空（徐明岳，俞译国，译）. 石家庄：河北教育出版社.

Berghoff, H. & Spiekermann, U. (2012). *Decoding Modern Consumer Societies*. New York：Palgrave Macmillan.

Bondanella, P. (1997). *Umberto Eco and the Open Text: Semiotics, Fiction, Popular Culture*. New York：Cambridge University Press.

Bouchard, N. (2005). Critical and Fatal Cultural Theory：Umberto Eco versus Jean Baudrillard. In Mike Gane & Nicholas Gane (Eds.). *Umberto Eco*, 3–16. London：SAGE Publications.

Eagleton, T. (2004). *Literary Theory: An Introduction*. Beijing：Foreign Language Teaching and Research Press.

Eco, U. (1984). *The Role of the Reader*. Bloomington：Indiana University Press.

Eco, U. (1989). *The Open Work* (Anna Cancogni, Trans.). Cambridge：Harvard University Press.

Eco, U. (1994). *Apocalypse Postponed*. Bloomington and Indianapolis：Indiana University Press.

Eco, U. (1998). *Faith in Fakes: Travels in Hyperreality* (William Weaver, Trans.). London：Vintage.

Lumley, R. (1994). Introduction. In Umberto Eco, *Apocalypse Postponed*, 1–14. Bloomington and Indianapolis：Indiana University Press.

Lorusso, A. M. (2015). *Culture Semiotics: For a Culture Perspective in Semiotics*. New York：
Palgave Macmillan.

Robey, D. (2005). Umberto Eco：Theory and Practice in the Analysis of the Media. In Mike
Gane & Nicholas Gane (Eds.), *Umberto Eco*, 3 - 16. London：SAGE Publications.

作者简介：

曹怡凡，四川大学文学与新闻学院艺术学理论专业博士研究生，研究方向为文艺
理论。

Author:

Cao Yifan, Ph. D. candidate of College of Literature and Journalism, Sichuan University.
Her research interests includes literary and art theory.

Email: 398112434@ qq. com

中世纪作为方法：艾柯中世纪历史小说的叙事模因及其新生 *

郭全照

摘 要：意大利当代著名作家艾柯以对中世纪美学、文化的研究开始其学术生涯，并在一生当中创作了多部富有中世纪色彩的历史小说。艾柯对中世纪历史文化的吸收和文学征用不只是题材或背景层面的，而是建基于对中世纪历史文化的准确研究和对中世纪思维模式的悉心操演。中世纪的引用之法与后现代互文性结合，对怪物和异境的想象通达并呼应着当代的现实和伦理要求。艾柯小说把谎言和虚构作为一种创造性、肯定性的力量，扩展我们的认识，激发对虚构的真实性的信仰。

关键词：艾柯，中世纪历史小说，互文，引用，怪物

Middle Ages as the Method: The Narrative Meme in Eco's Historical Fiction and Its Renewal

Guo Quanzhao

Abstract: The famous contemporary Italian writer Umberto Eco began his academic career with the study of medieval aesthetics and culture, and created many historical fictions endowed with medieval styles in his life. The middle ages do not only serve as material or context in Eco's fictions, but also work as the target of research and then a

---

* 本文为国家社科基金一般项目"文艺复兴时期英国文学中的忧郁书写研究"（19BWW056）中期成果。

model for imitation. The use of citation of medieval ages is combined with postmodern intertextuality, the imagination of monsters and legendary lands extends to contemporary reality and responds to our ethical requirements. Eco's novels consider lying and fiction as a creative force which can produce positive effects, and increase our understanding and inspire our faith in fictional reality.

Keywords: Umberto Eco, medieval historical fiction, intertextuality, citation, monsters

DOI: 10. 13760/ b. cnki. sam. 202201010

1980 年，《玫瑰的名字》在国际上的成功奠定了艾柯（Umberto Eco，1932—2016）作为历史小说家的声誉。从不同意义上说，艾柯的小说都是对如何书写历史和历史地思考这样的挑战性问题的回应，不管是时空设定在遥远过去的《玫瑰的名字》《昨日之岛》《波多里诺》，还是场景和人物都为当代的《傅科摆》《罗安娜女王的神秘火焰》《布拉格墓园》，其中《玫瑰的名字》《傅科摆》《昨日之岛》和《波多里诺》都充满了具有中世纪色彩的历史和传说。这些小说都对我们跟过去相遇的材料和手段进行了沉思，反思了我们获取历史知识的能力，批判了对于历史话语和虚构话语通向历史知识的希冀。就这一点来说，艾柯确实是在热衷暴露历史虚构性和历史书写修辞性、叙述性的时代氛围中工作的。

艾柯在《玫瑰的名字》出版畅销之后，曾总结出写作历史小说的三种方式：一种是罗曼司（romance），比如哥特小说、托尔金《指环王》，过去在此只是场景和寓言，意在他处而非此时；第二种是侠客小说，比如大仲马的《三个火枪手》《基督山伯爵》，有真实的历史背景和历史人物，但虚构人物不具历史感，也就是说他们的心理和情感也可适用于其他时代或任何时代；第三种是历史小说，故事和人物都服务于更好地理解历史，呈现那个时代的真实。历史小说的现代奠基人瓦尔特·司各特（Walter Scott，1771—1832）的《艾凡赫》（1819）即属于第一种，其中的描写多有不符合史实之处（小到人物服饰、人物形象与人物关系，大到语言、风俗、社会与宗教生活），主要是表达作者自己的理想。艾柯认为自己的小说属于第三种，这也说明艾柯是抱着颇为严肃的目的来创作中世纪题材的历史小说的，他要在故事叙述中描绘中世纪社会文化的真实样貌，同时还要传达中世纪经验（特别是智识层面）之于当代的相关性。（埃科，2010b，pp. 74 - 76）

叙事与历史、真实和虚构仍是一个让当代历史小说挣扎和摇摆的问题，足见其重要性。在海登·怀特（Hayden White，1928—2018）的后现代史学观（历史叙事的叙述性、修辞性揭示了历史话语的虚构性）和琳达·哈琴（Linda Hutcheon，1947— ）的后现代史学元小说（historiographic metafiction）理论（既有探索历史真相的诉求，同时又质疑历史的客观性）之后，当代历史小说踌躇于模仿过去和解构真实的两造。懂得如何混合/调配事实和虚构是取得成功的关键，艾柯的中世纪历史小说把创新深植于传统，走出了一条可行之路。

一、"摹造"中世纪

艾柯的小说被打上了"意大利后现代主义"的标签，但他描述自己的创作方法时却处处透露，他的写作以中世纪的实践为基础，中世纪关于艺术的建造性、技艺性的观念和对于超验美、整体美的追求给他的思想和创作打下了深深的烙印。[①] 艾柯的小说力求复原作为历史概念的中世纪，忠实再现其文化现象和生活细节，但也把中世纪恢复为一个象征性概念，其意义跟现代性和后现代性密不可分，后者削弱了线性的历史观和历史分期。

艾柯通过对中世纪的广博知识、语言和话语惯习的掌握传达了一种历史真实性。艾柯做到这一点是借助于他对中世纪文本的频繁引用和对中世纪的思维习惯与表达模式的熟练模仿。例如，《玫瑰的名字》中，巴斯克维尔的威廉（William of Baskerville）是方济各会修士和唯名论者，阿德索（Adso of Melk）是本笃会见习修士和一个只是忠诚地记录的"什么都不理解的人"（埃科，2010a，pp. 35 - 36），艾柯使用了意、法、拉丁等多种语言，并仿造了古典拉丁语、通俗拉丁语、都铎时代法语和18世纪法语等不同时代的语感，这样就区分了前者雄辩的逻辑推理语言和后者冥想式的释经学语言。事实上，艾柯写作每一部小说都要精心设计文体和语言风格，例如，《玫瑰的名字》《波多里诺》的中世纪编年史风格，《昨日之岛》的巴洛克风格；人物语言有的博学，有的俚俗，有的高雅，有的粗鄙；有教会拉丁文，也有方言土语。为了准确模仿相应时代的写作语体和那个时代人们的语言样貌，艾柯花费大量精力阅读有关历史人物、城市、事件的历史记载和相关文献，不断参考历史和方言字典，反复琢磨人物语言的风格如何跳跃切换，务使人物的

---

① 笔者已有专文论述（郭全照，2018）。

语言贴合人物的身份、性格、教养、文化及所处的地域和年代。（艾可，2008，pp. 375－380）艾柯的这种写法跟某些当代历史小说作家如 A. S. 拜厄特（A. S. Byatt, 1936— ）、萨拉·沃特斯（Sarah Waters, 1966— ）等所倡导和实践的写作方式"腹语术"（ventriloquism）是相通的。"腹语术"是指当代作家模拟古人文字风格，从古代人物的文化身份与艺术气质出发再现历史，模拟人物在具体历史情境中的独特声音。（徐蕾，2016）我们由于语言障碍，单从小说的译文也许不能充分领略艾柯的"腹语术"技艺，但从他的杂志专栏文章（比如收在文集《误读》《带着鲑鱼去旅行》中的那些仿讽之作）中也可略窥一二。可以相信，艾柯是个杰出的"腹语术大师"。

艾柯的每部小说都用精心设计的结构把繁杂琐碎的细节、千奇百怪的情节组织成严密有机的整体，其框架的清晰、和谐，内容的大全品质，博物世界和神秘、怪诞的结合，完全符合中世纪的思想方式。《玫瑰的名字》的中世纪修道院世界、《傅科摆》的卡巴拉阴谋论世界、《昨日之岛》的 17 世纪巴洛克世界、《波多里诺》的中世纪东方奇境世界，各自都是一个包罗万象的宇宙，既是叙事的宇宙，也是社会文化的宇宙。就像中世纪思想家对宇宙的现实性有一种百科全书式的处理方法（他们"阐释"了一系列可为宇宙中每一事物、每一事件归档的百科全书），艾柯也通过对中世纪百科全书式方法的袭用（如清单、目录的使用）赋予他的小说世界以可信的（历史）现实性。艾柯曾从学术和文艺作品中梳理出中世纪的十种类型：以中世纪为借口或托词、以中世纪作为反讽性重访的地点、新托马斯主义的中世纪、浪漫主义的中世纪、颓废主义的中世纪、文献学重构的中世纪等。为了迎合不同时代的重大要求，中世纪总是被"搞乱"，每一次对中世纪的处理都有一个关于中世纪的梦。因此，我们总是对中世纪进行重新发现和重建，我们并不居于其中，而只是把它作为一种"理想模型"（ideal model）来考量，并不断修补。（Eco, 1986, pp. 61－72）C. S. 刘易斯（C. S. Lewis, 1898—1963）曾指出，"中世纪模型"是中世纪与文艺复兴两个时期文学作品共通的文化内核，是作家作品的创作背景、参照体系和力量源泉。（2010, pp. 61－91）艾柯的中世纪研究和小说一定程度上分享了对这一模型的认同，强调对艺术的一种认知学把握方式，把他的符号学、诠释学理论灌注在他的小说中，使之成为"认识论的隐喻"；技艺和智性的复杂运作编织出曲折、隐蔽的美学情感；中世纪艺术反映的是艺术家的"非人格性"（impersonality），而艾柯小说中的叙述者也总是戴着层层面具。但艾柯小说在吸收"中世纪模型"的同时，更注重展现中世纪内部的差异性，如中世纪前期富于神话、寓言色彩，中后期则愈益世俗化；以及中世纪与当代的相似性，即艾柯惯于去寻找和揭示在中世纪与我们自己时代之间来回跳跃的类比与联系。事实上，艾柯小说对"中世纪模型"进行了模因（生物学概念，指基因的复制和传播，此处喻指中世纪那种象征性的传统）变异，而模因的承继只是次要的企图，艾柯在当代性的视野里对其进行了一种似是而非的重塑。

对于艾柯来说，中世纪既是一种符号学知识的模型（百科全书和迷宫），也是一部"开放的作品"，它没有清晰的开端，没有确切的终结，其独有的定界特征又因无所不包而模糊不清，在隔离中遥望着我们，又与我们咫尺相邻。事实上，这个没有疆界的中世纪贯通了时空，艾柯用他的中世纪小说维系了中世纪与当代的关联。本文强调，艾柯对中世纪的"摹造"不是为了重复一种再现，而是进行当代意义上的再生，他的方法是对模因（文化的、思想的、叙事的，等等）深入腠理的模仿和更新。

二、互文与引用

艾柯的小说被视为典型的后现代作品，其后现代文学特征之一就是互文性（intertextuality）。在当代文学理论中，互文性通常是指两个或两个以上文本之间通过戏仿（parody）、引用（citation）、拼贴（collage）、影射（allusion）、仿作（pastiche）、参考（reference）等写作手法发生的互文关系。（萨莫瓦约，2003，pp. 3-23）但中世纪文本也存在大量互指和对古代文本的指涉，这种引语的网络构成了中世纪"百科全书"观念的现实形态。艾柯的理论和小说都受到这一模型的影响。

中世纪的"引用"概念和当代学术语言中的"互文性"概念既有相似又有不同。根据巴赫金和克里斯蒂娃，每个文本都是由"引语的马赛克"建构起来的，每一文本都是对另一文本的吸收和转化。但中世纪的引语有其独特性，因为不但中世纪的文本是"引语的马赛克"，引语自身也是不稳定的，它们常在不同作者之间迁移，不顾及它们的同一性或起源。艾柯曾专门撰文《对中世纪引用技巧的思考》（1999），援引不同中世纪作者的例子，说明托马斯·阿奎那如何重新解释其师大阿尔伯特（Albertus Magnus，1200—1280）的某些说法，直至把大阿尔伯特的原话抻拽到意思相反的地步。（Farronato，2003，p. 108）中世纪作家大量引用古代作者和同时代作者，并把改动过的引用当作忠实的引用，主要目的是增强和加固传统，而不是创新，因为原创性和天才的观念直到18世纪中期才来到历史的前台。相反，很多现代作者自负于不断制造新的概念，却常常不知这些概念早已出现。艾柯对这样的自负是不满的，他早年的两部中世纪研究专著《托马斯·阿奎那的美学》（1956）、《中世纪的艺术与美》（1959）已有力批驳了那些视自己为站在中世纪和古代巨人肩膀上而自诩看得更远的"矮子们"。

　　而对中世纪的引用之法，艾柯则怀有很大敬意并有意地进行模仿。《玫瑰的名字》里遍布侦探小说、圣经、药草、古籍等各种不同的引语碎片。威廉修士除了侦探手法与福尔摩斯相关联，他的教导也和很多中世纪作者如英国中世纪神学家罗杰·培根（Roger Bacon，1219/20—1292）、奥卡姆的威廉（William of Ockham，1287—1347）等的思想相似。不过，后现代的互文性和中世纪的引用在态度上是有区别的：中世纪作者是谦逊的拼贴大师，而后现代作者意识到自己所说已被说过，因而带有创作者的反讽。艾柯有时把两个中世纪思想家互相争执的观点调和在一起，放到威廉身上，有时甚至颇为现代的思想也从威廉口里说出来。比如，《玫瑰的名字》的一个核心主题是笑。威廉宣称笑能引发对权威的质疑，消除大众的恐惧心理（埃科，2010a，pp. 531 - 534），这对于中世纪思想家来说还是过于"超前"了。艾柯尽管尊崇、模仿中世纪的引用技巧，但他的互文性更多是受后现代作家和文学批评家如克里斯蒂娃等的影响。艾柯的互文性技巧比中世纪的引用技巧更注重吸引读者的合作和参与，常常用清楚明确、易于识别的引语迫使读者打开别的书、开始别的探寻，甚至引发智识上的"顿悟"。（Farronato，2003，pp. 109 - 111）艾柯的文本创造出动态的互文关系，有意邀请读者从众多模仿、重复中抽绎出新的意义，但艾柯的文本诠释理论认为，文本本身就为读者设置了界限，所谓不能过度诠释（overinterpretation），这又是中世纪因素的影响了。

　　《傅科摆》也是互文连接的大合唱，探索了读者越界去进行无限诠释的危险。全书共10章，分为120节，按犹太神秘学教义卡巴拉生命树的结构排列。每一节开头都有一段引语，来自炼金术书、犹太秘法书、魔法书、秘教仪式书、秘密会社书、异端教派书、锡安长老议定书，还有《格列佛游记》《第二十二条军规》《神曲》《浮士德》以及莎剧等文学作品。这些引语绝不是炫学的装饰，它们的作用除了预示情节内容，也呼应着卡巴拉生命树的结构。卡巴拉生命树所标示的是上帝"从无中创造"（这个"无"不是否定，它拥有丰富的神秘实在性，但不能被界定）世界的方式，从无中流溢出上帝的十个属性、神显现的十个领域，即赛弗拉（Sefirot），每个赛弗拉就是上帝创世的一个阶段，而回归存在之根、通向上帝的道路是我们从上帝流溢出来的道路的逆转。因此，溢出和回归构成了一次循环运动。（索伦，2003，

pp. 20 - 25，205 - 217)《傅科摆》第一节，引言说的是"无限的光"自开端处扩散，这一节写到圣马丁教堂彩窗流泻进夕阳的余晖，傅科摆即自教堂拱顶垂挂下来。这自然是对应卡巴拉生命树的第一层流溢、第一个赛弗拉"吉特"（Keter，王冠）。最后一节（第 120 节），引言来自布鲁诺（Giordano Bruno，1548—1600），说的是愚蠢、疯狂的偶像崇拜者"在死人和死物的排泄物中寻找神"，自认为是"光明者"。这一节写的是卡素朋逃至山中，对着新月沉思最后一个赛弗拉"玛寇"（Malkhut，上帝的"王国"）的奥秘：智慧被流放，要回复先前的清明境地。这些引语也隐喻着小说的核心主题——"神秘的类似原则"，即万物互联，但《傅科摆》恰恰批判了这种疯狂而执着地寻找类比联系的行为。那些相信万物互联的人在做推论时遗漏了一个重要环节：用现实进行检验。艾柯在自己的符号学理论中提倡"无限衍义"，也可看作对万物互联观念的一个滑稽戏仿。《傅科摆》中的友情"铁三角"（卡素朋、贝尔勃、迪欧塔列弗）相信，引用和对引语的诠释能创造出新的东西。但这种引语的使用是富有反讽意味的、反讽化的。反讽是后现代叙事的典型元素，被艾柯用来牵制读者的妄想和过度诠释。这样，无限但受限的诠释（中世纪原则）和反讽性诠释（后现代原则）二者平衡推进，共同促成了钟摆的摆动。（Farronato，2003，p. 112）

《昨日之岛》的叙事也建基于互文性，还运用了元叙事。17 世纪是艺术和文学上的巴洛克时代，着迷于类同和隐喻。巴洛克诗歌中的奇喻（conceits）涉及把表面上不相关的事物联系起来，用隐喻修辞和"亚里士多德式望远镜"（Aristotelian Telescope）——艾柯的隐喻研究频频涉及过——通过联系词语和亚里士多德的"品类"概念产生过多的、意想不到的隐喻组合，如同对"无限衍义"的模仿。主人公罗贝托的书信恋情就展现了巴洛克诗歌里常见的种种奇喻，如把梦中情人比作"漂浮的岛屿"，罗贝托自己则是"蒸馏器"，两人就像圆规的轴和臂。（埃柯，2001，pp. 104，147）而罗贝托臆想出来的自己的分身费杭德在他的小说里被关押、戴面罩的情节，令人想起大仲马（Alexandre Dumas，1802—1870）的《铁面人》（1848—1850）和史蒂文森（Robert Louis Stevenson，1850—1894）的《化身博士》（1886），甚至卡尔维诺（Italo Calvino，1923—1985）的《分成两半的子爵》（1951），因为主人公的两半都分别代表善和恶。同时，《昨日之岛》也回荡着但丁、拉伯雷、托尔金及《鲁滨孙漂流记》《金银岛》《三个火枪手》《一千零一夜》等的回声，形成了一种后现代百科全书式的拼贴。（Bondanella，2009，pp. 104 - 105；Farronato，2003，pp. 112 - 113）这些直接或间接的指涉既可娱乐读者，也能增强读者的百科全书能力。引语和互文可以把我们和不同时空的多个链接甚至被遗忘的知识联系起来，在艾柯眼里，这正是读书的价值所在。阅读和知识乃是一种互动的游戏，读者能于其中获得对自己和世界的新的发现，创造新的意义。

三、怪物与异境

《波多里诺》全书共 40 章，叙述了主人公波多里诺的生活和历险。第 1 章至第 25 章，故事缘起于 1204 年 4 月 14 日，君士坦丁堡遭十字军劫掠，六十多岁的波多里诺偶然出现在城里，恰好救出拜占庭史学家尼塞塔，向他讲述自己的神奇历险，希望尼塞塔有一天能将这历险记录成文字流传后世。波多里诺出生在波河平原一个贫穷农家，他由于具有使徒般的语言天赋，被腓特烈大帝收为义子，长大后成为大帝的顾问。他的成长史涉及很多历史文化问题，如大学的兴起和自治、对东方和祭司王约翰的王国的兴趣、对圣杯的追寻、世界和宇宙的形状，这些构成了中世纪想象的重要内容。小说后三分之一进入了奇幻领域，波多里诺的百科全书式探险从西方走到东方，从历史步入童话。腓特烈大帝死后，1190 年 6 月底，波多里诺一行 12 人冒充"东方贤士"，出发寻找他们自己构想出来的祭司王约翰的王国。他们跨过神秘而密布危险的山脉、沙漠和森林，到达了怪物聚居的城市，沿途所见和波多里诺年轻求学时在巴黎圣维克多修道院图书馆的古籍藏书、细密画中所读到看到的几无二致。这一奇幻故事充满了古代神话、中古传说中的各种怪物和东方奇境：阴道里放毒蛇的伊昂布女人、睾丸长度及膝的男人、食人族、大如青蛙的跳蚤、裸体修行者、蛇怪、漆黑无比的阿布卡西亚森林、人头鸟、石头河森巴帝翁河、独脚的西亚波德人、无头的布雷米人、大耳垂膝的潘提诺人、侏儒俾格米人、无语人、阉人、独眼巨人、从不露脸的萨提洛斯人、助祭约翰的城市彭粗裴金、残暴的骑兵军白汉斯人、圣洁而智慧的羊身女子伊帕吉雅、狗头人、巨鸟洛克鸟、驼豹、山中老人厄罗瓦汀的城堡，等等，令人眼花缭乱。（艾柯，2007，pp. 331 - 478）

这些奇异怪诞的事物和描述当中蕴含了中古旅行写作和东方奇观的文本传统。这些怪物在中古编年史中都很常见，也出没于地理学家和制图者的笔下。号称欧洲中世纪最流行的畅销书《曼德维尔游记》（*The Travels of Sir Mandeville*，1357）就是一个东方地理、历史、传说和怪物的大汇编，写到了印度群岛上的狗头人、独眼巨人、无头人、大耳垂膝之人、侏儒国、没有一丝光线的黑暗之国；也写到了拥有辽阔疆土、宏伟都城、无数岛屿和种族的祭司王约翰的王国，他的领土上有砾石之海、专门培养刺客的山中老人。（曼德维尔，2010，pp. 65 – 78, 109 – 122）这些记述在《波多里诺》中都有对应，只不过增加了细节和戏剧性。《波多里诺》与中古旅行写作的互文性也见证了中世纪知识传播的特征：借用、杂交、传播的复杂过程。

小说中有趣而值得思考的是，把怪物们区分开的并不是外形，而是信仰。每个怪物种族都有自己的不同的宗教信仰，如无头的布雷米人相信耶稣不是上帝，而只是纯粹的表象；独脚的西亚波德人属于阿里乌斯（Arius）教派，他们否认耶稣的神性，被正统基督教视为异端；潘提诺人认为圣灵仅源自圣父，俾格米人认为圣灵源自圣子而不是圣父；无语人则相信只有默默祈祷者可上天堂；伊帕吉雅人身为古埃及女哲学家伊帕吉雅（Hypatia，370—415）的后裔，保存着柏拉图哲学的记忆，致力在淡漠和心灵宁静的状态当中追求智慧、力量、节欲、正义和道德……怪物的外形不构成它们的本质，区别性因素是它们的信仰，要归属于某一特定族群，必须拥抱其集体观念，不能有异见。这点暗示了一个典型的人类倾向：区别和分类。这些怪物戏仿了人类的行为，即使超越了外在的标签，内在的信念又来划界。当白汉斯人的侵略迫在眉睫，彭靼裴金城里的各个怪物种族团结迎敌，但开战后怪物们却发生内斗，波多里诺和朋友们被迫逃亡，被狗头人抓住，关了六年多。人类在几千年里争战不休，和平总是失败，难道不是跟信仰的分歧紧密相关吗？小说中，怪物们的主要分歧在于耶稣基督的本质是什么，这就涉及中世纪宗教大辩论的一个重要主题："圣子降生为人。"一般地，中世纪的神学家拒绝对上帝的拟人化再现，认为理性思维有助于认识上帝，但上帝最终是不可认知的、无形的，言说上帝的唯一方式是对涉及上帝的每一条肯定性陈述进行否定，因而对上帝的认识处于一种悖论状态（理性与非理性、可知与不可知、超验与内在、一与多，等等），只有通过间接的方式如悖论（paradoxes）、歧义（ambiguities）、怪诞（grotesquery）、畸形（monstrosity），超越语言和逻辑的限制，才能触及真实。因此，在具有丰厚的中古学问的波多里诺那里，怪物就成为解释物质与思想、语言与现实之间关系的媒介，甚至是进行哲学和精神探究的工具。中古学者很清楚，语言具有双重性，可以表达实体存在，也可表达无形存在，由此可能导致事物及对它的再现之间的混淆，同时，语言倾向于把自己的形式强加给世界。（Farronato，2003，p. 183）波多里诺是不可靠的叙述者，他所说的很多历史事件让读者心存疑虑，他的奇幻之旅更是天方夜谭。可是，他并不掩饰他的说谎，甚至可以说，他是为了更大的善而说谎，他和小说文本允许听者/读者自己判断、保持警醒。

　　英国哲学家、散文家弗朗西斯·培根（Francis Bacon，1561—1626）把自然划分为三种存在状态——物种（species of things）、怪物（monsters）和人造物（things artificial），并曾计划研究"错谬、异常、奇异"之物的历史；其中，怪物作为"偏离实例"（deviating instances）是接近、记录大自然之潜在过程的一种手段，自然及其理性可以通过这些偏离得到彰显。（Cohen，1996，p. 147）怪物的历史作为自然历史的潜流，挑战了连贯的、总体化的历史观。培根的设想对后世博物学关注反常事物比如珍奇柜、畸形人等，产生了巨大影响。博物学并不遵循严格科学的研究方法，因而随着科技文明的发展，它到现代就衰落了。但对怪物的兴趣延续至今，西方流行文化里的无敌浩克、金刚、黑武士达斯·维达、吸血鬼、狼人等形象家喻户晓。从西方文化史的角度来看，怪物具有丰富多样的含义：怪物是一种文化建构和心理投射，融合了我们的恐惧、欲望、焦虑、幻想；怪物代表拒绝定义之物，抵抗知识之网的捕捉；怪物是差异的具身化；怪物代表着可能性的边界；怪物站在生成（becoming）的门槛上。（Cohen，1996，pp. 4 - 20）德勒兹就特别强调世界的生成性，文学和哲学就是要向普遍的生命之流敞开，在"生成 - 动物"（becoming-animal）中感知差异，改变自身，实现僭越和逃逸，通过超越人类去肯定生命和自由。也就是说，通过接近或想象一种非人的他者，转变我们看待经验的方式，文学让我们产生变化：认识人的局限，扩展自身。（科勒布鲁克，2014，pp. 125 - 170）波多里诺的东方之旅使得艾柯将历史小说向着欧洲中世纪文化的一个面向开放，这一面向长久地吸引着他：对怪诞、奇异的迷恋，自然类型的杂交，怪力乱神的魅力。怪物体现了语言无中生有的无限潜能，提示了被压抑的、令人不安的过去的永恒复返，对界限的破坏和对可能性的指引，以及对我们自身身份的询唤：我们总是依赖他者、其他时代和其他主体。《波多里诺》以真实与谎言的游戏，提出了知识的经验基础的问题，显示了文本激发信仰和创造新世界的能力，借此强调了过去和现在的相互作用。

　　波多里诺一行人的东方历险和他们在巴黎圣维克多修道院图书馆里读到的那些传说和地图既相似又不同，没有那么多珠光宝气、黄金遍地、富丽堂皇，反而到处是未受人类污染的自然、贫瘠、怪兽和危险。裸体修行者的森林就像朴实的田园，人们遵循大爱、尊重、以自然为友的原始方式生活。阿布卡西亚森林伸手不见五指，甚至连火焰都无法发出光亮，然而阿布卡西亚人却温柔友善。不毛之地有凶残的三头怪兽，猫怪、吐火怪和狮身人头怪，攻击波多里诺一行并将阿布杜杀死。森巴帝翁河里咆哮着沙砾、石块、河泥组成的岩流，稍一靠近脸面就会受伤。助祭约翰的首府彭鞑裴金城建在山丘上，各种怪物居民凿洞而居，实际上都是穴居人，所谓助祭的宫殿是一个全由拱门一层层排列构成的塔楼，类似于福柯笔下的全景敞视监狱。在绿树浓荫、香菇巨大的宁静森林，美丽的伊帕吉雅在独角兽的陪伴下给波多里诺以柏拉图哲学的教导，就像柏拉图对话录《会饮》中女巫第俄提玛教导苏格拉底。助祭约翰对西方的想象就如西方对传奇东方的想象一样，什么都是夸张变形的，而为了安慰患麻风病的身体衰败、被阉人架空权力的助祭，为了用"叙述让他活过来"，波多里诺又编造故事，"为他描述我从来不曾造访的城市、我从来不曾参与的战役、我从来不曾占有的公主"（艾柯，2007，p. 412）。而且，同一个故事（自己的经历），波多里诺对伊帕吉雅所讲的跟对助祭所讲的也不相同。历史和当下、现实与想象、文明与异域、自我和他者，同样的事物在波多里诺的叙述中不断延异，仿佛进入了一个多棱镜。事物的符号学意义在艾柯的小说中是不断繁衍、分叉以至超载的，而不再具有中世纪历史和文学文本传统中的限定性和稳定性。

艾柯在讨论传奇地域与地点的《异境之书》（*The Book of Legendary Lands*，2013）中，津津有味地描述了古今历史上人们相信其存在或曾经存在并争相追逐的很多异境。在最后一章，他对比了两种虚构的地点：现实人群幻想出的地点，小说虚构的地点。在历史中流转的传说之地多不确定，关于其地理位置、内部构成、来龙去脉的说法、记载各异，但数世纪以来有人确信其存在且有人试着寻找，所以这类异境能启发实际的探险和征服活动。而小说虚构的地点，如彼得·潘的永无岛或史蒂文森的金银岛，世人并不相信其存在，但由于读者和作者叙述之间早已默认的协议和同谋，尽管我们知道这些地点不存在，我们仍会假装它们存在。小说艺术的具象叙述塑造逼真的现实（所谓虚构的真实性［fictional verity］），把存在或不存在的传奇之地化为超越真实的对象。叙事中的可能世界是一个我们可以确信某些事情的独特宇宙，以其想象的真实性成为我们记忆博物馆中不可磨灭的一部分，而现实世界却是个充满虚假资讯和错误传说的不可靠的"险恶之地"。（Eco，2013，pp. 431－441）小说叙述赋予我们极强的真实感，一定意义上可以说，小说虚构的真实性超越了人们对所叙事件之真假的信任，我们假装它们存在，它们就在了，并真实地参与我们的自我认同和我们所处世界的构建。

四、结语

艾柯一再强调，我们的历史是由很多我们现在认为是虚假的故事激发和塑造的，这些故事有的产生了正面效果，有的带来了耻辱和恐惧，但作为故事和叙事，它们比起日常现实或历史现实来有一个优点：它们更可信，更能打动人心。虚构能够解释一些通过其他方式很难理解的东西。（Eco，1999，pp. 17 - 20）也许，我们可以把虚构作品当成"扮假作真"（make-believe）的道具（如同儿童骑木马或过家家的游戏），明知其虚构，却依然乐此不疲。小说创造了它的虚构世界，也创造出属于它的虚构真实（truth），它（以指涉和断言）不同于现实（reality）或事实（facts），但对它的参与就是虚构地言说真实，这是一种肯定性的存在体认。因为当我们深陷其中，我们就理解了各式各样的存在和非存在，洞察到他人和我们自己的心理，甚至一个族群或一种文化的精神，在过去和现在的类比与对比中获得对于未来可能性的启发，并将以新的视角去看待事物。（沃尔顿，2013，pp. 9 - 12，124 - 130，537 - 544）艾柯小说中那种虚构的真实性不但指向中世纪的符号现实，也传达着当代问题的急迫性，不必彻底解构那种文本和符号传统仍可产生新的意义。

艾柯的小说里，人们热衷说谎和想象，然而他们的追求充满了真实的激情，"有一件事情尼塞塔决定相信，因为波多里诺描述这件事的时候，眼睛流露出的热情已经印证了真实性"（艾柯，2007，p. 332）。艾柯作为小说家，是"职业说谎人"，但他具有渊博的学识、精密的大脑和饱满的童心，以中世纪工匠般的技艺摹造中世纪的语言质地、思维模式、物质文化细节，用狂放的涂鸦描绘种种怪物图像和异境地图，严肃搭配戏谑，重复中充满了差异，这是想象力的游戏、笑的狂欢，也是存在的寓言。当我们踏进艾柯的历史小说世界，真实和虚构交织出一片他异性的风景，在其中我们仍将认出并信任我们的情感、想象和行动，且期待新的生成。

引用文献：

埃柯，安伯托（2001）. 昨日之岛（翁德明，译）. 北京：作家出版社.

艾柯，安贝托（2003）. 傅科摆（谢瑶玲，译）. 北京：作家出版社.

艾柯，翁贝托（2007）. 波多里诺（杨孟哲，译）. 上海：上海译文出版社.

艾可，安伯托（2008）. 艾可谈文学（翁德明，译）. 台北：皇冠文化出版有限公司.

埃科，翁贝托（2010a）. 玫瑰的名字（沈萼梅，刘锡荣，译）. 上海：上海译文出版社.

埃科，翁贝托（2010b）. 玫瑰的名字注（王东亮，译）. 上海：上海译文出版社.

郭全照（2018）. 艾柯的中世纪美学研究及其意义. 艺术理论与艺术史学刊，2, 128 - 144.

科勒布鲁克，克莱尔（2014）. 导读德勒兹（廖鸿飞，译）. 重庆：重庆大学出版社.

刘易斯，C. S.（2010）. 中世纪和文艺复兴时期的文学研究（胡虹，译）. 上海：华东师范大学出版社.

曼德维尔，约翰（2010）. 曼德维尔游记（郭泽民，葛桂录，译）. 上海：上海书店出版社.

萨莫瓦约，蒂费纳（2003）. 互文性研究（邵炜，译）. 天津：天津人民出版社.

索伦，G. G.（2003）. 犹太教神秘主义主流（涂笑非，译）. 成都：四川人民出版社.

沃尔顿，肯达尔·L.（2013）. 扮假作真的模仿——再现艺术基础（赵新宇，陆扬，费小平，译）. 北京：商务印书馆.

徐蕾（2016）. 当代英国历史小说与"腹语术"——兼评 A. S. 拜厄特《论历史与故事》. 当代外国文学，3, 66 - 73.

Bondanella, P. (Ed.). (2009). *New Essays on Umberto Eco*. Cambridge：Cambridge University Press.

Cohen, J. J. (1996). *Monster Theory*. London：University of Minnesota Press.

Eco, U. (1986). *Travels in Hyperreality* (William Weaver, Trans.). New York：Harcourt Publishing Company.

Eco, U. (1999). *Serendipities: Language and Lunacy* (William Weaver, Trans.). New York：Harcourt Brace & Company.

Eco, U. (2013). *The Book of Legendary Lands* (Alastair McEwen, Trans.). New York：Rizzoli Ex Libris.

Farronato, C. (2003). *Eco's Chaosmos: From the Middle Ages to Postmodernity*. Toronto：University of Toronto Press.

作者简介：

郭全照，博士，山东大学（威海）翻译学院讲师，重庆大学艾柯研究所研究员，研究方向为外国文学和比较文学。

Author:

Guo Quanzhao, Ph. D., lecturer at the School of Translation Studies in Shandong University (Weihai), and researcher of UEICQU (Umberto Eco Institute of Chongqing University). His research interests include foreign literature and comparative literature.

Email: louzhangguo@163.com

广义叙述学　●　●　●　●　●

现实主义范式转型影响下的不可靠叙述[*]

王　悦

摘　要：不可靠叙述广泛存在于现代文学作品中，而在传统现实主义文学中却比较罕见，这一现象或许说明叙述可靠性与现实主义范式之间具有某种内在关联。为探究这一问题，本文聚焦于 19 世纪末 20 世纪初英国文学由传统到现代的转型期，以转型期的关键人物亨利·詹姆斯的理论和创作为依托，探讨现实主义范式的转型如何影响叙述可靠性，以及作为一种历史现象的不可靠叙述所蕴含的文化内涵。

关键词：不可靠叙述，现实主义范式，亨利·詹姆斯，印象，视角

Unreliable Narrative and the Influence of the Transition of the Realist Paradigm

Wang Yue

Abstract: Unreliable narrative is a very common feature of modern literature that is rarely seen in traditional literature, which may suggest some sort of internal relation between narrative reliability and the realist paradigm. Focusing on the transition from traditionalism to modernism in the late 19th and early 20th century, and based on the

---

* 本文为福建省社科规划项目"'不可靠叙述'前沿问题研究"（FJ2019C020）的中期成果。

theories and fictions of Henry James, a key literary figure of the period, this paper discusses the relationship between the transformation of the realist paradigm and narrative unreliability, and describes the cultural connotation of unreliable narrative as a historical phenomenon.

Keywords: unreliable narrative, realist paradigm, Henry James, impression, point of view

DOI: 10. 13760/ b. cnki. sam. 202201011

不可靠叙述（unreliable narrative）由韦恩·布斯提出至今，极大地深化了我们对叙述文本中主体分化、距离控制、反讽传递等复杂叙述现象的理解，对叙事学的研究产生了十分重大的影响。值得注意的是，学界关于不可靠叙述的研究多以 20 世纪以来的叙事作品为文本对象，这当然与现当代文学中不可靠叙述手法的广泛运用有关。但这似乎也引出一些问题：20 世纪以前的传统文学为何较少出现不可靠叙述？不可靠叙述与文学的现代性有关联吗？这种整体意义上的叙述可靠性的变化背后又有什么历史文化层面的缘由？

事实上，纽宁曾指出，维多利亚时代的英国小说很少有不可靠的叙述者，部分因为"不可靠叙述质疑的认识论前提这时还普遍被接受"（Nunning，1997，p. 92），换言之，叙述的不可靠或许与社会文化体系对现实主义范式的质疑有关系。19 世纪末 20 世纪初，传统的现实主义文学理念遭到冲击，现代主义文学思想萌芽，这种文学范式的转型是否影响了叙事的可靠性，进而导致不可靠叙述成为现代文学中一种常见的叙述现象，是一个值得关注的问题。本文认为，对这一时期呈现出过渡状态的文学理论和创作进行考察，有助于深入剖析二者之间的内在联系。鉴于英国作家亨利·詹姆斯在转型期对小说发展做出的突出贡献，接下来，本文试图以他的理论和创作为焦点，探索这一叙事现象与现实主义范式演变之间的交集。

一

致力小说形式自律的亨利·詹姆斯一直被视为传统文学向现代主义文学转变的关键人物，他提出的"视角"（point of view）、"媒介"（medium）、"提线人物"（ficelle）、"场景系统"（the scenic system）等理论与他的小说创作实践一起，对现实主义范式的转型产生了重大影响。与此同时，亨利·詹姆斯小说中的不可靠叙述很早就引起了学者的关注。韦恩·布斯在《小说修辞学》中提出这一概念时，就重点分析了他的小说文本："这些作品中的故事，不论是用第一人称还是第三人称叙述的，其叙述者都是一种极端混乱的，基本上是自我欺骗的，甚或是刚愎自用的、谬误的反映者。"（1986，p. 378）这种叙事现象与 19 世纪主流的现实主义叙事方式有明显的不同。

例如，他的《阿斯彭文稿》（*The Aspern Papers*）就是一篇不可靠叙述的典型范例。这篇小说在叙事手法上的一个引人注目之处在于文中两种叙述声音的不一致。叙述者"我"在小说中的行为无疑是很不光彩的，他堂而皇之地为了手稿行骗、偷盗，却认为自己做的这一切都是受到了诗人阿斯彭的"精神"感召——"这种精神经常伴随着我，似乎从那位伟大诗人复活了的不朽的脸上朝外注视着我——那张脸上闪现着他的全部才华，诗人就是鼓舞着我的力量。"（詹姆斯，2011，p. 54）在叙述者的想象中，夺取文稿这件事为艺术服务，其本质与阿斯彭的创作是一致的，于是他感到诗人也跟他在一起，"兄弟般亲热地一起负责这件事儿"（p. 55）。

叙述者所说的"这种精神"，在小说中弥漫成一种怀旧的氛围，即阿斯彭的画像所指证的、"一个詹姆斯可以自由支配的、用全部诗的艺术技巧来加以记载和造访的过去"（布斯，1986，p. 396）。这种在幻想中被赋予神圣意味的怀旧氛围与实际中充满算计的阴暗氛围形成了强烈的对照，读者会发现，叙述者采取行动时，步步为营、不择手段地想方设法得到文稿，毫无艺术追求的使命感可言，恰如茱莉亚娜所说，他是"一个出版界的恶棍"（2011，p. 152）；而叙述者进入主观想象时，又会营造出一个诗人所代表的充满浪漫主义色彩的世界。这种叙述声音的分裂引起了许多研究者的注意，如布斯认为这种叙述态度的不稳定是非人格化叙述的代价之一，常常会导致意义的含混（1986，p. 382）；格雷厄姆认为这二者之间的对立能让读者在故事情节中自由出入，也体现出文学创作中把握人物主客观世界平衡的"内在困难"（Graham，1975，p. 59）；毛亮认为这种分裂的用意在于建构作者与读者之间的"文学共同体"（2015，p. 116）；等等。

可以看出，理解《阿斯彭文稿》中叙述者声音的复杂化是阐释这部作品的关键。一方面，叙述者不断向读者表明自己的心迹。另一方面，隐含作者又让我们认识到主人公所处的世界与其主观想象之间的矛盾——威尼斯的老宅不是阿斯彭"复活的肉身"，而是"冷漠而又谨慎"的破败宅院；茱莉亚娜不是阿斯彭诗歌中的女神，而是个贪财的、不体面的老太婆；蒂娜答应帮他的忙不是因为上了他的当，而是另有自己的打算……作者为读者提供了一个不可靠的叙述者，他的令人生疑的叙述口吻与真实可见的细节一起，构成了詹姆斯笔下别具一格的现实主义。

生活于 19 世纪下半叶到 20 世纪初之间的詹姆斯，对于文化大潮中现实主义范式的转型有着敏感的意识。同期重要的美国作家豪威尔斯认为，"现实主义的唯一要求就是忠实，对生活的忠实是现实主义的首要原则"，"现实主义是对材料不多也不少的忠实处理"（Ahnebrink，1961，p. 132），把真实、客观作为现实主义文学的根本，这种观点在当时的文学界占据主导地位。而深受绘画艺术影响的詹姆斯一方面强调"一部小说存在的唯一理由就是它的确试图反映生活"；另一方面，不同于传统现实主义观念的是，他看到了"真实"本身的复杂性——"人性是无边无际的，而真实也有着无数形式"。他借用印象派绘画的理念，提出："一部小说按它最广泛的定义是一种个人的、直接的对生活的印象"；"我们瞥见的是（生活的）一个图像，它在时间上绵延成一个时刻，那一时刻就是我们的经验"。（James，1962，p. 35）对现实的客观书写被印象的叠加替代，注入了主观色彩的现实开始变得模糊而不可靠，由此在小说反映现实的层面出现了一种现代主义意识。

保罗·阿姆斯特朗在《亨利·詹姆斯的现代性》中指出，詹姆斯的艺术理论一方面要求作家立足于现实；另一方面又强调现实的不可靠性，表明"詹姆斯一只脚在 19 世纪，另一只脚在 20 世纪"（Armstrong，2017，pp. 208 – 209）。以《阿斯彭文稿》为例，小说叙述了一个线索清晰的完整故事：情节围绕主人公想方设法地求取文稿展开，但在一开头，读者就掉入了"我"暧昧不明的叙述氛围中——"我把我的秘密告诉了普雷斯特夫人。说实话，没有她的帮助，我是不会取得多大进展的；因为整个这件事的富有成果的想法，就是她亲切友好地提出来的。"（詹姆斯，2011，p. 1）小说由一个不加以解释的"秘密"开头——"我"和普雷斯特夫人商量的"作战计划"带有一种阴谋的味道。随着故事的推进，叙述者让读者在头脑中看到了一个奇异的世界，追随叙述者的视角，读者可以看到威尼斯的老宅一会儿是叙述者敬仰诗人的殿堂，一会儿又成为他贪婪渴求的猎物。小说所反映的现实依存于叙述者头脑中的印象，也就是说，对"真实"（the real）的反映在詹姆斯这里变成了对"真实的氛围"（the air of reality）或"生活的幻觉"（the illusion of life）的塑造，这成为詹姆斯的小说创作思想从传统走向现代的重要标志。（代显梅，2006，p. 110）

> 我觉得真实感（细节刻画的实在性）是一部小说的最重要的优点，所有的其他优点（包括贝桑先生所谈到的那个自觉的道德目

的）都无可奈何、俯首听命地依附于那个优点。如果它不存在，它们就全都等于零，而如果这些存在，那么它们的效果归功于作者创造生活的幻觉所取得的成功。这种成功的取得、对这个微妙的过程的研究，按照我的趣味来说，就构成小说家艺术的开始和终结。（詹姆斯，2007，p. 306）

可以看出，詹姆斯对"真实"的理解已经不同于传统的现实主义文学观念，客观实在性、道德目的等传统现实主义范式最为看重的方面，在詹姆斯这里为"生活的幻觉"所取代。而"生活的幻觉"即印象的集合，是"真实"基于有意识的形式自律的表现，它不同于西方传统美学观念中的再现，就其以直觉的方式呈现世界的层面而言，它更接近现代主义文学中的表现主义。正因如此，詹姆斯在讨论印象的质量高低时，使用"强度"这一中性的概念作为衡量的标准，无关乎真假、善恶等价值判断，而将反映现实的水准与形式创造的艺术性结合起来。

詹姆斯说过："（小说里的印象）没有强度就没有价值，但强度来自个体能自由去感受，自由去言说。"（James，1962，p. 33）艺术自由论是詹姆斯小说理论的一个核心观点。但是，文学对现实生活的反映如何实现自由？艺术自由论和现实主义理念是相悖的吗？詹姆斯以不可靠叙述的方式完成了两者的统一。"真实的氛围"不等于"真实"，每一处现实都是源自人的品性、眼界、欲望而生成的"心像"，这些缘于印象的现实可能是善变的、模糊的、不可靠的，它们不遵照客体自身的因果律，不固守某一种社会陈规或习俗，只是散漫地再现主体心灵对于现实的真切感受。这就将"真实"还原为无需加工整合的"自由"。毫无疑问，这种自由是主体性介入客体性的结果，它使不可靠的叙述成为贴近艺术自由的重要途径，并通过这种方式将摹写现实拓展为豪威尔斯所说的"对人性的研究"。（Gard，1968，pp. 132 - 133）

放入当时的文化语境中看，詹姆斯对于艺术自由的强调、对于叙述真实的重新定义都是在倡导小说的形式自觉。维多利亚时代的小说仍被视为一种不严肃的文艺样式，民众对它的态度是要么将其作为通俗娱乐，要么因其社会感染力而强调道德教谕作用，无论哪一种态度，都没有对小说的艺术形式加以重视。詹姆斯认为，对小说形式的忽略已经严重影响到英国小说的发展，使其有沦为平庸文化代表的危险，而对抗平庸化的方法之一，就是避免让叙述主体成为主流意识形态的传声筒——"多大程度上艺术呈现的生活是未加工过的，我们就多么近地接近真实；多大程度上我们见到的生活是被加工过的，我们见到的就是生活的替身、妥协和俗规。"（James，1962，p. 39）取消所谓可靠的正确声音，让现实呈现为每个人眼中充满偏见的感知世界，不可靠的叙述看似所言不实，却在另一个层面上拥有了比传统写实手法更贴切的真实，这种效果是与现实主义范式的转型相伴而生的。

二

詹姆斯将小说定义为"个人的、直接的对生活的印象"，在小说中"制造生活的幻觉"，这些理论与他的"视角"概念是互为表里的关系。"视角"这一概念虽然由李斯特（Thomas Lister）首创，却由詹姆斯最先系统地对相关理论加以阐述。在《专使》的前言中，詹姆斯把视角称为小说的"主要规矩"，"在这一主要规矩面前，任何其他的形式问题都会黯然失色"（Edel，1984，p. 1325）。事实也如他所言，叙述视角成为20世纪小说形式理论中的核心问题，直到今天也是我们理解小说的一个必不可少的方面。

詹姆斯说过："只要是对生活的直接印象，任何视角都是有趣的。你们每个人都有受个人情况影响的印象，将它变成一幅图画，一幅由你的智慧构成的图画，那就是对美国社会的洞察。"（James，1934，p. 29）视角来源于对生活的印象，直接的真实是难以探求的，我们只能在有限的经验/印象中捕捉个人眼中的真实。"詹姆斯为小说家的创作权勾勒了两种互相竞争的理念：一方面，成功的小说家应能以最透明的方式来表现其对生活的独特印象；另一方面，成功的小说家不能允许其本人的观点来阻碍生活对他产生印象。"（Hale，2000，pp. 84 - 85）为更加纯粹地在小说中展示印象层面的真实，詹姆斯反对传统小说中的全知视角（the omniscient point of view）叙述，认为这一类叙述者对叙述的随意介入破坏了艺术的完整性，这种干涉即使算不上是"特权的滥用"，也称得上是"知识的滥用"。（Edel，1984，p. 1299）他主张采用人物的有限视角（the limited point of view），让叙述呈现在某一视角人物的感知领域中，"至关紧要的是主人公的视野、他所关心的事物以及他对这些事物所做的解释……其他人物的经验只有在跟他发生接触以后才和我们有关——只有在得到他的辨认、感知和预见的前提下才进入我们的视野"（Edel，1984，p. 1065）。叙述者的功能由此被限制，小说叙述在更大程度上成为视角人物经验的体现。

视角问题的提出是小说形式研究的一大进步，传统小说由于在很大程度上承担了诠释新教伦理的义务，所以总是带有鲜明的道德目的，采用全知视角有利于叙述者更方便地对叙事内容进行评判和管控；有限视角叙述尽量限制叙述者对故事的干预，让一个或多个人物作为意识中心，将故事情节如戏剧般地展示出来。詹姆斯说："小说家在小说这栋大厦中的位置最多只是站在窗口观看而已。"（James，1934，p. 46）现代小说家们认为这种直接展示现实的方式更有助于维持现实主义幻觉的强度，一些批评家甚至将"展示"（showing）与"讲述"（telling）的区分视为传统小说与现代小说泾渭分明的标志。（布斯，1986，pp. 2 - 3）

有限视角的运用开启了现代小说形式多样的叙述实验，增强叙述的不可靠性可谓其中卓有成效的一种。詹姆斯塑造了为数众多的不可靠叙述者，有第一人称叙述者，如《阿斯彭文稿》中的"我"，通过叙述声音的分歧与矛盾体现叙述的不可靠性；也有第三人称叙述者，如《一位女士的画像》《梅西知道什么》《专使》中的叙述者，虽然话语由叙述者来说，却是通过视角人物的眼睛来看，反映的是人物的经验与意识。由于人物自身的认知能力有限，他（她）的有限视角叙述常常就是不可靠的，而这种不可靠由于采用的是第三人称叙述者的语言，就造成了一种"看"与"说"之间的张力，其不可靠叙述与具有道德或认知缺陷的第一人称叙述者相比，又别有一番意趣。

以《梅西知道什么》（*What Maisie Knew*）的不可靠叙述为例。小说通过小女孩梅西的视角展开情节，詹姆斯在作品的序言中特意解释了这样做的理由："小孩子有许多观感，却缺乏足够的词汇去描述；任何时候，他们的视野比他们能脱口而出的词汇更为丰富，理解力更强"；"小女孩的感受力是不容置疑的，年纪越小，感受力越强，从我的主人公的角色来看，我的计划需要'无穷无尽的'感受力"。（Edel，1984，p. 1159）因此，小女孩特有的感受力被詹姆斯用来作为透视生活的"滤镜"，成人世界的虚伪与肮脏在这副滤镜下面以令人惊异的清晰度反映出来；同时，为了更便于把镜像完整地呈现给读者，詹姆斯没有采用孩童的第一人称叙述，而是用成年人优雅而成熟的语言，将孩童眼中的世界加以再现。

如小说一开头，叙述者就写出了梅西眼中正处于再婚蜜月期的妈妈的样子：浓妆艳抹，来去匆匆。小女孩梅西对妈妈是信任的，她只看到"她的穿戴衣着犹如要外出旅行""衣服开得越低，走得就越仓促"，却不明白如此穿戴是因为妈妈只是在赶赴宴会途中顺路来看她，她的重要性远远排在妈妈的享乐之后；她也听不出威克斯太太说妈妈的打扮"犹如一幅窗帘"背后的嘲讽意义，不知道妈妈对她的态度"爱走极端"的原因。借用梅西的视角，叙述者展现了一个孩童眼中的成人世界——她的纯真使她无法了解大人行为背后的自私与虚伪，这需要叙述者在用成人语言叙述的同时，在感知及判断层面保持低于成人的孩童水平。詹姆斯·费伦曾将不可靠叙述的表现形式划分为三大轴上的六种亚类型：事实/事件轴上的"错误报道"和"不充分报道"，价值/判断轴上的"错误判断"和"不充分判断"，知识/感知轴上的"错误解读"和"不充分解读"。（Phelan，2005，pp. 49 - 53）就《梅西知道什么》而言，以儿童作为视角人物的叙述至少使叙述者在后两类轴的层面上存在着不可靠的表现。正处于"一个所有的故事都是真的，所有的构思都是故事的年龄"的梅西在认知程度上的不足给隐含作者留下了反讽的空间，于是我们从小说一开头就能感受到梅西母亲的不负责任，孩子的天真与信任恰恰放大了成人性格中不堪的一面。

这部小说是一部成长小说，主人公成长的过程正是视角感知与叙述语言之间的差距逐渐缩小的过程。从一开始梅西毫无芥蒂地告诉母亲，父亲说她"是一头令人作呕的讨厌的猪"时，她对母亲的本质还没有任何意识，只是本能地感到对方的冰冷与虚伪——"下一刻梅西就躺在了妈妈的胸前，在挂满一堆小饰品的怀抱中梅西突然觉得自己仿佛打碎玻璃店门强行闯入了珠宝店内"（James，1985，p. 85）。后来，她意识到自己"一直就是一个携带侮辱的信使"，决定"不再被利用了，她要忘掉一切事情，不再复述任何事情"时，她开始用她有限的认知去观察和解读周围的一切，"一点一点的——她懂得更多，因为她受到李瑟特所提问题的启发"，明白"每一件事背后都有某些事情：生活就像一个长长的走廊，两边有一排排关闭着的门。她已学会在这些门前最好别去敲门"（1985，p. 54）。最终，在周围大人的"拥抱"和"推搡"的不断交替中，"这个意识越来越丰富的小脑袋已经感觉到历史重复的一种方式"，每个人都是在需要她时拥抱她，利用完就立即推开。她决定以成人的方式来保护自己，提出交易条件，选择自己想要的生活，虽然没能成功，却标志着她已提前结束童年时代，这时梅西眼中的世界已与叙述者的认知没有明显差别。

从《梅西知道什么》的小说标题就可以看出，梅西的视角是这部小说的表现重点。通过小说的叙述，我们不仅了解到她的母亲、父亲、克劳德先生、彼尔夫人、威克斯太太之间的感情纠葛，更重要的是了解到那双观察他们的眼睛——梅西，究竟知道什么，理解到什么程度。历来对这部小说的研究都聚焦于这个问题。事实上，这一问题之所以难有确定的答案，就缘于作者所采用的这种不可靠叙述。有限的人物视角是叙述者的自我限制，采用儿童作为视角人物使叙述者不仅需要限制感知范围，还要限制感知的程度和层面；而以成长的方式进行视角叙述，更带来了叙述者自限程度的变化，这些无疑都增强了判断叙述可靠性的难度。

对于视角人物，詹姆斯在不同场合下冠名为"媒体""镜像人物"（reflector）或"意识容器"（vessel of consciousness）等，他曾对之做出过如下分类："有被蒙在鼓里的，有懵里懵懂的，有智力刚够用的，也有我们会称为还算聪明的那一类；与此形成对照的有观察敏锐的、反应强烈的、心智健全的……一言以蔽之，后者具有明察秋毫的洞察力以及高度的责任心。"（Edel, 1984, p. 1088）詹姆斯提倡选择后一类作为视角人物，因为后者"是我们唯一可以信赖的人物——这样的人物不会违背、损害或丢弃作品中具有价值和美感的那些东西"，"有助于客观地记录所发生的一切"。（Edel, 1984, p. 1093）但在实际的小说创作中，我们看到詹姆斯笔下各种有缺陷或偏见的视角人物往往更有艺术感染力——既表现了生活，也反映了"意识容器"的人性。詹姆斯可能没想到，这类不太可靠的视角人物在现代小说中得到了非常广泛的运用，在这一方面，他既成为一个新时代的开创者，也体现出了"一只脚在19世纪，一只脚在20世纪"的特征。

三

在詹姆斯诸多的不可靠叙述文本中，《螺丝在拧紧》具有最强的争议性。这个故事拥有复杂的叙述层次：第一叙述层的叙述者是"我"，没有直接参与故事，而是把从道格拉斯那里听来的故事转述给读者；第二叙述层的叙述者是道格拉斯，他也没有直接参与故事，而是向围坐在火堆前的听众们（包括"我"）朗读他所爱慕的女教师的故事，并从一开始就为这个故事定下了令人毛骨悚然的基调；第三叙述层才是小说的主叙述层，女教师作为第一人称叙述者，讲述了她与两个孩子之间发生的故事。很明显，前两个叙述层与主要故事情节之间并没有必要的联系。那么，詹姆斯创造作为引子的叙述层次叠加意义何在？费尔曼在其关于这部小说的著名论文《解释的螺丝在拧紧》（"Turning the Screw of Interpretation"）中指出，这个引子并非像传统故事那样赋予主叙述层一个确定的起源，相反通过三个不同的叙述者将"起源"转化为"对起源的遗忘"（a forgetting of its origin），造成无限的延宕。"通过序言的阐释螺旋，这个故事实际起源于一个不断丧失自身起源的框架之中。"（Felman, 1982, pp. 121 - 122）也就是说，看似关系不大的前两层叙述，已经为整个文本叙述的不可靠性埋下了伏笔，对于故事起源的层层详述成为对自身的解构，同时也暗示了故事主体意义的失落和延宕。

《螺丝在拧紧》最吸引人之处在于，对于叙述文本的不可靠性解读本身也是不可靠的。在这个中篇故事的主叙述层中，叙述者"我"受一位风度翩翩的单身绅士聘用，为他的两个失去双亲的侄儿当家庭教师，并附加条件"永远不能打扰他"。"我"因此来到了鬼影幢幢的布莱山庄，意外地发现了前任女教师杰赛尔和前仆人昆特的幽灵，更为可怕的是，这两个幽灵与两个孩子纠缠在一起。"我"试图与幽灵抗争来拯救孩子，但孩子表现出不同于他们天使般外表的另一面，似乎与幽灵之间有不可告人的隐情，最终，小男孩麦克斯失去了性命。

这样一部哥特式小说在问世之初引起的反响并不大，人们虽然觉得情节诡异，却没有怀疑过叙述者所述故事的可靠性。直到 1934 年，威尔森发表著名论文《亨利·詹姆斯的模棱两可》（"The Ambiguity of Henry James"），以弗洛伊德的理论推翻了这部小说中女家庭教师的叙述，认为"这个被塑造出来讲述这个故事的女教师是一个性压抑的神经症患者，而幽灵也并非真的幽灵，不过是这个女教师的幻觉而已"（Wilson，1948，p. 102）。这一结论掀起了文学批评界热烈的争论，同时也引发了批评家们对这部小说极大的阐释热情。人们发现，这部小说诡异的叙述语调竟能够容纳意义南辕北辙的两种解读——小说中声称见过幽灵的只有女教师一人，如果她的叙述是不可靠的，那么幽灵可能只是她的幻觉，而其他人对于是否有幽灵的模棱两可的说法又都可以作为其叙述不可靠性的证据。威尔森正是从这一角度出发，把女教师的幻觉解释为源自对男主人的性压抑，于是昆特成为主人的投影，杰赛尔成为女教师自身的投影，女教师的叙述成为对弗洛伊德及拉康主体分裂理论的印证，有效地使小说中许多诡异隐晦的情节得以自洽。同样，正是因为小说中有太多的模棱两可，将女教师的叙述作为可靠叙述来理解也完全行得通：幽灵可能是存在的，格罗斯太太确实如叙述者所说是支持、认同她的，幽灵对孩子们的侵蚀也是真的。可靠叙述与不可靠叙述在《螺丝在拧紧》中都可以找到自己的位置，并都能够描绘出一幅完整的阐释图景。

正因如此，关于这部小说的批评研究几乎每隔几年就会结集出版一次，这部小说已经成为文学反映现实之不确定性的典型代表。事实上，无论我们怎么努力，都很难说清这些问题：幽灵是不是真的存在？两个小孩子是清白无辜的还是幽灵的同伴？女教师的叙述是真实可信的还是出于臆想？她的叙述动机是什么？因为文本本身意义含混，有研究者甚至解构了文本固定意义的存在，将小说叙述视为一种在作者、读者与文本之间的相互作用力下歧义的共存。"我们阅读《螺丝在拧紧》与其说要捕捉这个神秘故事的答案，不如说要追踪它意味深长的逃逸路径；与其说要解决或回答文本中令人困惑的问题，不如说要调查它的结构；与其说要指出或辨明这个文本中的歧义，不如说要理解这种文本性的歧义存在的必然和修辞功用。支撑这种阅读的问题因此不是'这个故事是什么意思'，而是'这个故事的意思是怎么表达的'。"（Felman，1982，p. 119）这种观点从根本上扭转了这部小说的阐释方向。

换一个角度而言，《螺丝在拧紧》的艺术魅力或许恰恰在于它所表现的生活层面的不确定性。不可靠叙述为它拓展了阐释空间，让意义的指称突破单一、走向多元，从一个更高的层面体现现实主义——现实本身就是没有确定答案的，每个人眼中的世界不同，生活都是在每一个体的印象经验中展开的——在这一层面上，詹姆斯对现实生活不确定性的表现又回应了他的印象主义文艺理念。这似乎是詹姆斯式的现实主义必然要面临的发展方向：当"真实"被"生活的幻觉"取代，后者会不可避免地走向一种意义的含混，以致詹姆斯在小说创作中"似乎只表现了一个进退两难的困境：小说必须表现生活，然而，小说又不可能表现生活"（Perosa，1978，p. 103）。从不可靠的叙述走向不可靠的不可靠叙述，现实主义的立场与消解现实主义的力量共存，体现了处于转型期的詹姆斯创作中的现代意识。

与 20 世纪的现代主义作家们不同的是，詹姆斯虽然在现实主义书写中发现了现实的不确定性，但并没有将现实的不可捉摸或虚无感作为作品的基本主题，而是试图在艺术真实的框架中建构一种生活的新秩序。在 1903 年纽约版的《小说的艺术》中，詹姆斯将小说的存在价值由"它能够与生活竞争"改为"它试图反映生活"，重新回归了传统现实主义模仿自然的本位，充分体现出詹姆斯在传统与现代之间的摇摆——"生活的幻觉"究竟是来源于生活，还是来源于幻觉？当小说与生活展开竞争，艺术真实独立于生活真实时，叙述的可靠性似乎必然会消解，所谓"生活的幻觉"就有沦为"主观的幻觉"的危险，这是自认为秉持现实主义理念的詹姆斯所不能接受的。

于是，我们在詹姆斯的小说中常常会看到各类游走于不可靠边缘的叙述者或人物，他们的存在不是如现代文学中那般为了呈现世界的无意义与非理性，而是作家在反映生活时困惑于现实的不确定性的结果。在《卡萨马西玛公主》中，叙述者常常用这样的语言进行叙述："我们无法知道海恩辛斯……""我不能确定亨宁小姐为什么这样……""我们没办法准确地知道……"有关历史事件的叙述在叙述者犹疑的语气中消解了可靠性，我们无法直接在含糊的叙述中获知一个确定的现实。作者一方面细致描写那些政治阴谋与秘密活动，一方面又将其全部融入主人公的"看"与"被看"中，以至于"《卡萨马西玛公主》的中心不是即将到来的革命，而是读者颇为熟悉的詹姆斯式的意识主题"（Anderson，1977，p. 126）。这种细节纹理的清晰和主题意蕴的含混成为詹姆斯中后期小说中一个常见的现象，在《专使》《鸽翼》《金碗》等作品中，作者都塑造了一个与实际世界相对照的社会真空环境，人物以高度艺术化的方式重构周边的现实，多角度的观察、印象、感悟渗透进叙述的方方面面，在反映现实生活的同时，传达出反映现实的不可靠。无怪乎有研究者指出，詹姆斯后期的小说让人觉得"小说形式被用来质疑小说自身，与自己进行'较量'……似乎在塑造、建构它的同时在我们眼皮底下摧毁了它"（Perosa，1978，p. 103）。

詹姆斯的小说和理论典型地体现了现实主义范式转型期的文学状态。以詹姆斯为代表，文学正从道德教谕的功用中走出，转而追求一种独立艺术的形式自觉；反映在叙事艺术上，叙述者不再仅仅是隐含作者的传声筒，而是以种种"不可靠"展现个体眼中"生活的幻觉"，赋予叙事艺术更大的张力与自由。这种对于叙事可靠性的拆解虽然不是他们的初衷，却暗含在他们的理论诉求之中，与现实主义范式的转型相伴而生。甚至于，他们的理论未必完全涵盖了小说实践中的先锋意识，从对多样化不可靠叙述者的塑造，到对可靠叙述是否存在本身的追问，文学的现代性乃至后现代性命题已经呼之欲出，不可靠叙述形式在文学大潮中成为主流也只是时间问题了。

以威廉·詹姆斯来透视不可靠叙述与现实主义范式转型的关系，我们可以看到，这一叙事形式在转型之后的现代主义文学中大行其道，有它内在的必然性。19 世纪成熟的现实主义范式中毋庸置疑的认识论前提，使得叙述的可靠性几乎不曾成为一个问题，而随着詹姆斯等人在文论中对于"真实""视角""印象"等概念的深入辨析，小说艺术的形式理论得到发展，推动现实主义范式从"反映什么现实"向"如何反映现实"转变，不可靠叙述既是这一转变的产物，也为后来的现代主义文学发展提供了重要条件。在这个意义上，不可靠叙述不仅仅是一种叙事策略，也是一种文化现象，折射出了文学思潮转向的印痕，值得我们深入探究。

引用文献：

布斯，韦恩（1986）. 小说修辞学（华明，胡苏晓，周宪，译）. 北京：北京大学出版社.

代显梅（2006）. 传统与现实之间：亨利·詹姆斯的小说理论. 北京：社会科学文献出版社.

毛亮（2015）. 自我、自由与伦理生活：亨利·詹姆斯研究. 北京：北京大学出版社.

詹姆斯，亨利（2011）. 阿斯彭文稿（主万，译）. 上海：上海文艺出版社.

詹姆斯，亨利（2007）. 黛茜·密勒（赵萝蕤，巫宁坤，杨岂深，译）. 上海：上海译文出版社.

Ahnebrink, L. (1961). *The Beginnings of Naturalism in American Fiction*. New York: Russell & Russell.

Anderson, C. R. (1997). *Person, Place, and Thing in Henry James's Novels*. Durham, N. C. : Duke University Press.

Armstrong, P. (2017). *The Phenomenology of Henry James*. Chapel Hill: The University of North Carolina Press.

Edel, L. (Ed.). (1984). *Literary Criticism: Essays on Literature, American Writers, English Writers*. New York: Library of America.

Felman, S. (1977). Turning the Screw of Interpretation. *Yale French Studies*, 55/56, 94 – 207.

Gard, R. (Ed.). (1968). *The Critical Heritage*. London: Routledge & Kegan Paul.

Graham, K. (1975). *Henry James: The Drama of Fulfilment*. Oxford: Clarendon Press.

Hale, D. J. (2000). James and the Invention of Novel Theory. In Jonathan Freedman (Ed.), *The Cambridge Companion to Henry James*, 79 – 101. Shanghai: Shanghai Foreign Language Education Press.

James, H. (1962). The Art of Fiction. In James E. Miller (Ed.), *Theory of Fiction: Henry James*, 28 – 64. Lincoln: University of Nebraska Press.

James, H. (1934). *The Art of the Novel: Critical prefaces*. (Blackmur, R. P., Ed.). New York: Charles Scribner's Sons.

James, H. (1985). *What Maisie Knew*. London: Penguin Books.

Nunning, A. (1997). "But Why Will You Say that I Am Mad?": On the Theory, History, and Signals of Unreliable Narration in British Fiction. *Arbeiten zu Anglistik und Amerikanistik*, 22, 1 – 105.

Perosa, S. (1978). *Henry James and the Experimental Novel*. Charlottesville: University Press of Virginia.

Phelan, J. (2005). *Living to Tell about It*. Ithaca: Cornell University Press.

Wilson, E. (1948). The Ambiguity of Henry James. In *The Triple Thinkers: Twelve Essays on Literary Subjects*, 88 – 132. Oxford: Oxford University Press.

作者简介：

王悦，文学博士，厦门大学人文学院副教授，研究方向为叙述学、英美文学。

Author:

Wang Yue, Ph. D., associate professor, College of Humanities, Xiamen University, mainly engaging in narratology and English literature.

Email: wangyue@ xmu. edu. cn

论指向戏剧演出文本边界的"底本"符号[*]

胡一伟

摘　要：戏剧演出文本是即时的、一次性的，它使得演出文本的边界有一定模糊性。但任何文本的形成都与叙述行为的双轴操作有关，在聚合与组合的过程中，可以通过被显现的底本元素探寻戏剧演出文本的范围，即演出环节中，受众与表演者的自身情况（包括个人经验和社会经验、喜好兴趣、记忆力等），被展示的空间氛围（包括表演场景造成的灵感、迷醉等情绪），以及某种经验基模协同作用于演示框架，共同指向戏剧演出的文本边界。

关键词：叙述行为，演出，底本元素，经验基模

Narrated Elements Pointing to the Boundaries of a Performance Text

Hu Yiwei

Abstract: The impromptu and one-off nature of a performance text tends to obscure its boundaries. The formation of any text, however, is related to biaxial operations of narrative behaviour. In the process of aggregation and composition, the range of a performance text can be explored through the display of its original elements: during the performance, the situation of the audience and the performers (their personal and social experiences, preferences, memories, etc.), the

---

　　[*] 本文为国家社科基金青年项目"演示类叙述的数字化传播特征及价值内涵研究"（18CXW022）中期成果。

displayed space and atmosphere (including the inspiration, intoxication, and other emotions caused by the scene), and a certain empirical model combine to form a presentation framework that can clarify the boundaries of a performance text.

Keywords: narrative behaviour, performance, elements in the original text, empirical model

DOI: 10. 13760/ b. cnki. sam. 202201012

戏剧演出底本何处寻，是一个不容易回答的问题。之所以不容易，一方面是因为底本是一个非文本的、非显形的存在，讨论它需涉及具体的阐释社群、文化语境等因素；另一方面则是因为底本与述本需以对方的存在为前提，而戏剧演出文本的即时性、一次性特征会增强底本与述本之间的依存关系，即从展示开始，述本成形的过程可能是底本元素或底本的暴露过程，这无形中为底本与述本的界限增加了朦胧的色彩。为了更清晰地剖析底本与述本之间的依靠关系，赵毅衡（2013, pp. 141 – 142）建议用三层次论来看待叙述文本问题，即文本的形成经历了"底本1—底本2—述本"的过程，其中底本1是没有边界的，是只有相关性逐渐减弱的边界地带；底本2是在材料上已经有了边界的，已经选择了却没有再现的形态。这三层次论的形成过程并非意味着述本一定后于底本1或底本2，或者说述本可能早于底本1或底本2而呈现、暴露出来，这便使得我们有时可通过被展示出来的述本反推底本1或底本2中的元素。需要说明的是，基于底本1、底本2所涉及的范畴（底本1边界过于模糊、宽泛），以及本文试图找出戏剧演出文本边界之旨归（底本2更靠近述本），本文所讨论的底本即底本2，实际上，大多数人讨论的底本问题也是围绕着底本2展开的。由于戏剧演出文本是在展示行为开始时，在叙述行为的双轴操作过程中逐步形成的，那些在聚合过程中可能会暴露的某些底本元素，在无形中会勾勒出戏剧演出文本的一个模糊轮廓，它介于底本元素的显现与述本的逐步形成过程之中。这个轮廓对于阐释戏剧演出文本的意义是十分重要的，故而有必要从底本元素出发讨论戏剧演出边界问题。

一、演员表演即底本初显

一场演出，少不了演员，故演员始终在底本之中。演员对演出文本的影响主要体现在其以人格叙述者身份进行聚合与组合的过程中，这时，演员自身携带的直观经验、记忆能力、表演场景和语境都有可能作用于戏剧演出文本之形成。

形式直观对叙述行为的影响在即兴表演中最为明显，表演者完全依靠直观感觉进行选择。可以先从口头表演来看这种直观选择行为。假设某口头表演者属于南斯拉夫传统，即他将获得一种 10 个音节的感觉（这种 10 个音节的诗行伴随着句法上的停顿），这种感觉并不需要他亲自数出 10 个音节，但他可以自然而然地通过以往经验直接划分出音节，在演出的过程中及时做出停顿——"将重音和非重音的分布规律，以及受声调重音影响而引起的些微变化、元音长度、带有旋律的诗行等，吸收到自己的经验之中，获得一种感觉，他打量诗歌并沉浸其中，他懂得了这些'限定'的成分"（洛德，2004，p. 4）。这就是说，表演者在日积月累中会形成其演唱体系的程式，尽管他自己并不一定能精准地将这些程式罗列出来或清楚阐释其中原理，但是表演者对选词用词、格律模式、旋律音调以及传统的把握，会不断作用于其演出过程中（洛德，2004，p. 4）。口头表演者自身携带的这一能力会直接影响他们对材料的选择过程，即关于某个材料是否被选入底本从而形成新的述本，表演者自身携带的形式直观能力会在无形中发挥作用。因此，底本也应该包括表演者的形式直观能力，它涵盖无数前辈的经验（从很早的时候起，歌手便从格律和音乐中甚至从语言本身吸收了史诗的节奏，从更广阔的意义上说，他是从周围的生活中吸收了这方面的经验）以及他从现实生活中学到的有关短语长度、节拍以及在何处停止等经验。

在中国传统曲艺中，尤其是对于条纲戏、路头戏而言，演员即兴表演是一种常态。当时，戏班班主排戏没有剧本，只能在排戏现场临时指定演员、编排角色，然后根据临时指定的演员（角色）拟定一个故事大纲，其余全凭演员即兴发挥。后来，这种即兴排戏、即兴表演的模式形成了戏剧创作的特定方式——集体即兴创作。导演赖声川曾谈论其排演方式："我当'刺激者'的角色当得更为进取，我会预设结构或故事情节和角色，有时第一次排戏就会给演员整出戏的大纲。这个大纲也可以比喻成一场球赛的'总战略'（game plan）。"（1999，p. 101）可见，导演主要是对集体即兴创作的整体大纲予以"把关"——在给演员故事大纲，演员即兴表演之后，导演还需要从内部（被记录下来的即兴表演）寻找原大纲的"盲点"，进行一番处理后再继续排练。赖声川的早期作品《摘星》（1984）便是集体即兴创作的，该剧的编剧原理如同乐理，是非线性的、非传统式的，只需要演员走进一开始搭的框架中，进行即兴填补。布鲁克认为即兴表演所达到效果是自然的、流动的、恰到好处的，这也是反对"僵化的戏剧"的一种有效手段："他们（芭蕾舞演员梅尔斯·坎宁安等）即兴演出时——由于他们各自的想法在他们之间产生着、交流着，他们的动作从不重复，演出始终在进行——动作之间的间隙具有形状，所以观众感到节奏恰到好处，表演确实适度：一切都是自发的，然而又是有秩序的。"（2006，p. 60）此处谈到的即兴表演，其实更能体现出演员与底本初显之间的直接关系。

表演者面对观众展开表演，在场性因素会触发表演者的各种行为。其中，由紧张、忘词、沉默等伴随记忆缺失而出现的自然差错、夸张以及歪曲行为，揭示了表演者在不同场景下的记忆能力所造成的聚合与组合上的差异。譬如，在极富想象力的"黑巴格尔"篇章中，演说者因为更关注人类与世界的关系，尤其是那些超自然的元素，所以会尽可能围绕它重复、详述、推断。换言之，记忆能力的缺失为创造与想象提供了可能。在口语文化中，它们其实就是一个硬币的两面。遗忘需要发明创造，创造可能需要一定的遗忘。"黑巴格尔"神话的第一部分基本就是这样，它需要的推断更少，因为它提供了一种对仪式长序列的现场解说——引导，这个过程就是"白巴格尔"被不断重复的过程。一些演说者会记错仪式的序列，同一个演说者在前一个表演结束再次记诵之时所演说的版本会不一样，甚至更像不同的演说者而不是同一个人说的话，每个人都以一种精确的方式对自己的版本做或多或少的个性化处理，并按照自己的虚构生产出来。这种传播过程中的变异之所以存在，正是因为口语环境没有任何可资查找的文本，不可能"用心"学会很长的记诵。只要有遗忘，就会有创造去填补空白（古迪，2014，pp. 63-64）。人们会看到口语文化里面没有这样的记忆术，没有这些限制，也没有充当背景的固定文本——史诗总是不断地被修改，适应新环境，与此同时人们还会创造新的史诗。比如，南斯拉夫地区的武装冲突中，战士冲锋时会想起双方的民歌曲子，音乐声很像苏格兰风笛，这显示了史诗在传播过程中被修改的痕迹（古迪，2014，p. 70）。该例可以说明，演员所积淀的个人或文化记忆会转化、"发酵"，其作用正如心理学家图尔文在符号双轴问题上做出的新发挥一样，即"认为人有两种记忆：一种'情节型记忆'（episodic memory）是组合型的，记住的是个人的，个别的，与具体时间地点有关的事件；另一种'语义型记忆'（semantic memory）是聚合型的，储存的是组织过的，抽象的，脱离具体时间地点的范畴"（陆正兰，2012），它们影响着双轴操作以及文本风格。然而，不管是哪一种记忆组合方式，记忆因素均为底本的组成元素。

需要说明的是，表演者的这种组聚合行为是在一定的表演场所、演出语境中被激发出来的，它们为表演者及观众提供了一种观演互动的氛围。并且，在这样一种演出氛围中，表演者与观众很容易发生互动，甚至观众还会对演员的表现提出不同的要求。《故事的歌者》一书就曾提到观众在现场对口头表演者提出要求的情状，书中还给出了相应的对策：首先，表演者要能全神贯注，便于临场反应，根据听者的情况随时做出反馈；其次，表演者要学会控制歌曲的长度，依据观众的兴趣对演唱情况进行调整。譬如，当观众聚精会神时，表演者可以放慢叙述节奏；而当观众不耐烦时，表演者则应缩短演出时间，尽快结束。固然，把握、吸取观众的反应，是一门特殊的艺术——波波夫认为"这一艺术"是一枚"奇妙的弹药"，"演员要通过常年实践才能把这门艺术学到手。观众又是各种各样的，他们的文化水平不同，对剧院的要求也不相同；有的观众才刚刚接触戏剧文化，有的观众却在他自己的艺术趣味方面有了严格的要求；有时候观众是五颜六色的，而有时候观众是整齐划一的"。（1982，p.278）当观众与演员集体陷入灵感、迷醉等状态之中，则会将这种不确定性和可变性推向高潮。尽管情绪自身从不构成意识状态的全部内容，但是它提供了整个意识状态或其后果的色调（塞尔，2012，p.112）——它不仅触发了观众与演员的即兴选择行为，还制造出了不在意料范围内的演出氛围。此时，由表演者发起、受观众与演员协同作用而来的情绪以及由情绪激发的各种即兴表演不断扩展戏剧演出文本的范围，而表演者所到之处，其情绪渲染之处，在一定程度上指向了戏剧演出的文本边界。

二、情境被展出即述本初显

戏剧演出的情境主要涉及承载演出的整个展示空间，它涵盖了物理空间以及由物理空间延伸开来的氛围空间。也就是说，情境不仅仅局限于被演出的故事情节、场景，它更强调在场所中发生的互动行为以及由演出事件、事物营造出来的某种氛围。无论是展示出的物理空间，还是某种无形的却可感知的氛围，都有一定的边界性或者说某个模糊地带，它便是戏剧演出的叙述框架所在。换言之，通过戏剧演出的叙述框架可以识别出特定的演出情境，而戏剧演出的框架一般表现为某些可见的演出媒介（如物理空间的边界地带），或某种不可见的固定观念、惯例等（类似阐释社群作用），它并不一定是固定的、可触摸的，特别是当观众与演员开始互动并成为一个整体时，演出的叙述框架也随之移动。显然，游移的叙述框架会决定演出文本的范围及意义，从而影响人们对展示框架的识别，重要原因在于经验基模以及文化模塑。譬如，在戈夫曼看来，对戏剧或其他活动的界定依靠参与者设置在事件周围的框架（即观念的或认知的结构），参与者通过这样的认识结构来确定某一特定行为的性质和类型。对此，胡妙胜认为戏剧演出框架是一种惯例（观众和演员在参与戏剧活动中所共同分担的默契），这些惯例有些是持久的，如"首要惯例"，有些是暂时的，如程式或惯例化的表现手段。不过，胡妙胜是从戏剧能力出发对演出框架给予详细说明的。在他看来，观众需要具备一定的交往能力，为了参与戏剧活动，观众必须掌握一套"知识和规则"——"观众的戏剧能力除了个人的审美心理素质外，还必须掌握一般文化信码和戏剧次信码，观众在译解演出文本之前，他还须具备一种更为基本的能力，即识别戏剧演出本身的能力"，由此，观众在参与戏剧活动时，能够将戏剧和其他的活动区别开来。（1989，pp. 295－297）这里，胡妙胜所说的解读戏剧的基本能力，尤其是理解文化信码和戏剧次信码的能力，与经验基模和文化模塑密切相关。关于这一点，中外观众对待中国戏曲中"检场人"的态度便是最好的说明——中国观众在看戏之时会自动屏蔽来回跑动的"检场人"等因素，只看到其所应关注的部分，而外国观众则觉得"检场人"的出现干扰了他们欣赏戏曲的过程。不仅如此，戏剧演出框架还会使得观众心甘情愿地无视框架外的活动，并"暂停怀疑"，从而激发观众的想象力，让他们积极地参与创造。可见，演出框架框出的符号集合以及观众对框架的辨识与理解，决定着演出文本的范围。

就某种经验基模和文化模型是如何作用于演出叙述框架的识别，进一步影响读解文本意义的，我们可以借用舒茨的"意义脉络"（Sinnzusammenhang）来阐释。意义脉络由各单独的意义体验关联而成，即两个以上意义体验可以被整合到更高阶的单元去，各单独的意义脉络又可以不断地整合出新的更高的意义脉络，"人们还可以将经验脉络视为每个当下境况的意义脉络或更高阶意义脉络的总括整体（Inbegriff）"（舒茨，2012，pp. 100－101），而借助经验脉络，人们对于新发生的经验不会感到陌生：

　　　　没有任何一项经验是单独存在的，没有一项体验是没有背景的，我们的经验往往都是在特定的框架底下发生，或者我们会以既有的框架去迎接新的经验，将新接触的经验转换成我们已经熟知的那个样子去加以理解，或是用胡塞尔的话来说，用"再认的综合"（Synthesis der Rekognition）之方式来处理新的经验，这使得我们每一个当下的经验，虽然就时间上来说是"全新"的经验，但是我们却将这个独一无二的经验转换成可理解的，也因此对它不感到陌生。（舒茨，2012，p. xviii）。

由此，整个外在世界对它而言也是有秩序的，这个让世界显得井然有序的内在模式就是所谓的"经验基模"；它又可以进一步延伸出"诠释基模"（Deutungsschemata）——由经验基模转化而来，指人们对自己的经验做解释时可能会援引的过去沉淀下来的知识架构（舒茨，2012，pp. 108 - 110）。经验基模及其延伸可以使某个符号在为人所理解时，其"指涉物不会以它本身被诠释，不会被当成外在世界的独立对象，而是放在指涉对象的诠释基模里被诠释"（舒茨，2012，p. 164），即在经验基模或诠释基模的作用下，人们会辨识出作为演出的框架符号，它也可使叙述主体统摄自己的不同体验，赋予其意义，让行为或行动得到理解，进而作用于演出文本的范围与意义。

三、观众融入即述本初成

任何叙述文本的形成都需经过两次叙述化过程，这就意味着底本是叙述化过程中各自涉及的符号集合。戏剧演出的两次叙述化过程都涉及观众——观众是文本的接受者、阐释者，甚至是参与者、主导者，即观众不仅是底本中的关键元素，对戏剧演出文本的形成也有着重要作用。波波夫就曾有过如下论述：

> 一台戏只有同观众见面以后，有了观众的直接参与，有了观众对戏的干预，它才能获得准确的味道，才能在思想艺术方面彻底完成。观众对演员的影响可以创造出奇迹。观众以他自己的反应——屏息凝神的注视、叹息、哄堂的笑声或是观众席中的几乎无法觉察的悉悉沙沙的声响——鼓舞着演员的情绪，给演员指出方向；于是演员产生出新的适应、新的色彩、新的重点，产生出他在一秒钟以前还没有想到和没有体会到的许多东西……演员没有观众，就好像一架跑道上的飞机，它已经一切就绪，但是走起来却像汽车意义。而当观众拥挤了剧场，演员就生出了双翼，凌空而起！（波波夫，1982，p. 278）

波波夫不仅点明了观众在演出中的重要作用，还形象地描绘了观众反应对演员演出的反作用，即前文提到的，在表演场所以及演出语境中，对演员影响最为明显的是观众的可变性（观看情绪、身份等）和不确定性（干预）

这两点。为了进一步明晰观众在戏剧演出文本中的建构性作用，我们可以具体从两次叙述化过程中分别来看。

观众以受述者身份参与演出，多出现在第一次叙述化过程中。一旦观众在演出过程中对演出做出了某种影响进程的具体行为（实质的行动），譬如融入或打断演出，成为表演者，其受述者身份则将转变为叙述主体身份。此时，呈现某一人格叙述者的观众可通过叙述行为作用于述本形成过程。这类情况在实验戏剧中表现得较为典型。以牟森的作品《零档案》为例，该剧意在将剧场中的演出变为一种日常生活事件，让人们体验事故现场。为此，牟森让演员直接向观众宣布"观众所处的剧场要垮了"这件事是有人蓄意造谣生事，然后要求在场所有人将造谣者揭发出来。此举让观众跟着演员一起找寻造谣者。这就是让观众置身于戏剧演出的故事之中，甚至引导着戏剧的走向。可以说，被掀起的无法预测、即兴的状况成了该剧的精彩之笔。让演员和观众获得极大自由度的《与艾滋有关》一剧也是如此——参加演出的人均需呈现出日常生活中的自己（包括日常生活中的状态、说的话、做的事），即"出演"自己，演员可以凭其当时的心情和感受，随意在剧场中走动、交流。不仅如此，现场还将日常生活中的厨房用具搬来了，演员在剧场内做包子、和肉馅、炖肉丸胡萝卜，泥瓦工在现场砌起了三面墙。而此时，观众可以靠近演员，与他们一起谈论任何的话题，尽管它们可能与"艾滋"毫无关联。这两个例子均属于受述者参与到演出当中填充叙述者人格的情况，有时演员也开始即兴、自由的表演，二者共同作用于叙述者行为，使得每次演出都不一样。换言之，观众、演员自身携带的个人经历和社会经验均被裹挟在底本元素之中，它会时刻作用于述本的呈现形态。在一次叙述化过程中，观众与演员的交流、观众的实质行动会受到观者自身经验因素的影响，它可以是深入思考的批判精神，也可以是浸入戏中的迷醉因素。于贝斯菲尔德就曾论述：

> 在观众的特有活动里，两种成分互相竞争着，一方为思考，一方为情绪感染、迷狂、舞蹈，一切由演员身上诱发出的、诱导着观众身体上和心理上的情感的东西；一切使得参加戏剧仪式的观众由于符号（信号）的引诱而去体验某些情感的东西，这些情感虽非所表现的情感却和它们维系着某些确定的关系（这些关系必须研究由表演所引起的痛苦并非痛苦而是其他的东西或是某种伴随着快感的"怜悯"，不要忘记戏剧快感的起因并非这种或那种情感，而是整个仪式：只在某一部分感到快乐是一种"堕落"；一场成功的演出是一

种整体的行为）。(2004，p. 36)

不仅如此，于贝斯菲尔德还认为布莱希特所说的戏剧快感很大一部分来自这种"可见可感的幻觉建构"（可通过代理，而不必亲自冒险体验），这种快感与"对某一阐述观众生活本身的具体问题的事件所作的思考、认同和间离相辅相成地发挥着它们的辩证作用"，即观众的实质行为与"思考和快感"这类个人经验有着密切的联系。(2004，p. 36)

由于观众是演出之所以成为演出的一个关键因素，一旦演出开始，底本中无疑包括了观众的知觉（思考）、情绪（迷狂、幻觉）等经验因素，它们被选中或淘汰影响着演出文本之生成，这在二次叙述的过程中也是一样的。施旭升也曾指出观众自身审美喜好会直接作用于叙述文本意义的理解过程。譬如，他认为观众可以自主选取他所感兴趣的部分，一旦将舞台上的演出或演出中一些精彩的片段摄入自己的审美视野，便会投入大量关注，形成对整体舞台演出中的某些局部的优势感知，此时，观众所关注的并不是整个剧情，而主要是在特定情境中通过对演员表演的品味获得的独特意象体验。(2004，pp. 124 - 125) 在熟知剧情、通晓表演的情况下，"这种省略和取舍不仅无损于欣赏，相反，还可以造成欣赏所必须的某些'空白'；而且正是在这些空白之中，观众能够以局部的优势感知有效地突出戏曲审美中的主导意象或意象的主导方面"（施旭升，2004，p. 125）。此番话道出了观众（包括审美视野、关注点）之于戏剧演出文本的主导性作用，也说明了观众融入对于戏剧演出文本形成的意义。在观众融入演出之际，演出文本的边界也处于不断建构的过程之中。

四、总结

从表演者、观众、演出框架这三类演出的底本元素，可以发现其相关的经验、情感、所在场合以及所处气氛、语境也均属于底本材料的范畴，它们互相作用着、影响着，共同指向戏剧演出文本那开敞的边界。具体来说，这些底本材料是相互作用、相互影响的。它表现在：首先，文本是不断构造着的（structuring），这个不断构造的过程使得叙述者、接受者、叙述框架三者密切关联着。在演出文本的生成过程中，观者与演员之间形成的互动链持续建构着文本；在演出的阐释与反馈过程中，演员及观者所处语境（伴随文本语境、场合语境）不断构造着演出文本的意义生成。其次，演出中的叙述者与受述者是同时在场的，并且演出的"在场性"特征可以为在场者的聚合与组合变形（如联想与回忆）提供一个方向（类似"共感"）。此时，感受者或观看者，不管是受演出体裁、语境的压力，还是受到情绪的牵动，作为在场者总容易通过戏剧元素诱发某些回忆，去和任何情景或一系列突然"蹦出"的场景斡旋，从而建立起联系。概言之，观众与演员的组聚合行为并不是割裂的，有时，他们会相互作用，形成一个共同体，裹挟着其所形成的空间氛围，一起编织戏剧的演出文本，在这个编织建构的过程中，他们共同指向戏剧演出的文本边界。

引用文献：

波波夫，阿（1982）．论演出的艺术完整性（张守慎，译）．北京：中国戏剧出版社．

布鲁克，彼得（2006）．空的空间（邢厉，等译）．北京：中国戏剧出版社．

古迪，杰克（2014）．神话、仪式与口述（李源，译）．北京：中国人民大学出版社．

胡妙胜（1989）．戏剧演出符号学引论．北京：中国戏剧出版社．

赖声川（1999）．赖声川：剧场4．台北：元尊文化企业股份有限公司．

陆正兰（2012）．当代歌词的叙述转向与新伦理建构．社会科学战线，10，152-156．

洛德，阿尔伯特·贝茨（2004）．故事的歌手（尹虎彬，译）．北京：中华书局．

塞尔（2012）．心灵的再发现（王巍，译）．北京：中国人民大学出版社．

施旭升（2004）．中国戏曲审美文化论．北京：北京广播学院出版社．

舒茨，阿尔弗雷德（2012）．社会世界的意义构成（游淙祺，译）．北京：商务印书馆．

于贝斯菲尔德（2004）．戏剧符号学（宫宝荣，译）．北京：中国戏剧出版社．

赵毅衡（2013）．广义叙述学．成都：四川大学出版社．

中国社会科学院外国文学研究所外国文学研究资料丛刊编辑委员会（编）（1982）．外国现代剧作家论剧作．北京：中国社会科学出版社．

作者简介：

胡一伟，文学博士，南昌大学新闻与传播学院副教授，多伦多大学访问学者，主要研究领域为演出符号学。

Author:

Hu Yiwei, Ph. D. in literature, associate professor of School of Journalism and Communication, Nanchang University; visiting scholar of University of Toronto. Her research mainly focuses on semiotics of performing.

Email: huyiwei312@163.com

叙述文本的溯因阐释

谢杰炜

摘　要: 溯因试推（abduction）是一种从观察事实到解释性假说的推理过程，皮尔斯视之为与演绎、归纳并列的推理形式。溯因试推不仅体现于侦探推理小说中的解谜活动，更构成了解读叙述文本的普遍原则。叙述行为天然蕴含着对原因的探寻，将事件组织成具有时间因果的序列，形成一个有意义的故事。溯因阐释贯穿于叙述文本的解读活动之中，构成了文本的叙述性。读者不断地提出解释性假说并加以修正，解释叙述文本的悬疑和惊奇，还原故事的原貌，渐进地创造出一个关于文本的想象结构或主题模式，最终回溯性地实现叙述文本的意义。

关键词: 溯因试推，溯因阐释，叙述，塑形

The Abductive Interpretation of Narratives

Xie Jiewei

Abstract: Abduction is a reasoning process from the observation of facts to an explanatory hypothesis. Peirce regards abduction as a form of reasoning juxtaposed with deduction and induction. Abduction is reflected in puzzle-solving activities in detective fiction and also constitutes a general principle for the interpretation of narratives. Narration naturally implies the exploration of reasons and organises events into a meaningful story with a chronological sequence of causation. Abductive interpretation penetrates the decoding of narratives and constitutes the narrativity of a text, as readers constantly propose and revise explanatory hypotheses, comprehend the mystery and surprise, reconstruct an imaginary structure or thematic pattern, and finally fulfil the meaning of the text retrospectively.

Keywords: abduction, abductive interpretation, narrative, configuration

DOI: 10. 13760/ b. cnki. sam. 202201013

溯因试推（abduction）① 是一种从结果到原因，从观察事实到解释性假说的推理形式。这种推理具有创造性，但同时也是可错（fallible）的。皮尔斯从亚里士多德那里发现了这种特殊的推论方法，视之为与演绎、归纳并列的推理形式。在生活中，医疗诊断和侦探推理是溯因试推的典范。在论文集《三签名：杜宾、福尔摩斯、皮尔斯》（*The Sign of Three: Dupin, Holmes, Peirce*）② 中，西比奥克探讨了福尔摩斯的推理方法与皮尔斯的溯因之间的关系；艾柯等其他学者则将溯因与伏尔泰的《查第格》（*Zadig*）和爱伦·坡的小说联系起来。李斯卡和巴布进一步指出：科学推理和叙述思维之间存在相互联系，尤其是溯因与情节之间存在密切关系，只要文本存在着"惊奇"因素及其解释，叙述就涉及一种与溯因推理相似甚至相同的思维。（Liszka & Babb，2019）

本文认为：溯因思维不仅体现在侦探推理小说中的解谜活动上，更构成了叙述文本的普遍原则。文本的叙述效果是在文本与读者的交流中实现的，对于"悬疑""惊奇"的溯因构成了理解叙述文本的动力。叙述行为天然蕴含着对原因的探寻，"叙述化"将事件组织成具有时间因果的序列，从而整合为一个有意义的故事。文本的实现则需要读者的阅读和阐释，在此过程中，读者通过溯因试推的方法，不断地提出解释性假说并加以修正，解决叙述文本的悬疑，还原叙述文本的情节，渐进地创造出一个关于文本的想象结构或主题模式，从而最终追溯叙述文本的意义。

---

① "溯因"在皮尔斯的论述中存在诸多变名，除了"abduction"，还包括假说（hypothesis）、逆推/回溯（retroduction）、假定（presumption）、推测（conjecture）、溯因推理（reasoning à posteriori），但大部分学者都认为，"abduction"最能体现皮尔斯的思想特点，因此学界普遍使用这一术语。对应到中文，"abduction"也产生了多种翻译：如溯因、逆推、试推、假说。国内学者曾凡桂（2003）曾讨论过这一问题，并认为"溯因"为最佳译名，事实上溯因也是国内的主流译法。本文沿用"溯因"之名，同时将"溯因试推"作为全称，以强调其试探性、可错性。

② 论文集的标题致敬了柯南·道尔以福尔摩斯为主角的名作《四签名》（*The Sign of the Four*）。

一、溯因情节与叙述动力

叙述的高度选择性，造就了一种类似于"后此故因此"（Post hoc ergo propter hoc）的逻辑谬误，然而这种看似谬误的理解模式，正是叙述情节构成的基本形式。在阅读的过程中，我们自然地将后续的事件与前述的事件，通过时间因果关系联系起来。因此在叙述中，时间性和因果性之间的重合被假定为对事件发生的最自然的描述。

由此可见，情节化的自然方式是将故事的信息按照时间的先后和因果的逻辑顺序给出，或者至少是在需要的时候立即提供。但正如俄国形式主义所指出的：文学作品往往拒绝这种直截了当的程序，而是采用艺术化的描述策略，对阅读过程进行各种操纵并使之复杂化。因而故事的信息被"暂时扣留"并"逐步披露"，甚至直接隐去，使得读者被迫填补空白。或者，叙述者故意给出并非谎言却是片面的或具有误导性的线索，后续的展开要求对先前的假说进行修改。伊格尔顿将叙述与欲望结合起来，认为欲望一旦进入叙述之中，就会"利用各种重复和偏差来推迟自己的实现，而这种偏差就是情节"（2017，p. 251）。

对顺序的破坏增加了解读的空间，产生出曲解和秘密，从而引发"调查"。这种溯因情节的典范是侦探推理小说。福尔摩斯的调查方法与溯因的关系已经为学者所注意。尽管福尔摩斯声称"猜测"是一种破坏逻辑能力的坏习惯，然而他识别犯罪留下的痕迹并建立证据之间关系的模式，实际上正是基于假设的生成和检验这一过程。例如福尔摩斯从华生鞋子沾上的红泥推断出华生去了一趟邮局，因为这种特殊的红泥只有邮局前的道路有；又根据对华生的观察，排除了他去邮局寄信的可能，因此最终推理出他是去发了一封电报。西比奥克指出，被福尔摩斯称为"分析推理"（analytic reasoning）的逻辑模式与其说是演绎或归纳，不如说是皮尔斯所定义的溯因试推，即从后果逆推出可能导致这种后果的情况[①]，而这种回溯是一种试错性的假设。（Sebeok，1983）侦探往往将这种试错的过程隐藏起来，直接给出最佳的假说，即最简单自然、最容易检验，而又有助于我们去理解尽可能广泛的事实的假说。

---

① 在《血字的研究》（*Study in Scarlet*）中，福尔摩斯谈道：这种分析性的"回推"（reason backward）是解决问题的重要途径，但相比于演绎性的"前推"（reason forward），前者的重要性往往为人所忽视。

　　侦探推理小说将这种溯因模式发展到了极致：对原初情况的还原成为小说的核心任务。侦探推理小说往往从后果（例如尸体）的出现开始，以推出犯人及其作案手法结束。与皮尔斯不同的是，福尔摩斯很少检验溯因的正确性，这是因为小说作者柯南·道尔赋予了福尔摩斯正确溯因的特权，或者至少是将其试错的思维过程大幅省略了。福尔摩斯之所以如此具有魅力，很大程度上归功于他推理的精准，他总是能够迅速地识别出哪些事实是破案的线索，并使证据自身讲述故事。伴随着工业革命和科学征服的潮流，侦探小说的崛起并不意外，福尔摩斯的推理呼应了维多利亚时代后期对逻辑和理性秩序的信仰，福尔摩斯相信在溯因的尽头，存在着唯一可能的真相等待他去发现。

　　然而在符号学家艾柯的小说中，作为主角的侦探人物往往失去了这种自信。这种迷茫超出了奎因所提出的疑难——侦探如何确定自己掌握了全部的而不是部分的、真实的而非伪造的线索，因而是一种更本质的迷失。艾柯发现了柯南·道尔秘而不宣的事实：侦探的实证主义胜利背后，总是存在着叙述与真相的交织。艾柯在《玫瑰的名字》（*Il Nome Della Rosa*）中致敬柯南·道尔的《巴斯克维尔的猎犬》（*The Munt of the Baskervilles*），设计了一位名为"巴斯克维尔的威廉"（William of Baskerville）的修道士，作为修道院犯罪案的侦探。在推理的过程中，他逐渐形成了一个假说，即凶手是按照《启示录》中的七声号角来实施犯罪的。然而在最后与凶手对峙的时候，他却遗憾地发现，所谓"启示录杀人模式"只是一个巧合，事实上被害者的死亡是偶然的，由受害时特殊的情境造成，但威廉误以为可以通过一个模式来解释、整合这些异常。艾柯用这种方式说明了溯因的易错性，并对符号能否抵达真理这一哲学问题进行了探讨。

　　溯因情节不仅局限于侦探推理小说。"悬疑－溯因"作为一种叙述要素广泛存在于各种类型的文学之中。在波兰科幻作家莱姆的小说《索拉里斯星》（*Solaris*）中，主角宇航员凯文被派遣到索拉里斯星，迎接他的是一个又一个的谜团，例如亡妻的复活与死亡。这些悬疑驱使人物与读者一起走向索拉里斯星的深处，最终发现索拉里斯星独特的逻辑：对人类心中的欲望与创伤的映照。中国的武侠小说同样青睐这一模式：《天龙八部》中三位主角的真正身世都被隐藏，悬疑与溯因的情节设置展现出众生皆苦的佛教主题；在古龙那里，东方的武侠更是与侦探结合在一起，创造出楚留香、陆小凤等脍炙人口的人物角色。

　　为什么溯因模式可以反复出现在各种作品之中？在某种意义上，我们可以说：溯因活动是叙述的原型。几乎所有的故事都有谜团和悬疑，都存在溯因情节，这是构成故事的欲望动力。叙述适用于解释变化（"为什么会是这样？"），因此它自然蕴含着对原因和意图的探寻（普罗斯特，2012，p. 215）。另外，溯因推理体现了叙述的本质，即在事物之间建立起一种关系，将事件按照时间因果的序列联结，使之成为一个自洽的整体。卡洛·金茨堡提出，溯因与叙述的关系可以追溯到上古的狩猎行为：猎人能从各种踪迹（足印、毛发、气味、折断的树枝），追溯出复杂的、无法直接经验到的事实，并且将这些信息组织到一个叙述序列中去。（Ginzburg，1989，p. 103）进一步而言，我们的知觉、记忆同样具有选择性和片面性，这是意义生成的基本条件。当我们组织叙述的时候，我们必然是以一个特定的时间逻辑顺序进行的，这也意味着我们永远不能得到一个完满的、唯一的真相。

可见，叙述天然地具有溯因性——这正是石黑一雄小说创作的核心概念。在石黑一雄的小说中，人物对自身命运图式的追寻和发现，与读者的渐进性理解是同步的，人物和读者的溯因形成了重合：《莫失莫忘》（*Never Let Me Go*）中作为捐赠者的孩子们，将自己生活中的异常和保护者所暴露的蛛丝马迹拼凑起来，逐渐理解了自身命运的意义；《我辈孤雏》（*When We Were Orphans*）中大侦探班克斯对于父母失踪之谜的追索，展示了旧世界的孤雏们在父辈留下的世界中追求真相的命运。石黑一雄令人惊叹的技艺还在于：将回忆叙述的溯因性与不可靠叙述者巧妙地结合在一起。在处女作《远山淡影》（*A Pale View of Hills*）中，一句淡淡的"景子那天很高兴"，以一种图穷匕见的方式揭露了悦子和佐知子的同构；在技巧更为娴熟的《长日留痕》（*The Remains of the Day*）中，石黑一雄笔下管家的叙述表面上不动声色，然而在平静而克制的叙述水面下，却有一种强大的叙述压力，驱使着读者以侦探的眼光，去发现故事的暗流涌动，发现回忆与真实之间不可弥合的裂缝，最终重建整个故事的真相。

悬疑不只来自对故事时间因果的颠倒，或对事情原委的扣留，也来自对预期的违背所产生的效果，正是这种违背造就了亚里士多德意义上的"惊奇"。在皮尔斯看来，我们的信念并不是建立在一个不可怀疑的基点上的，而是建立在一些无须怀疑但本质上是可错的信念集之上，当这种平静被"惊奇"打破的时候，我们便寻求进一步的解释。皮尔斯在后期对溯因较为成熟的论述中将这样的溯因过程表现为：

观察到出乎意料的事实 C

如果 A 为真，则 C 是理所当然的

因此，有理由怀疑 A 是真的（CP 5.189）

皮尔斯将"惊奇"看作溯因的触发点，在现有假设框架下的异质性可以看作积极的要素，引发我们积极的阐释。新的假说与信念网络的互动，使我们能够理解更大范围的现象，并对已知现象做出更好的解释。这一溯因过程同样发生在文本阐释的过程中，当我们观看希区柯克的电影时，我们总是被这种"惊奇"牵引：为什么《迷魂记》（*Vertigo*）中玛德莲举止异常、神秘自杀而又重新出现？《群鸟》（*The Birds*）中的鸟群为何要攻击主人公乃至整个小镇？这种秩序与惊奇之间的运动构成了叙述的欲望动力。

在此我们可以为卡夫卡的小说奇特的荒诞感提供一个可能的解释，即对溯因的抗拒（disavowal）。在他的小说中，日常被惊奇打破，但悬疑永远无法解决，溯因的可能性被先在地排除了。《变形记》（*Die Verwandlung*）中的格里高·萨姆沙从烦躁不安的梦中醒来，发现他在床上变成了一个巨大的甲虫，小说中他的疑问只有短短一句："我怎么了？"可是一旦确认了自己不是身处梦境之后，人物（以及叙述者）似乎都对变形的原因漠不关心，相反，他忧虑的是上司会不会因为自己缺勤而发脾气，以及自己腹部长出的白色斑点。在《审判》（*Der Prozess*）里，同样从睡梦中醒来的银行经理 K 被告知自己面临审判，然而自始至终不知道为何被审判；他坚持为自己辩护，但也不知道为什么而辩护；他生活着，甚至不知道自己是否已被判决，直到最后被两个人带到郊外杀掉，留下一句难解的"像一条狗"。

诺伊曼在卡夫卡的创作中发现了一种"滑动反论"（Gleitendes Paradox），"卡夫卡的反论不是将人们引向矛盾的综合，而是从所期望的任何逻辑推理转移开"（1988，p.545）。可见，卡夫卡的荒谬不是来自文风，也不是来自思维的倒反，而是来自这种"反溯因"的处理手法：从自然的、模式化的思维习惯逃走，转而去描述那些奇异的细节。这种创作上的自觉可以在卡夫卡的随笔中得到印证："一个突变。回答隐蔽地、胆怯地、却又满怀希望地回避着问题，从其不满足的面容上可以看出它在竭尽全力地寻找着，追随着问题走在最无意义，即离问题尽可能远的路上。"（转引自诺伊曼，1988，p.543）

我们不难联想到同样以荒诞风格著称的贝克特的作品《等待戈多》，在戏剧中最重要的问题"为什么要等戈多？"被无限地搁置和延后，甚至戏剧一开始就否认答案的存在，在文本中则体现为对溯因的无视或否定。这种"反溯因"正是现代主义的核心特质，它们刻意延缓甚至悬搁溯因的过程，抗拒悬疑的解决和秩序的回复，抗拒整合叙述的动力。"反溯因"建立在溯因的基础上，正如现代小说建立在故事的基础上，但又是对故事的批判，正是这种内在的悖谬，造就了其文本形式的复杂和内涵的丰富。

李斯卡研究了溯因与情节、讲述和阅读之间的关系，认为只要有惊奇的因素和对惊奇的解释，叙述就涉及一种与溯因推理相似甚至相同的思维。他还进一步拓展了溯因的应用范围，把"故事接下来将如何发展"——"悬念"也纳入溯因的范畴，将其理解为"根据情节中的线索或事件，对未来事件的两个或多个假设之间的竞争"（Liszka & Babb，2019，p. 205）。

这种观点和斯滕伯格的论述形成了共鸣。与奥古斯丁的"认识""回顾"和"展望"概念相对应。斯滕伯格将叙述性定义为由"惊奇""好奇"和"悬念"三种主要策略构成的游戏。在他的模型中，叙述存在着三个关键时刻：与意外的中心巧合相遇（惊奇），寻找惊奇的起源（好奇），对解决谜题的期待（悬念）。（Sternberg，1992）斯滕伯格强调，叙述的"惊奇"效果不是在任何预先确定的形式中给出的，而是在交流中重建的，所有的叙事效果都产生文本与读者的交流动态。

这一交流过程被许多学者看作叙述性（narrativity）的本质：斯科尔斯用"叙述性"这个词来指代感知者从任何叙事媒介提供的虚构数据中主动构建一个故事的过程（Scholes，1982，p. 60）；弗鲁德尼克提出"作为叙述性的文本阅读"或"在阅读过程中构成叙述性"（Fludernik，1996，p. 14）；斯滕伯格则将叙述性定义为"再现时间"和"交流时间"之间的由悬念、好奇、惊奇所构成的游戏，而叙述作品则是这种游戏占主导地位的话语（Sternberg，1992）。这个交流过程是一种不断提出假说、不断试错的"之"字形运动，由此阅读从不对称走向对称。

利科用"可跟随性"（followability）概念来形容这一过程。正是读者对文本的跟随产生了一种逻辑连续体，从而使得文本的各个要素可理解并产生意义（Ricoeur，1984，p. 150）。为了使故事的可跟随性起作用，讲故事的人也创造了干扰、惊奇和异常，鼓励读者自我纠正和自我反思。利科认识到，"可跟随性"并不意味着读者能够演绎或预测结论，而只表示读者看到它的正确性和可接受性，因为溯因在本质上是或然性的，它作为一种非演绎性推理是不保真的，但需要对现象有一定的解释力。

叙述的构成和阅读行为所共有的时间性，使序列（sequence）成为叙述文本的首要问题。序列的构建和重建遵循着时间性与因果性的固有逻辑，叙述文本的序列由两方面构成：一是叙述者组织和构建文本如何呈现的序列（presentational sequence）；二是读者对这一序列的重建，尽管这种重建是变形的。后者发生于文本接受过程中，也即"二次叙述化"。任何文本必须经过二次叙述化，才能真正成为叙述文本；一部作品的真正实现需要读者的参与。

赵毅衡认为，二次叙述化的目的不仅在于理解文本、回顾情节，更在于"追溯出情节的意义"（2013，p. 106）。因此，阅读是"对叙述加工的反动，是一种回溯，是解开能指之结的过程"（赵毅衡，1990，p. 217）。正如利科所言，文本总是未完成的，总是处于一个"不断构造的"（structuring）的过程中，读者的肩上承担着为作品"塑形"（configuring）的重任，而阅读则是读者对文本连贯性的寻求（Ricoeur，1988，p. 168）。只有在读者与文本的交流过程中，文本的各个部分才能通过序列重新整合为一个整体。因此，下文将从这一角度出发，论述溯因在其间的作用。

二、溯因阐释与文本塑形

可见，溯因不仅是对"接下来发生什么？"（悬念）、"为什么会发生？"（好奇）的推论，更是一种塑形性的，联结述本各个部分，将文本具体化的必要操作。卡勒认为，对文本的"自然化"（naturalization）是读者最基本的思维活动之一。所谓"自然化"，就是"把一切怪异或非规范因素纳入一个推论性的话语结构，使它们变得自然入眼"（卡勒，1991，p. 206）。在他看来，自然化的各个层次和模式的最小公分母是一致的概念：使一部文本自然化，就是让它与某种话语或模式建立关系。

卡勒进一步认为，"只要有一个合适的语境，我们总是可以把无意义变成有意义"（1991，p. 207）。即使是计算机程序随机生成的字符组合，只要我们能想象出一套解读规则，就能使之产生意义，人类自古以来对星座的解读就是一个典型的例子。即使连基本的关联都无法建立，也可以将这种混乱视为荒诞的象征，从而使其产生与世界的隐喻关系。尽管这种分析方式在一定程度上被滥用了，但不可否认的是：唯有建立一种想象的框架结构，读者面对文本才有一个"抓手"，使文本成为可理解的。

《穆赫兰道》（*Mulholland Dr.*）被称作电影史上最难解的作品之一。然而这个文本也为卡勒的"抓手"比喻提供了精彩的例证。对于那些不了解大卫·林奇及其作品的观众来说，理解《穆赫兰道》无疑是一个巨大的挑战。电影充斥着诡谲的意象和混乱的时空、人物关系。可是一旦观众尝试提出一个假说——这是一部展现梦与现实的影片，那么许多困惑和谜团就能迎刃而解。那些熟悉弗洛伊德关于梦的运作机制的论述，或者了解大卫·林奇的创作历史的观众，能相对容易地提出这样一个假说，从而将影片整合为一个可理解的整体，并在文本、理论、作者之间构建联系，使它们相互确证；而那些一无所知的观众则要经历更漫长的试错过程，才能够发现理解影片的方式。

正如我们在卡夫卡的小说中所看到的：溯因情节的缺席造成了溯因阐释的开放。卡夫卡的《城堡》难以用讲故事的方式进行描述，但这座迷宫却吸引着无数学者进行诠释。精神分析、存在主义、马克思主义等各类学者，都试图在卡夫卡作品中寻找出一套隐喻系统，尽管这种近乎解经式的阐释往往只是解释者的执念，但大部分学者都同意，只有把卡夫卡的小说"看成是一个寓言，一个总体象征结构，小说才可能获得真正的解释。小说的每一部分细节，只有纳入到这个总体象征结构中才能获得意义"（吴晓东，2003，p. 18）。

波德维尔在其电影理论中明确指出，不能把电影看作对形式主义者所说的"法布拉"（fabula）的形象呈现。一部电影的故事从来没有实质性地出现在屏幕上。电影只提供了"休热特"（syuzhet），即对故事的实际安排、组织和呈现，它不是故事的全部内容，而是一个抽象的结构，是一个故事的模式化。而法布拉是通过对休热特提供的信息进行重新排序而构建的：观众在感知的过程中构建了一个假设，然后将电影的元素与这个假设相匹配，以构建电影的意义。法布拉是叙事的感知者通过假设和推理创造的，是感知者收集叙述线索、模式，提出并验证假说的结果。（Bordwell，1985，p. 49）

波德维尔的这一观点本就借鉴自文学理论，自然也适用于文学作品的分析，纳博科夫作品《微暗的火》（*Pale Fire*）便为之提供了精彩的验证。小说由谢德的长诗和教授金波特对之的注释组成，纳博科夫用这种炫技式的结构，将故事的线索散布在小说各处：诗人与金波特的真正关系如何？反复出现的赞巴拉的流亡国王又是何意？只有通过对诗作和注释的细致阅读，才能想象出故事的真貌。

因此，溯因的出发点实际上是叙述文本提供的"指令"或"线索"（cues），而叙述文本则可以看作指令或线索的集合。阅读是根据情节的组织安排而展开的时间过程，线索的排列和组织限制了阐释的潜能，使其不是漫无边际的猜想，情节在阅读的时间过程中发展自身，为读者提供新的线索，正是这种线索，为读者的述行性建构提供了指引。

与此同时，对故事的整体性假定使得这种述行性建构受到目的论的限制。我们从叙述中感知到一种特殊的指向性或目的性，认识到它是一个"故事"，感觉到似乎存在着一个有待发现的世界，从而对它的表达模式和语义内容有一定的期待。"对隐含意义的预知主导着电影阐释的方向"，这种推理法分析被托多洛夫称为"终极目的化"（Todorov，1982，p. 254），正是这种潜在的目的论构成了文本的秩序基础。

因此，阅读不是线性的信息叠加，我们对于故事整体的回溯性推理为阅读提供了一种期待框架，借由这种推理，在叙述中不断展开的事件可以在被假设的故事整体中得到解释，而后续的事件也可能反过来改变我们原先的理解。但这种推理是易错的，情节可能会不断发展出皮尔斯所说的"出乎意料的观察事实"（unexpected observed facts），从而要求通过溯因提出新的假设，使这些尚未得到解释的事实合理化。我们在阅读的过程中提出并修正假设，"在幻想的建立和破灭之间摇摆"（Iser，1972，p. 293）。在试错的过程中，我们组织和重新组织文本提供给我们的各种数据，做出更为复杂的推断和预测。

需要注意的是，这种潜在的目的论并不意味着存在一个先在的、确定的意义等待被发现。艾柯指出："文本意图"不是文本先在地具有的永恒本质或唯一诠释，而是读者从自己的位置出发猜测的结果（Eco，1992，p. 64）。所谓猜测，就是设想出一个法则，使得该法则能够解释结果，这种法则就是文本的"秘密符码"（secret code），正是它构成了文本的基础。因此艾柯宣称："解释的逻辑就是皮尔斯的溯因逻辑。"（Eco，1990，p. 59）

溯因从结果开始，然后退到一个猜测性的前因，而这些结果很可能会从这个猜测性的前因中合乎逻辑地产生。而正如溯因永远是一种试探性的推理，是或然性的，艾柯指出：法布拉只能是"可能的法布拉"（possible fabula）（Eco，1979，p. 28）。他以但丁的《神曲》为例，认为根据"四个世界"的说法，作品至少可以在四种意义上进行解释（字面义、隐喻义、道德义和神秘义），而这四种解释实际上就对应着四个不同的法布拉。法布拉的或然性是读者做出不同阐释的基础。例如《牯岭街少年杀人事件》中那位穿海军服的少年"Honey"真诚地诉说着《战争与和平》中的故事，但其所重述的故事却充满了武侠式的情节，因为在他看来，这就是一部武侠小说。这位少年所重构的法布拉显然与托尔斯泰的大多数读者的不同。可见，正是溯因试推的存在，使得作品能在不同时空中保有丰富的内涵。

溯因作为非演绎性的推理形式虽然是试错性的，却是必需且有效的，并且完全符合叙述特有的逻辑。通过叙述回溯性的综述，目的、原因和偶然都被聚集在完整统一的"动作"时间体中。这种异质的综合，这种塑形的"放在一起"与想象的生产性工作密不可分（马瑟，2018，p. 142）。皮尔斯说：

"在假设性推理中，复杂的感觉被一种强度更大的单一感觉取代，这种感觉属于思考假设性结论的行为……管弦乐队的乐器发出的各种声音冲击着耳朵，其结果是一种特殊的音乐情绪，与声音本身完全不同。这种情感本质上与假设性推论是一样的，每一个假设性推论都涉及这种情感的形成。"（CP 2.643）

正如皮尔斯所说：用纯粹偶然来解释事情是徒劳的；相反，要利用偶然，从而为概括性原则留出空间，从而产生出规律性（CP 6.63）。因此，即使读者阅读的是一些看似简单的小说，其叙述性过程却可能是相当复杂的。因为我们需要"从单纯的描述性或偶然性中将因果关系分离出来"（Scholes，1982，p.63）。这时候更高层次的溯因试推就会发挥作用，目的是调和"前瞻"与"回溯"之间的不协调。叙述的连接性和因果性特征，作为事后推理的范例，被利用来上演一个"基于事实的创造性偏离"（Ferraresi，1996，p.255）。理解文本，就是寻求文本的规律性（regularities），而不是将文本看作不可预见的和纯粹偶然的。而这种理解，又必然具有自发性、假设性、冒险性、易变性诸倾向。

许多理论家都发现了阅读和解释过程中的假说和试错，例如赫希就指出，解释必然开始于猜测、假说、想象，没有这种猜测，解释就无从出发（Hirsh，1967，p.203）。但他认为这种想象必然是直觉的、通感的，没有方法论可言。因此，在他的《解释的可靠性》（*Validity in Interpretation*）中，他主要考察的是对假说的验证。真正自觉地将溯因试推作为一个文学命题的是艾柯。作为一位符号学家，皮尔斯对艾柯的影响十分深远。尽管皮尔斯说由溯因、演绎、归纳构成的逻辑论是符号的本质特征，也是认识和探究事物的普遍方法论，然而，他本人更多的是在科学研究的语境中对溯因进行讨论。艾柯则将溯因试推作为文本阐释的重要方法论，拓展到整个文化表征领域。对于艾柯来说，义本符码是读者为了解读信息而提出的"工作假设"。文本中的信息不是既定的，而是某种"约束网络"，邀请读者进行推论。

艾柯通过其解释合作（interpretive cooperation）模型提示我们，文本符号的解释者扮演的正是侦探的角色（Eco，1990，p.52）。读者总是在符号学和阐释学的边界游移，解释者并不对文本的意义进行"判决"，而是进行一种类似于侦探追溯案情的活动。文本不是一个固化的结构，而是一个巨大的迷宫，读者穿梭其中，其阅读和阐释被艾柯称为"推理散步"（inferential walk）（Eco，1979，p.214）。

三、溯因与文本意义的实现

叙述是"故事的呈现"（presentation of fable）和"渐进的阐释"（progressive interpretation）之间的纠结过程（克默德，2018，p. 186），这种"故事"和"阐释"之间的对话从写作之初就开始了，读者想要获得自然的顺序和限制，而文本总是挫败这种简化的欲望。正如克默德（2018，p. 196）所说的："读者想要作品从头到尾像是亮闪闪的啤酒杯里的啤酒一样，而这个秘密的阴影拒绝迎合这些读者的口味。"对于文本的溯因，并不意味着叙述文本能够以某种方法被全然透明化，叙述必然有其秘密，对于连贯性的欲求与秘密的可能性是同时存在的。

事实上，这取决于我们观照文本的形式：尽管对于一个连贯的故事来说，文本中必然存在一些异质性的噪音，但这种噪音如果以不同的假设方式观照，又会生产出新的意义。无论如何，只有当假设发挥了某种明确的功能，从特定角度照亮了各种元素，从而将叙述文本整合成一个整体性的复杂模式时，模糊性和多义性才会作为文学的一个独特的原则发挥作用。

因此读者必须如侦探一般对叙述之谜展开调查，通过溯因阐释推论故事的原貌，追溯文本的意义。这种推论和追溯并不意味着故事是先于读者的独立存在，相反，"故事总是从属于解读"，总是"在书页的空白之处发展变化"（克默德，2018，p. 162），是被溯因阐释回溯性地实现的。

读者选择文本的某些成分，排除一些东西，突出另一些东西，将其组织成前后一致的整体，不断变换角度，从而努力从文本中找出一个连贯的意义，或者建立起一个和谐性的想象模式。尽管伊格尔顿（2007，p. 80）认为这种和谐性只是自由主义意识形态的虚幻假定，是一种"幻象"（illusion），但对连贯的寻求永远是阅读叙述文本的首要目标。利科写道：阅读就是不停地在无法打消的怀疑和不可动摇的信念之间摇摆（2018，p. 35）。给混沌打上次序的标记，给无意义打上意义的标记，给不协调打上协调的标记，是读者无法控制的需要。

这种读者主导的，对空隙的填补和对文本的具体化，在接受美学和读者反应论中获得了本质性地位。英伽登认为文学作品所提供的只是一组"纲要"（schemata），而读者通过填充种种"不定点"实现这种和谐，这种行为被他称为"具体化"。这种具体化为读者的经验提供了一个比叙述文本所明确提供的语义信息更丰富、自然的作品版本，而这需要读者的想象力的积极参与。伊瑟尔进一步提升了读者的地位，他赋予读者用以"实现"作品的不同方式，其中没有一种解释能够穷尽文本的意义潜能，唯一的要求是这种解释必须符合文本的内部融贯。对不定点的填补是一种试错性的溯因推理。并非所有不定点都会被填补，填补不定点过程中的抉择不同，实现的意义也就不同。

正如阐释学所反复强调的，读者是带着"成见"进入文本的，在阅读的过程中，我们总是带着"一个由种种信念与种种期待所形成的朦胧语境"（伊格尔顿，2007，p. 75）。在皮尔斯的逻辑理论中，先入为主的观念构成了阅读的潜在经验背景，并影响着阅读过程中对文本各部分的理解。正是因为存在前见，所以即使在第一性（firstness）、假设性和可能性的领域内，对叙述文本的种种假说也已经根据某些标准被限制。溯因试推被一个"话语总体"规范，它抑制了那些不合理的猜测（Feil & Olteanu，2018，p. 213）。

里默尔将探究过程比喻为"跳上一列行驶中且永远不会停止的火车"（Riemer，1996，p. 393）。溯因、演绎、归纳这三种推论方式交织在一起，密不可分，共同构成了反馈和迭代的过程。三种推论方式构成的整体并不是一个无限重复的循环，而是一个回旋上升的过程。随着这个上升和迭代的过程，个体的理解和知识得以增长，信念体系得以完善和演进。

这种探究的过程与阐释学的思想相互呼应：溯因必须对文本具有解释力，需要在文本的整体与部分，旧的理解与新的信息之间得到检验。因此解释循环不是一个恶性循环，而是一个自我纠正、不断增进对文本的理解的过程。我们的期待和假设在阅读过程中不断修正，文本所提供的新的线索、暗示、新的事实，成为修改、完善甚至推翻先前假说的动力，从而部分与整体的动态关系开启了阐释学的循环运动。

由此我们看到，无论是悬疑和惊奇的叙述效果，还是序列及故事整体的重建，再到最终文本意义的追溯，都不是对于一个先在的确定物的发现，而是阅读过程中一系列连续的溯因阐释的结果。因此，对于读者来说，叙述文本的各个部分都是对一个仍然潜在的文本世界中事件的呈现。如果说虚构作品创造了自身的指涉对象，即一个可能性的文本世界，那么读者阅读和阐释中的溯因活动，正是对那个世界的救赎和实现。

引用文献：

卡勒，乔纳森（1991）. 结构主义诗学（盛宁，译）. 北京：人民大学出版社.

克默德，弗兰克（2018）. 思想絮语（樊淑英，金宝，译）. 南京：南京大学出版社.

利科，保罗（2018）．时间与叙事卷二：虚构叙事中时间的塑形（王文融，译）．北京：商务印书馆．

马瑟，玛丽埃尔（2018）．阅读：存在的风格（张琰，译）．上海：华东师范大学出版社．

诺伊曼，格哈德（1988）．倒转与转移——论弗兰茨·卡夫卡的"滑动反论"（王庆余，胡君亶，译）．载于叶廷芳（编）．论卡夫卡，541－600．北京：中国社会科学出版社．

普罗斯特（2012）．历史学十二讲（王春华，译）．北京：北京大学出版社．

吴晓东（2003）．从卡夫卡到昆德拉：20世纪的小说和小说家．北京：生活·读书·新知三联书店．

伊格尔顿，特里（2007）．二十世纪西方文学理论（伍晓明，译）．北京：北京大学出版社．

伊格尔顿，特里（2017）．文学事件（阴志科，译）．郑州：河南大学出版社．

曾凡桂（2003）．皮尔士"Abduction"译名探讨．外语教学与研究，6，469－472．

赵毅衡（1990）．文学符号学．北京：中国文联出版公司．

赵毅衡（2013）．广义叙述学．四川：四川大学出版社．

Bordwell, D. (1985). *Narration in the Fiction Film*. Madison：The University of Wisconsin Press.

Eco, U. (1979). *The Role of Reader*. Bloomington：Indian University Press.

Eco, U. (1990). *The Limits of Interpretation*. Bloomington：Indiana University Press.

Eco, U. (1992). Overinterpreting Texts. In S. Collini (Ed.). *Interpretation and Overinterpretation*, 45－66. Cambridge：Cambridge University Press.

Ferraresi, M. (1996). Peirce on Fiction. In Vincent M. Colapietro & Thomas M. Olshewsky (Eds.). *Peirce's Doctrine of Signs: Theory, Applications and Connections*, 392－397. Berlin：Mouton de Gruyter.

Feil, S. & Olteanu, A. (2018). Abduction, Hermeneutics, and the Interpretation of Interpretations. *Hu Arenas*, 1, 206－222.

Fludernik, M. (1996). *Towards a "Natural" Narratology*. New York：Routledge.

Ginzburg, C. (1989). Clues：Roots of an Evidential Paradigm. In *Clues, Myths, and the Historical Method* (John and Anne C. Tedeschi Trans.), 96－125. Baltimore：The Johns Hopkins University Press.

Hirsh, E. D. (1967). *Validity in Interpretation*. London：Yale University Press.

Iser, W. (1972). The Reading Process：A Phenomenological Approach. *New Literary History*, 3, 2, 279－299.

Liszka, J. & Babb, G. (2019). Abduction as an Explanatory Strategy in Narrative. In T. Jappy (Ed.). *The Bloomsbury Companion to Contemporary Peircean Semiotics*, 205－234. London, New York, New Delhi, Sydney：Bloomsbury Academic.

Peirce, C. S. (1931－1966). *The Collected Papers of Charles S. Peirce*, 8 vols., C. Hartshorne, P. Weiss, and A. W. Burks (Eds.). Cambridge：Harvard University Press.

Ricoeur, P. （1984）. *Time and Narrative*, Vol. 1 （K. McLaughlin, D. Pellauer, Trans.）. Chicago, London: The University of Chicago Press.

Ricoeur, P. （1988）. *Time and Narrative*, Vol. 3. （K. McLaughlin, D. Pellauer, Trans.）. Chicago, London: The University of Chicago Press.

Riemer, I. （1996）. Hermeneutic Aspects in the Light of Peirce's Semiotics. In Vincent M. Colapietro & Thomas M. Olshewsky （Eds.）. *Peirce's Doctrine of Signs: Theory, Applications and Connection*, 392 – 397. Berlin: Mouton de Gruyter.

Scholes, R. E. （1982）. *Semiotics and Interpretation*. Binghamton: The Vail-Ballou Press.

Sebeok, T. A. （1983）. A Juxtaposition of Charles S. Peirce and Sherlock Holmes. In Umberto Eco & Thomas. A. Sebeok （Eds.）. *The Sign of Three: Dupin, Holmes, Peirce*, 11 – 54. Bloomington: Indiana University Press.

Sternberg, M. （1992）. Telling in Time （II）: Chronology, Teleology, Narrativity. *Poetics Today*, 13, 3, 463 –541.

Todorov, T. （1982）. *Theories of the Symbol* （Catherine Porter, Trans.）. Ithaca: Cornell University Press.

作者简介:

谢杰炜, 四川大学符号学 – 传媒学研究所成员, 研究方向为符号学、叙述学、阐释学。

Author:

Xie Jiewei, member of the ISMS research team, Sichuan University. His research interests include semiotics, narratology and hermeneutics.

Email: xiejieweixxf@outlook. com

论近年中国影视作品中的回旋跨层

李 莉

摘　要：近年来，中国文艺作品越来越多地运用叙述跨层与回旋跨层手法，令作品呈现奇幻、悬疑等特色。回旋跨层是自指悖论的一种形式，它将叙述层与被叙述层融为一体，打破了因果关系和线性的时间流逝。在近期中国影视作品里，回旋跨层出现日益复杂化的趋势。根据不同分类标准，这些回旋跨层可被分为整体回旋和个体回旋、完全回旋和不完全回旋、单次回旋和缠绕回旋等几种类型。打破回旋的怪圈需要寻找高一层级以及内部的突破动力。

关键词：叙述跨层，回旋跨层，自指悖论，怪圈

Cyclical Transgression in Recent Chinese Movies and Television Dramas

Li Li

Abstract: Narrative transgression and cyclical transgression are frequent in recent Chinese literary and artistic works, displaying fantastic and mysterious characteristics. Cyclical transgression is a form of self-referential paradox that combines the narrating and narrated levels while breaking chains of causality and the linear passage of time. In recent Chinese novels, movies, and television dramas, cyclical transgression has become increasingly complex. According to various classificatory criteria, cyclical transgression can be divided into whole and individual, complete and incomplete, or single and tangled forms. The means of breaking the vicious circle of transgression can be found at a higher level or from within the circle.

Keywords: narrative transgression, cyclical transgression, self-referential paradox, vicious circle

DOI: 10. 13760/ b. cnki. sam. 202201014

一、叙述跨层与回旋跨层

一个叙述文本包括不同的层次：叙述层和被叙述层是最基本、最天然的区分，同时被叙述的故事还可以有进一步的划分，如故事里的人物又讲述其他的故事。层次之间的边界清晰，每个层次中的世界具有完整性和独立性。叙述跨层就是试图僭越这条边界，令不同层次中的人或物相遇。法国批评家热奈特（Gérard Genette）最早提出跨层的概念："故事外的叙述者或受述者任何擅入故事领域的行动……或如科塔扎尔作品中的相反的情况。"（热奈特，1990，p. 164）这些擅入行动所跨越的是"两个世界之间变动不定但神圣不可侵犯的边界，一个是人们在其中讲述的世界，另一个是人们所讲述的世界"（p. 165）。

中国文艺作品中的叙述跨层历来并不少见，《聊斋志异》里从书中走出的颜如玉，从赵孟頫画中跑出的骏马，或是寺庙里飘入壁画里的书生，这些都是破框而出的跨层现象。诞生于 1926 年由万氏兄弟制作的中国第一部动画片《大闹画室》也是一部跨层作品，画家笔下的一个小人儿从画板中跳下来，在画室捣乱，画家与小纸人儿追逐打斗一番后，终于将他赶回了画中。及至现当代，跨层作品越来越多，元小说中时不时出现在故事中的叙述者、戏剧舞台上突然和观众说话的演员，还有穿越进小说和漫画里的网络故事的主角们，跨层故事丰富多样。

跨层作品往往带给观众奇幻和滑稽之感，而其中回旋跨层缠绕最为复杂，效果也更加震撼。回旋跨层指的是一种跨层的循环，"下一层叙述不仅被生成，而且回到自身生成的原点，再次生成自身"（赵毅衡，2013，p. 283），也就是高叙述层与低叙述层互为因果、互相叙述的"怪圈"循环。在普通的跨层中，人物和故事情节虽然在层次的边界进行违背逻辑的来回跨越，但层次之间的边界是清楚的，甚至跨层行为的出现还凸显了边界的存在，如在舞台表演中，演员如果突然与观众直接交流，就会让沉浸于故事中的观众立刻意识到舞台上的表演不过是在扮戏。

而在回旋跨层中，人物看似来到了另一个层次，但是随着情节的进一步发展，人们惊讶地发现，这另一个层次实际上就是原来的层次，两个看似不同的层次在某一处相会，叙述层次经由人物的往复运动而混合在一起。叙述层与被叙述层之间的界限完全混淆，故事的线性发展也不复存在，因果逻辑完全失灵。如同在莫比乌斯环上的小虫不用翻越边界就可以在环的两面穿梭一样，在回旋跨层中，叙述与被叙述的两面合二为一：人物仿佛沿着一个平面出发，走着走着就越出了原平面，进入了另一个相反的平面，再往下走却又回到了原平面。如尹鸿承执导、成龙监制的影片《逆时营救》中，主人公为了救儿子而三次回到 1 小时 50 分钟前，主叙述中的结局因此而一再改写。

二、自指悖论与层控

回旋跨层实际上是一种自指悖论，一个叙述无法言说自己的生成过程，如果它要指向自身，就会出现自指悖论。自指悖论也称罗素悖论，其问题是：定义一个集合由不属于自身的集合所组成，那么这个集合本身属不属于这个集合？这是一个两难的境地，如果属于，那么根据定义，它就不属于自身；如果不属于这个集合，同样根据定义，它又是属于这个集合的。比如图书馆书目悖论：编撰一本书名词典，列出所有不列出自己书名的书，那么它列不列出自己？如果列出，则违反了"不列出自己书名"这个标准，但如果不列出，这个书名词典又是不完整的。罗素（Bertrand Russell）在维特根斯坦《逻辑哲学论》序中明确指出语言的层控观，"每种语言的结构都无法在自身内部言说，但是也许有另一种语言处理前一种语言的结构，并且自身又有一种新的结构，这种层级结构是无限的"（罗素，2019，p. 017）。也就是说，每个系统永远无法在自身内部说到自身的结构，这个任务需要高一级的层次来完成。

这高一级的层次就是语言学家们所称的"元语言"。语言分层理论的提出者之一卡尔纳普（Rudolf Carnap）在 1934 年发表的《语言的逻辑句法》导论的第一节中对此做了明确的说明："我们关注的是两种语言：首先是作为我们研究对象的语言——我们把它称作对象语言，其次是我们用来谈论对象语言之语形形式的语言——我们把它称作语形语言。正如我们已说过的，我们将把某些符号语言作为我们的对象语言；我们将先简单地用英语并借助一些附加的哥特体符号作为我们的语形语言。"（卡尔纳普，2012，p. 4）由此可见，对象语言是指作为研究对象的语言；语形语言就是元语言，是指用以表述、研究对象语言的那种语言。

1931 年，数学家哥德尔（Kurt Gödel）就是利用逻辑学里的自指悖论，经过复杂论证提出了著名的不完备定理，使数学基础研究发生了划时代的变化，并深刻影响了哲学、逻辑学、语言学、物理学等人类社会赖以生存的多个领域。不完备定理包含两个内容，简单来说：第一，任何一个形式系统，并非任何真命题都可证，即这一个形式系统中必然会存在不可判定的命题；第二，形式系统如果是一致的，这种一致性在该系统内不可证明，即关于该系统一致性的证明不能在该系统内部达成。哥德尔不完备定理迅速扩展到一般的逻辑体系，"哥德尔证明在一个逻辑系统中，一定会产生无法证明且无法证伪的命题，而这个逻辑系统的限定条件非常的宽泛，几乎覆盖了所有逻辑范畴"（马兆远，2016，p. 92）。

叙述和被叙述这两个层次也可以被看作两个不同的系统，叙述层高于被叙述层，它可以说明被叙述层的产生，但叙述行为本身无法言说自己的生成，这个任务只有通过设置再高一级的叙述层才能完成。而如果一个叙述指涉自身、评论自己、试图改变自己或是说到自己的产生过程，那么就会产生严重的自指悖论。

图像叙述能够非常清楚地展示这样的悖论。擅长以线条作画的美国著名漫画家斯坦伯格（Saul Steinberg）的许多作品都以自我生成为主题，人物正在画自己如何画出自己，也就是说图像的被叙述层在描述自身如何被叙述出来——自己怎么能画出自己？这应当是处于高一层次的画家才能完成的任务。显然，叙述层与被叙述层合二为一，自指悖论立显。

贡布里希（E. H. Gombrich）发现了斯坦伯格画作中的悖论，比之于"克里特岛人说所有克里特岛人都说谎"这个著名的悖论，指出图画和语言一样，都需要元语言，即高一层次的语言帮助区分再现与被再现，"不采用诸如引号之类的手段把逻辑学家所称的'语言'和'元语言'区别开，语言能够传达的信息就有限度。不把图本身画的内容跟它打算作为现实的内容区别开，图画能够再现的事物就有限度"（贡布里希，2000，p. 173）。贡布里希用了两个"就有限度"，非常明确地指出了自我指涉的艺术作品将叙述层和被叙述层混淆的本质，而要对它们进行二次叙述化，就需要借助高一级的元语言，这样才能把合二为一的两个层次区分开。

美国认知科学家侯世达（Douglas R. Hofstadter）进一步提出"怪圈"（strange loop）理论。"怪圈"指的是"在一系列构成环路的不同阶段中，从一个抽象（或结构）层级向另一个层级的转移，感觉像是沿着一种等级结构在向上运动，结果这种连续不断的'向上'转移，却以某种方式形成了一个闭合的环路。也就是说，虽然感觉上是离开得越来越远，结果最终却令人惊讶地回到了出发的原点。简言之，一个怪圈就是一个悖论式的层级交叉的反馈环"（侯世达，2019，p. 120）。在《哥德尔、艾舍尔、巴赫——集异璧之大成》中，侯世达列举了众多怪圈现象，比如艾舍尔名画《画手》《画廊》等。但他最主要的论点是关于人的认知过程，他认为，怪圈现象发生在人类思维的深处，"我们最真的本性就这样阻止我们完全理解它最真的本性"。（侯世达，2019，p. 434）。怪圈是人脑思维的深层产物，是人类与生俱来的悖论。

在中国传统文化中，道家的太极图就是一个回旋跨层的图形，阴阳两面交互共生，你中有我，我中有你。老子说："万物负阴而抱阳，冲气以为和"，世上万物都包含阴阳两面以及它们之间的相互转化，在客观规律"道"，即高一层次的统领下逐步达成新的和谐。

以此观之，人类的多种（如果不是所有）逻辑思维形式中潜藏着不完备定理，甚至它们就是人类思维本身。自指悖论、怪圈、莫比乌斯环等现象将这种不完备性形象地描绘了出来，在逻辑学、数学、语言学、绘画、音乐等各种文化形式中产生了广泛的影响，越来越多的叙述形式正是通过对这条怪圈的种种变形为文艺作品带来了迷人的魔力。

莫比乌斯环在文学领域中的类比关系由法国学者里卡杜（Jean Ricardou）在20世纪70年代引入，用来指那些"故事层和故事讲述层之间悖论性的短路（short circuit）"（Klimek，2011，pp. 22 - 40），沃尔夫（Werner Wolf）则称之为"通过进行循环往复的上下跨层建立一种类逻辑（quasi-logical）的环状层级叙述层次"（Klimek，2011，pp. 22 - 40）。回旋跨层的叙述就是循环往复的悖论性的环形层级结构，借助这个悖论，叙述"终于能够描述产生自身的叙述行为，但这不可能的任务，只有牺牲逻辑（可能还有时间）才有可能完成"（赵毅衡，2013，p. 290）。

三、回旋跨层的复杂化与分类

回旋跨层在叙述作品中的表现形式多样，近年来，中国文艺作品中的回旋跨层如同扭结、缠绕、相互交错的莫比乌斯环，呈现出更加复杂的发展趋势。

本文尝试从三个角度对回旋跨层进行分类，试图摸清叙述作品中回旋跨层的表现形式和规律。首先，从参与回旋跨层的主体来看，可以分为整体回旋和个体回旋；其次，从回旋跨层的完成程度来看，可以分为完全回旋和不完全回旋；最后，按照回旋跨层出现的次数来分，可以分为单次回旋和缠绕回旋（表1）。

表1 回旋跨层分类表

按参与回旋跨层的主体	整体回旋	个体回旋
按回旋跨层完成的程度	完全回旋	不完全回旋
按回旋跨层出现的次数	单次回旋	缠绕回旋

（一）整体回旋与个体回旋

从进行回旋跨层的主体来看，文艺作品中常出现整体和个体两种回旋。所谓整体回旋，指的是整个次叙述层全面席卷主叙述层，成为生成主叙述层的超叙述层，仿佛整个层次在莫比乌斯环上运行。我国学者赵毅衡早在20世纪90年代就指出，中国明清时期的白话小说中多次出现了回旋跨层的形式，如《镜花缘》中人物唐小山将石碑上所记录的她们姊妹的故事抄写下来，后来"老子后裔"据此整理出《镜花缘》。这是一个整体回旋形式，整个次叙述碑文成为超叙述层，生成主叙述的故事。《官场现形记》《轰天雷》等发现手稿类小说也是相似的情形，主叙述中被发现的小说文本作为整个次叙述层，成为主叙述的来源。整体回旋的特点是次叙述全面包裹、改写主叙述。2020年由五百执导的悬疑网剧《在劫难逃》通过主人公张海峰的梦境对主叙述进行改写，也是一个整体回旋的佳例。张海峰三次进入梦境中，每一个梦境都是一个包裹主叙述的回旋，整个故事随着梦境的深入而不断发生变化。

汉娜贝克（Julian Hanebeck）的"逆向式跨层"（inversive metalepsis）概念就是一种整体回旋。她用博尔赫斯的《特隆、乌克巴尔、奥比斯·特蒂乌斯》作为例子，认为小说中描述的"特隆"是被某个秘密团体创作出来的、被嵌入的虚构故事层，但它侵入叙述层，逐渐改变我们生活的地球（也就是小说叙述者所处的叙述层）的面貌，到最后，英语、法语和西班牙语等各种人类的语言都消失了，整个世界成为特隆。（Hanebeck，2017，pp. 105－106）这样，故事层与叙述层互相交换了位置，整个低级叙述层全面席卷了高级叙述层。

个体回旋是指故事中的一个或数个人物沿着莫比乌斯环在不同的叙述层次之间移动，低叙述层对高叙述层产生某种影响，但与此同时，低级叙述中的其他人物和时空仍处于自己的层次不受影响。个体回旋是比较多见的形式，比如在穿越小说和穿越剧中，往往是主人公一个人回到历史上的某个时代，带着先知想要去改变未来，不过，他们的努力却成为促成主叙述故事结局的动力，其他人物依然遵循着自己的命运。韩寒执导的影片《乘风破浪》中徐太浪穿越回父亲徐正太的年轻时代，在与父亲一同去报仇时身陷险情，徐正太为了救他而误杀了香港老板，被判入狱。正是徐太浪的穿越造成了主叙述中父亲坐牢，但整个故事中徐正太坐牢的现实和此后的命运没有任何改变。

查传谊执导的网剧《传闻中的陈芊芊》描写现代社会中的编剧陈小千在梦中进入了自己写的剧本中无法脱身。在剧本里，陈小千成了三公主陈芊芊，她为了能早点熬到大结局从而回到现实，不得不想方设法改变剧情的发展方向，她请来三个说书先生和她一起设计故事情节，这样，陈小千（陈芊芊）就成为被放在莫比乌斯环上的人物，在次叙述中改变主叙述中她自己的命运。

（二）完全回旋与不完全回旋

如果从完成程度来看，回旋跨层可分为完全回旋和不完全回旋。在完全回旋中，莫比乌斯环完成一次或多次闭环运作，叙述层或人物经过回旋跨层的全过程又回到起点，生成了自身。大部分回旋跨层都是完全回旋，这样才能产生次叙述改变主叙述的结局。但有些作品的回旋不完全，叙述层或人物在回旋的过程中因某些原因中止，或叙述者只是点到为止，结局依靠接收者的想象和判断。张翀导演的作品《超级的我》描写穷困潦倒的编剧桑榆发现自己具有将梦中宝物带回现实的超能力，但同时也面临魔鬼在梦中的追索。在影片结尾处梦中手持斧头的恶魔形象又出现了，想要把现实中的主人公再次拉入梦境，令观众想象主人公如果再次进入梦中，又会出现哪些改变现实世界的故事。这种开放式的回旋属于不完全回旋，启发观众去展开想象。

由于回旋跨层只进行到一半，因而不完全回旋的奇幻效果并不强大，甚至在描述家长里短的影视剧中也会出现它们的身影。严艺文等导演执导的电视剧《俗女养成记》（第一季）讲述的是女主人公陈嘉玲从大城市台北回归家乡的故事。该剧使用双线叙述，串联起陈嘉玲小时候的故事。在第一季的大结局处，大陈嘉玲买下了从小就害怕的闹鬼的房子，当她正在粉刷窗户的时候，小陈嘉玲出现，不同时空中的女主人公在这里相遇，小陈嘉玲在大陈嘉玲的鼓励下不再害怕鬼屋。在这里，现实世界是主叙述层，过去时空属于次叙述层，穿越时空而来的小陈嘉玲遇见长大后的自己这段经历是否会影响现实世界大陈嘉玲的生活，需要观众去解读，回旋跨层只进行了一半。

（三）单次回旋与缠绕回旋

如果按照在一部作品中出现的次数来分类，回旋跨层还可以分为单次回旋和缠绕回旋。单次回旋即在作品中完成一次叙述层次间的闭环运动，出现的频率较高。如穿越剧，往往是主人公经历一次向低一级叙述层的穿越，进而造成次级叙述改变主叙述的情况。单次回旋也包括多个单次回旋的累加，即个人的多次回旋经历，或多个人物分别进行单次回旋。

大多数回旋跨层作品都是单次回旋。如由李达超执导的电视剧《华胥引之绝爱之城》中的君拂奏琴时会出现华胥幻境，这个幻境是次叙述，剧中多次出现了这样的幻境，改写了主叙述中人物的命运。比如有一次主叙述中的人物苏誉进入幻境受了伤，回到现实主叙述中他的手臂上也出现了伤口。

李国立等导演执导的电视剧《仙剑奇侠传》中李逍遥通过求助女娲娘娘回到了十年前去救灵儿，但并没有听从女娲让他不要改变历史的要求，屡次想改变命运，却总是阴差阳错促成悲剧命运的形成，经历了多个单次回旋。他知道灵蛇岛在东，就带着灵儿往西飞，但地球是圆的，他兜了一大圈后来到的小岛正是后来的灵蛇岛。他叮嘱酒剑仙不要去找一个叫李逍遥的人教他武功，可是酒剑仙偏偏反其道而行之。次叙述里的行为恰恰促成了主叙述的故事结局。

简单的多次回旋是单次回旋的叠加，在这些回旋之间并没有缠绕交织的情形发生。个人多次回旋以及多人多次回旋的旅程有时会引起复杂的交叉缠绕情节。设计精妙的故事对扭结的莫比乌斯环进行充分的加工，通过多个莫比乌斯环的相互缠绕引发精彩、烧脑的悬疑剧情。

2019 年年底黄天仁执导的电视剧《想见你》中设计了多人多穿越的复杂回旋跨层。首先，李子维与黄雨萱的爱情故事仿佛两人在莫比乌斯环上不断互相追逐：黄雨萱穿越回 1998 年认识了李子维；2003 年遭遇车祸的李子维又穿越到 2010 年王诠胜的身上，让黄雨萱爱上了拥有李子维灵魂的王诠胜；王诠胜死后，黄雨萱为了寻找和男友相似的人引发了穿越回 1998 年的事情。这就形成了一个闭环，黄雨萱为了李子维（王诠胜）而回到过去，李子维又为了黄雨萱而来到 2010 年，两个人在互相追逐彼此的身影，他们的行为互为因果，成为缠结在一起的莫比乌斯环。其次，2017 年王诠胜在飞机场与中年李子维见面。中年李子维处于主叙述层，他了解此后所有的事情，试图劝阻王诠胜不要去坐即将失事的飞机，这样就能继续留在黄雨萱的身边。但他俩分析了一下发现，如果不坐飞机，李子维就不能重回 2003 年，也就不能将能穿越的录音机送给黄雨萱，让她穿越回过去，此后所有的事情就都不会发生。于是王诠胜还是决定坐将会失事的飞机，让整个循环继续下去。最后，黄雨萱再次回到1999年烧毁了能带她穿越的录音带，打破了所有循环，将每一个缠绕在一起的莫比乌斯环解开、拉平，而与此同时李子维和黄雨萱也不再记得对方，他们在一起的点点滴滴都消失不见了，主叙述层的故事被彻底改写。

苏伦导演的电影作品《超时空同居》也是一个双人双穿的复杂回旋跨层。2018年和1999年的时空通过一套房子连接在了一起。1999年的陆鸣和2018年的谷小焦因为同是这一套房子的租住者而相遇并可以跨越到对方的时空中去。1999年是陆鸣的主叙述层，2018年是谷小焦的主叙述层，两个人的命运互相影响，他们的回旋跨层缠绕在一起。1999年25岁的陆鸣随着谷小焦跨入2018年时，看到了已经成为地产大亨但变得冷酷无情的自己。地产大亨陆鸣在2018年也就是他的次叙述层中要求谷小焦离开1999年的自己，以保证主叙述层的自己按照既定的轨道发展成地产大亨，这是一个次叙述生成主叙述的回旋跨层。事情并没有按计划进行下去，虽然谷小焦离开了，但1999年的陆鸣因为在2018年的次叙述中认识了谷小焦，从而认出了谷小焦的父亲，拼命挽救了他的性命，没有与犯罪分子同流合污，因而此后也没有按照既定轨道发展为地产大亨。在这里，2018年的次叙述改变了1999年陆鸣的行为，以及他在主叙述中的命运，使得主叙述中的地产大亨成为泡影。而对于谷小焦来说，她的次叙述（1999年）因而发生改变，父亲没有去世，主叙述（2008年）也发生改变，她已经不再认识陆鸣。

2020年许宏宇执导的网剧《穿越火线》讲述了2008年的肖枫和2019年的路小北通过游戏地图穿越时空相识，在逆境中互相帮助，最后赢得胜利的故事。与《超时空同居》相似，此剧中，2008年的故事对于肖枫而言是主叙述，对于路小北而言是次叙述；2019年的故事对于路小北是主叙述，对于肖枫是次叙述，两个人的回旋跨层通过游戏《穿越火线》缠绕在一起。肖枫在他的主叙述中于2009年夺冠一年后因游戏实验意外身亡了。但是2019年的路小北通过时空连线对肖枫展开营救，他竭力提醒2008年的肖枫，在游戏实验的最后关头叫停了项目，肖枫的命运因此改写，他没有立即死去，而是变成了植物人，2019年他的墓碑和墓地全部消失了。肖枫的意识困在了游戏里，路小北等人找到了当年的游戏设备，打赢了游戏，最终将肖枫从游戏中解救出来，改变了他的命运。

缠绕回旋中还有一种循环回旋，如同莫比乌斯环上那不断绕圈的小虫，人物一次次想要逃脱系统，却又一次次回到原点，继续他的循环之旅。如前文提到的《在劫难逃》就具有循环回旋情节。主人公张海峰主叙述的世界一次次因为记忆次叙述而改变，但结果是无论如何都无法改变在劫难逃的命运。最后他又回到了所有故事的起点，后来的杀人犯在那时还是小孩子，而自己和前妻也才刚刚相识。这次循环是否可以打破，从而改变后来每个人的命运？电视剧到此为止，但循环没有尽头，这个回旋仍有继续下去的可能。

有一些故事情节设计是令循环回旋得到突破和中止。因为回旋跨层是一个怪圈，在那些互相缠绕的层次上面还有一个看不见的层次在操纵，我们如果要跳出循环，就必须找到这个控制层。侯世达认为，在每一个缠绕的怪圈之上都有一个不受干扰的层次，而这个层次是不可见的。他在分析艾舍尔的名画《画手》时指出，不受干扰的层次来自高一层的创作者——艾舍尔，"我们可以使艾舍尔这幅画进一步'艾舍尔化'，方法是拍一张一只手在画它的照片，如此下去"。（侯世达，1996，p. 913）找到控制层，跳出循环，这是第一种打破怪圈的方法。《庄子·秋水》中记载的庄子与惠子游于濠梁之上的故事就是一种跳出循环的破圈方式。当辩论开始进入循环怪圈时，庄子首先跳出，回到"本"上："请循其本。子曰'汝安知鱼乐'云者，既已知吾知之而问我。我知之濠上也。"庄子认为惠子在问安知鱼之乐时就已经承认庄子知鱼之乐，因而庄子从圈外回答惠子：我是在濠梁知道鱼之乐的。在影片《超级的我》中路边大爷点出，在梦中说一句"我在做梦"就能跳出噩梦的循环，从比梦境高一层级的现实来打破怪圈。

怪圈循环是一个闭环运作过程，除了从外部找到高一级的控制层，更多的情节设计是利用内部的动力来打破循环，比如让陷入循环的人物自我觉醒甚至自杀。当然，内部的动力实际上也来自人物对循环外部的认知。《逆时营救》是非常典型的循环缠绕回旋。女主人公夏天为了改变儿子被杀的命运，前后三次回到过去，导致三个叙述层次中的夏天同时在场的缠绕局面发生，这时，主叙述中的夏天杀死了最后出现的夏天，而第二个夏天则选择自我解体，循环回旋的怪圈被打破。夏天正是因为知道这个循环是如何发生的，才找到破环的内部动力。

叙述跨层曾经被认为是先锋文化使用的手法，但是随着观众叙述智力的不断提高，它越来越多地出现在大众文化中，库克南在《流行文化中的跨层》一文中总结道："跨层是当今流行文化中一个无所不在的现象。"（Kukkonen，2011，pp. 1－21）回旋跨层的怪圈叙述的大规模出现始于20世纪的现代与后现代主义。文学艺术是科学技术进展的直接反映。20世纪初是现代科学的高速发展时期，数学界和逻辑学界对自指悖论的深入讨论，哥德尔不完备性定理的提出，物理学界对量子纠缠、平行时空、虫洞等现象的探索，都在文艺作品中留下了深深的烙印，时空穿梭、异次元互动等主题自此繁荣起来。过去是否会影响未来，不同时空中是否会有多个自我存在，虚构是否具有真实的杀伤力，这些看似荒诞的命题在跨层作品中被给予了大量的思考。怪圈叙述即包裹了这条逻辑的悖论，它超越了形而上学的二元对立论，既是叙述又是被叙述，既是上层又是下层，既是黑又是白，你中有我，我中有你，既是古老的神秘哲思，又拥有现代科学的有力证明。

而近年来在中国文艺作品尤其是影视剧中，不仅跨层手法频现，而且最为复杂的缠绕回旋跨层也呈现出复杂化和多样化的趋势。文艺作品不再满足于人物在一条怪圈上循环往复的运动，而是充分利用各种缠绕的扭结，试图增加作品的悬疑感、迷宫感和"烧脑"程度。在当今大众文化呈现简单化、娱乐化的背景之下，观众对于这样复杂的回旋跨层的接受程度如何呢？也许我们可以从《想见你》豆瓣9.2分的高分评价中窥见一斑。普通大众，尤其是年轻观众并不都只热衷于单纯讲故事，他们对于叙述形式，尤其是复杂的回旋跨层形式有着热切的期待。

引用文献：

贡布里希，E. H.（2000）. 艺术与错觉：图画再现的心理学研究（林夕，等译）. 长沙：湖南科学技术出版社.

侯世达（1996）. 哥德尔、艾舍尔、巴赫：集异璧之大成. 北京：商务印书馆.

侯世达（2019）. 我是个怪圈（修佳明，译）. 北京：中信出版集团.

卡尔纳普（2012）. 语言的逻辑句法. 上海：上海外语教育出版社.

罗素，伯特兰（2019）. 序言. 载于路德维希·维特根斯坦. 逻辑哲学论（杜世洪，导读、注释）. 上海：上海译文出版社.

马兆远（2016）. 量子大唠嗑. 北京：中信出版集团.

热奈特，热拉尔（1990）. 叙事话语 新叙事话语（王文融，译）. 北京：中国社会科学出版社.

赵毅衡（2013）. 广义叙述学. 成都：四川大学出版社.

Hanebeck, J. (2017). *Understanding Metalepsis* (Narratologia 56). Berlin：De Gruyter.

Klimek, S. (2011). Metalepsis in Fantasy Fiction. In Karin Kukkonen & Sonja Klimek (Eds.). *Metalepsis in Popular Culture* (Narratologia 28), 22 – 40. Berlin：De Gruyter.

Kukkonen, K. (2011). Metalepsis in Popular Culture：An Introduction. In Karin Kukkonen & Sonja Klimek (Eds.). *Metalepsis in Popular Culture* (Narratologia 28), 1 – 21. Berlin：De Gruyter.

作者简介：

李莉，四川大学符号学－传媒学研究所成员，任教于深圳大学外国语学院，研究方向为符号学、叙述学。

Author:

Li Li, member of the ISMS research team, Sichuan University, teaches in School of Foreign Languages, Shenzhen University. Her research fields are semiotics and narratology.

Email: leannelee@163.com

传播符号学 ● ● ● ● ●

论当代新闻的演示叙述*

王 强

摘 要： 在视觉文化时代，新闻叙述的展示性和表演性得到强化，构成一种纪实型的演示叙述。名人是这种叙述实践的重要主体，名人新闻中有时充斥着作秀与表演的成分，媒体之间展开了一场曝光名人本真性形象的竞赛。在大众传媒制造的名人文化中，公共空间与私人空间的界限日益模糊。当代新闻演示叙述的伦理困境在于，一方面将新闻转化成了一种脚本化的表演实践，建构了一种"幻象的政治"，破坏了媒体与受众之间的理性契约关系；另一方面则是对形象的滥用，削平了线性叙述的深度，造成当下媒体的"叙述危机"。消解形象霸权，重构新闻叙述伦理，是当下媒体需要面对的时代课题。

关键词： 新闻叙述，作秀，演示叙述，新闻伦理

"Performative Narrative" in Contemporary News

Wang Qiang

Abstract: In the era of visual culture, the exhibition and performance of news narrative have been strengthened, forming a factual "performative

---

* 本文为国家社科基金项目"台湾认同政治的公共叙事与舆论引导策略研究"（18XXW003）的阶段性成果。

narrative". Celebrities are a principal part of this narrative practice, and celebrity news is full of playacting and performance. "Authenticity" is a crucial feature in celebrity manufacturing, and there is a competition within the media to expose the image of celebrity authenticity. In the celebrity culture created by mass media, the boundaries between public and private spaces are increasingly blurred. The ethical dilemma of the performative narrative of contemporary celebrity news lies in the news transformed into a scripted performance, which constructs the "politics of illusion" and destroys the rational contractual relationship between the media and its audience; meanwhile, the abuse of images flattens the depth of linear narrative, resulting in the "narrative crisis" of the current news media. Dispelling the hegemony of the image and reconstructing an ethics of news narrative are pressing issues for the media to face.

Keywords: news narrative, show, performative narrative, news ethics
DOI: 10.13760/b.cnki.sam.202201015

叙述学自诞生以来所聚焦的研究对象主要是小说等虚构文本，纪实型体裁的研究相对来说处于弱势地位。著名叙述学家热奈特（Gérard Genette）曾抱怨叙述学"极为名不副实"，他主张将"纪实型叙述"（factual narrative）纳入研究视域，1990 年还发表《虚构叙述，纪实叙述》（"Fictional Narrative, Factual Narrative"）一文，尝试拓展叙述学研究。长期以来，一个涵盖全部叙述体裁的叙述学理论体系，或者说类似于那种能够驾驭总体的"超理论"（metatheory）尚未形成。对全部叙述体裁做统合性的理论观照，并探寻广义叙述的本质规律，是广义叙述学的任务。广义叙述学对全部叙述体裁进行全域性分类，融会贯通地研究一切叙述文本共有的本质特征和规律。在广义叙述学理论体系中，纪实型叙述得到前所未有的重视。纪实型与虚构型是叙述体裁的基本分类，二者的对照贯穿叙述学研究始终，其内在关联及差异得到全面系统的阐述。与此同时，媒介因素也被纳入考量范围，其中关于记录类和演示类叙述的理论阐释，为新闻叙述的分类研究提供了有益思路。

在广义叙述学的理论建构中，赵毅衡对叙述体裁做了基本分类，囊括了各类体裁适用的多种媒介，并给予在当代文化中占据优势地位的现在向度叙述/演示性叙述以充分的理论观照。演示性叙述的媒介包括身体、影像、实物、言语、心像、心感、心语等。（赵毅衡，2013，p. 1）在视觉文化时代，新闻叙述的展示性和表演性得到强化，构成一种纪实型的演示叙述。在贝拉·迪克斯（Bella Dicks）看来，当下我们所处的文化是一种"被展示的文化"（culture on display）。作为一种可参观的生产，真人秀和网络直播让人们的日常生活场景成为被观赏的景观："当代展示的一个层面，就是所谓的放大观察日常生活细节的诱惑。支撑的理念就是我们可以不受谴责、没有危险地窥视他人的隐私生活。"（迪克斯，2012，p. 25）展示，或者说作秀和表演，已经成为当代文化的重要特质。大行其道的电视真人秀，不断上演的"媒体奇观"，异军突起的网络直播，争相曝光的名人形象，作为"弱者的武器"的表演式抗争……这些充斥着作秀与表演成分的演示叙述，建构了当代社会日常生活的传播图景，成为新闻叙述研究扩容的重要组成部分。

一、消费偶像：名人的形象展演

（一）英雄的衰落与名人的崛起

新闻被视为正在发生的历史。如果说历史的主人公是英雄的话，那么新闻的主角则越来越多地由名人充任。英雄和名人的生成机制具有显著差异。丹尼尔·J. 布尔斯廷（Daniel J. Boorstin）将英雄与名人的辨析引入关于人类"假事件"的研究中。在他看来，英雄依赖卓越的功勋和成就成名，其过程是缓慢和自然的，而当代名人则更多地依托媒体制造的"假事件"变得众所周知。新式名人取代老式英雄成为大众传媒以及受众追捧的宠儿。

英雄与名人的重大差异还在于，前者形象模糊，缺乏个性，而后者则形象鲜明，个性突出。造成这一差异的是现代媒介技术发展导致的"图形革命"（Graphic Revolution）。"图形革命"是布尔斯廷发明的新词，用来描述19世纪末20世纪初媒介技术发展带来的图像取代文字的变革。图形革命对名人制造的一个重大影响就在于形象的塑造："图形革命在面部及身体上使用强弧光灯，使不同的人形象更加清晰。……他们通过鬼脸、手势、语言和声音这些细节来突出自己。我们通过鼻子识别吉米·杜朗特，通过凝固的笑容识别鲍勃·赫普，通过呑啬识别杰克·班尼，通过粗鲁识别杰克·帕尔，通过摇摇晃晃的行走姿势识别杰基·格里森，通过刘海识别伊莫金·科卡。"（杨玲，陶东风，2013，p. 35）受众关注的不是名人的丰功伟业，而是在媒体上呈现出来的独特形象和个性。和英雄"理所应当的名声"（merited claim

192

to fame）相比，名人的名声不少是依靠大众传媒反复曝光得来的。布尔斯廷认为，名人的界定是一个同义反复的过程："名人是一个因其众所周知而被众所周知的人。……在伪事件的民主体制中，任何人均可成为名人，只要他进入新闻并呆在那里。"（杨玲，陶东风，2013，pp. 29 - 31）非凡的英雄衰落了，平凡的名人大行其道。与高高在上的英雄不同，名人就活在日常情境当中。名人的准入门槛降低了，大众传媒可以批量地制造名人。

（二）在场："消费偶像"与粉丝的"准社会互动"

名人的类型多种多样，一种粗略的划分方法是将严肃的、生产性的名人与娱乐的、消费性的名人对立起来。利奥·洛文塔尔（Leo Lowenthal）研究发现，20世纪初报刊上娱乐名人所占比重大幅提升，而工商界严肃人士所占比重则大幅减少，"生产偶像"已经让位于"消费偶像"。这与英雄和名人此消彼长的态势是一致的。相对而言，消费偶像与娱乐消遣的关联更加密切："我们把过去的传记主人公叫做'生产偶像'，因为我们觉得应该把今天杂志上的主人公命名为'消费偶像'。实际上，他们中的每个人几乎都直接或间接地与休闲领域有关：他要么不属于服务社会基本需要的行业（例如娱乐界和体育界的主人公），要么多多少少只能算是社会生产性要素的一个笨拙的代理。"（利奥·洛文塔尔，2012，p. 155.）与此相对应，名人的私生活成为媒体热炒的内容。这是吸引受众注意力并获得其情感认同的重要手段。这与英雄崇拜的表现截然不同，名人往往不再是令人敬畏和仰视的对象，而是要通过真实而平凡形象的展示，提升受众对其的熟悉度和亲近感，拉近与大众的心理距离。一言以蔽之，名人经济其实是一种所谓的"情感经济"（affective economy），受众或粉丝的情感投入非常重要。

名人的形象不再完美无瑕，名人的生活也不再遥不可及，对名人的"真实"幻想满足了芸芸众生的心理需求。这种亲近关系也体现了名人和公众之间的一种"准社会的"联结。在1956年发表的一篇名为《大众传播与准社会互动：远距离亲密关系之观察》的文章中，唐纳德·霍顿（Donald Horton）和理查德·沃尔（Richard Wohl）提出"准社会互动"（Para-social Interaction）概念，主要描述存在于电视节目人物与受众之间的、类似于现实中人际交往般的关系。在受众眼中，名人成为亲密和熟识的情感投射对象。这种想象性的"准社会互动"加深了受众的卷入程度，名人与受众或粉丝之间的联结更趋紧密，进而推动了名人产业和名人经济的发展。在视觉文化时代，视觉媒介在"准社会互动"场景建构中发挥着重要作用，这意味着要通过名人形象展演的方式营造在场感，名人作为凝视的对象不断地被置于镁光灯下，在此过程中"美颜"与"修图"成为名人形象管理的标配。社交媒体和视频直播的出现，进一步推动名人与粉丝的实时在线互动，名人形象的在场感持续强化，名人与粉丝之间更加亲密的陪伴感得以建立。

（三）"形象政治"与"网红策略"

在"形象政治"盛行的年代，出现了一些政治名人透过"网红策略"维持曝光度，意图提升网络声量，博取新闻版面，累积政治资本的现象。在这种畸形的"形象政治"中，网络声量成为衡量政治人物前途的关键指标。

特别是伴随着脸书（Facebook）和推特（Twitter）等社交媒体在西方社会的广泛使用，世界许多地方出现了依托"网红策略"成功逆袭的"政治素人"。"政治网红"得以成功的关键在于透过网络空间的反复曝光，塑造具有魅力的个人形象，不断提升其知名度和认可度。当代政治的媒介化、景观化、娱乐化和民粹化的表现愈来愈突出，这种空洞的网红操作，进一步强化了"形象政治"的运作逻辑，削弱了民主政治的品质："深层来看，政治人物搭上网红的现象还可能弱化社会该有的议题讨论，甚至进一步鼓吹社会里的反智风气。"（黄顺杰，2019）重要的公共议题乏人问津，政客哗众取宠的表演却备受追捧，这成为西方民主政治劣质化的重要表征。在透视当代美国社会文化时，道格拉斯·凯尔纳（Douglas Kellner）提出"媒体奇观"（media spectacle）概念，并将好莱坞化的美国总统政治作为重要的分析样本，认为其构成了一种"媒体奇观"："媒体把政治简约为形象、展览和故事，运用各种娱乐形式——尤其是通俗剧来展现给广大观众。"（凯尔纳，2003，p. 185）在选票和收视率的压力下，政客与媒体合谋完成了政治娱乐化的叙述实践。政治传播中这种褪去严肃性的演示叙述，消解了传统政治的宏大叙述，在为政治祛魅的同时却滑向另一个令人忧虑的极端。

二、"表演平凡"：名人本真形象的竞赛

（一）泛名人化时代的本真性

在泛名人化时代，形象展演越来越转向日常生活，大众传媒热衷于展现名人庸常、真实的一面，以此作为主要卖点。澳大利亚传媒学者格雷姆·特纳（Graeme Turner）认为，电视节目从"戏剧模式"（drama formats）转向

"'真人'模式"（"live"formats），越来越多的普通人成为"媒体表演者"。一个泛名人化时代已经到来，特纳将其征候命名为"民众化转向"："我自造了'民众化转向'这个词，作为一种首选意义，来指代日益明显的'普通人'通过名人文化、真人电视、自制网页、谈话类广播等方法，把自己转变成媒介的内容。"（2011，p. 3）普通人经媒体曝光，摇身一变成为特纳所谓的"普通名流"（ordinary celebrities），或克里斯·罗杰克（Chris Rojek）杜撰的"小报名人"（celetoid）。透过社交媒体以及视频直播，平民网红将原本作为后台的日常生活情境展现给公众，以本真性表演营造在场感。

本真性之所以成为名人制造至关重要的特质，很大程度归因于名人形象的空洞性："由于面临着名人制造的话语、文化，以及'独特的'才能的缺席，本真性的协商（对于'真实自我'的宣称）必将更为热烈。"（杨玲，陶东风，2013，pp. 328 - 329）除了这种本真性形象，名人身上的其他特质乏人问津。媒体之间展开了一场曝光名人本真性形象的竞赛。当然，这是一种名人形象展演策略，是以市场为导向的设计，按时下流行的说法，这不过是根据写好的脚本定制的风格鲜明的人设。"在人设时代，人设早已超越明星原有的指称意义，成为一种书写明星风格的工具。"（刘娜，2020）正因为名人人设与其真实性情往往相去甚远，所以"人设崩塌"的戏码才会时常上演。

有论者从媒介特性角度出发，区分了不同媒介在名人制造方面的差异。兰格（Langer）和埃利斯（Ellis）认为，电视名人与电影名人是不同的，主要表现在其与受众情感关系的亲疏程度："由于电视作为一种媒介的本质，不可能有所谓的电视'明星'。注重友好和亲密的电视修辞、屏幕的尺寸、每条持续不断的播出，以及家庭情境中的收看，都不利于名人的建构，只是产生出了'名人效应'。电视的言说和接受模式被认为不太可能产生距离或'光晕'意识……电视更多地制造出接近、熟识和可获得性。"（杨玲，陶东风，2013，p. 313）电视名人与观众朝夕相处，就像日常生活中的普通人。"电视名声"（TV fame）是一种现实主义构成。电视媒介对于本真、普通的名人形象的建构无疑起了推波助澜的作用。而在互联网时代，社交媒体以及视频直播，更是将名人原本私密的后台空间敞开，将本真性展演发挥到了极致。

（二）被公开的伪后台形象

娱乐名人和新闻记者之间的关系是微妙的："名人必须与狗仔队和小报

195

达成某种工作关系，既为他们主动提供报道材料，又试图保持公共与私人生活的界线。"（杨玲，陶东风，2013，p. 282）曝光私生活是一把双刃剑，在带来名气的同时，又损害了个人隐私。在大众传媒制造的名人文化中，公共空间与私人空间的界线日益模糊。胡泳指出，现代社会正在经历"公共空间的私人化"与"私人空间的公共化"这两个平行的过程："公共空间成为一个公开承认个人秘密和个人隐私的地方。公共空间日益缺乏的是公共问题。'公共空间'被'私人'占领着；'公共关注'被贬低为对公众人物私生活的好奇心；公共生活的艺术也被局限于私人事务以及公众对私人感情承认的公开展示。"（胡泳，2008，p. 236）名人的隐私本是不应公开的后台景观，名人被公开的后台形象其实是经过精心挑选和伪装的，有些文本甚至是名人与媒体合作完成的，这与真人秀节目的伪后台叙述现象如出一辙。（王强，2018）美国视觉艺术家阿德里娜·赖（Adrienne Lai）以尤尔根·泰勒（Juergen Teller）的名人照片为例，分析了"名人摄影肖像学"从"华彩"（glitter）到"粗糙"（grain）的重大变革：

> 随着公众日益注意到他们消费的影像中所包含的不计其数的伎俩和虚构，他们可能会对明星的理想化形象心存怀疑，甚至满怀敌意。为了回应社会文化转型以及公众媒介素养的提高，名人摄影的肖像学（iconography）开始从"理想"的虚假光泽转向"真实"的凡俗领地。不讨好的明星照不是什么新鲜事儿——狗仔队的照片一向是小报杂志和报纸的常客——但现在很多这种明星照片却是官方的、明星首肯的拍摄结果。（杨玲，陶东风，2013，p. 278）

这一变革去除了名人影像的"光晕"（aura），进而以一种"粗糙的快照美学"消解了名人神话。泰勒的作品更以"本真"（authentic）和"邋遢"（grunge）的美学风格而著名，不露痕迹地营造出类似名人生活后台的景象。

那些未经授权的记者偷拍，其实未必全都是名人形象的真实记录，其中不乏刻意伪饰的成分。名人被伪饰的形象是受众所拒斥的，而那些拙劣的伪后台形象同样容易露出马脚，进而遭到受众质疑。伪装术越来越高超，受众的疑心也可能越来越重，这似乎构成了一场永无休止的攻防战。尽管众多名人对狗仔队侵犯隐私的偷拍行为义愤填膺，但受众却习惯从那些偷拍的影像中窥视名人生活。

（三）表演出来的平凡性

如果说名人平凡的一面具有新闻价值的话，那么何以确保民众化转向进程中"普通名流"的故事具备可述性呢？"普通名流"虽然也被赋予"表演平凡"的任务，但是参加真人秀节目的普通人大多是经过层层选拔最终脱颖而出的，因而其平凡性（ordinariness）早已打了折扣。普通人被媒体选中并非偶然，这一竞逐过程是非常激烈和残酷的，且充满戏剧性，本身就构成一个跌宕起伏的生动叙述。胜出的"普通名流"不再平凡，但媒体却试图制造一种平凡的假象，以继续吸引那些平凡的受众。特纳认为这是由媒体操控的一种生产技术：

> 许多媒介，像电视、广播、互联网，都已开发出一些生产技术，以确保普通人表演的"真实性"令人满意；而考虑到这些普通人不得不通过选择而逐级进步的过程，他们的"平凡性"无论如何都是有争议的。消毒这些过程（即，否定隐藏在他们身后的等级结构）的方法之一，就是让民主化的含义变得戏剧化，如成千上万普通（言外之意自然就是才干平平）的申请者到场面试《偶像》节目。面试这种视觉奇观告诉我们，在这场竞赛中，人人都有机会。（特纳，2011，p. 18）

三、脚本化演出：新闻演示叙述的伦理困境

显著性是新闻价值的一个重要元素，著名人物和重大事件都具有新闻报道的价值。大人物是天然的好新闻之源，"新闻界流传一句话，姓名能产生新闻，显赫的姓名能产生重大新闻"（莱特尔，哈里斯，约翰逊，2010，p. 26）。名人平庸琐碎的私生活都时常暴露在记者的镁光灯下，而小人物则往往要干出一番大事、成就一番传奇或者做出一些极端之举，才能有幸被媒体选中，成为新闻事件的主角。赫伯特·甘斯对美国新闻业的观察印证了这一点："时间与版面空间的匮乏仍然会迫使新闻从业者将眼光集中在我所谓的'知名人士'（Knowns），特别是政府官员身上；至于'无名小卒'（Unknowns），他们只关心那些身陷冲突、触犯法纪或者作出不寻常举动的个体。"（甘斯，2009，p. 10）帕特里克·尚帕涅（Patrick Champagne）提出"媒介资本"（media capital）这一概念，主要指的是"人们影响新闻事件的能力"（库尔德利，2014，p. 145）。显而易见，名人掌控的媒介资本要远远大于普通人，名声就是一种无形的媒介资本。

（一）脚本化与非脚本化：新闻故事的类型学

为了引人注意，高效直观地表意，人们在社会互动中往往需要进行戏剧化的表演。新闻人物的作秀和表演，是当下新闻戏剧化的重要表征："视觉手段的运用，如照片、图像和实景视频，使新闻具备了戏剧效果，俨然把新闻变成了真正的戏剧。……确实存在这样的问题：一些重要的新闻因为画面难以拍摄而没有被报道；而一些无关紧要的事件只不过因为视觉效果完美便成了新闻。"（班尼特，2018，p. 57）在当代名人新闻的演示叙述实践中，名人的外在形象得到强化。这可能带来不利影响，表演者耗费精力专注于外在形象的塑造，虽然在观者那里获得了预期的表达效果，但可能沦为徒有其表的欺骗性表演。这样的隐含形象也与真实的图景相去甚远。伴随着传媒势力和影响的扩大，"假事件"频发的征候愈来愈凸显。（王强，2018）

总体来看，媒体报道的新闻事件可以划分成两类：脚本化的和非脚本化的。这有点类似于哈维·莫洛克（Harvey Molotch）和玛丽琳·莱斯特（Marilyn Lester）设计的"新闻故事类型学"的区分：新闻可以划分成"被筹划的"（planned）和"未被筹划的"（unplanned）两种。（库兰，古尔维奇，2006，p. 172）新闻报道中的"政治作秀"以及其他恶意的新闻炒作往往因其虚假表现而引发受众的反感。但有的论者则对所谓的"假事件"持有开放态度："浪漫主义者把它们看作是现实的另一种，甚至可能是高一级的选择形式。"（戴扬，卡茨，2000，p. 35）2003年5月1日，时任美国总统布什（George W. Bush）乘坐的战机降落在林肯号航空母舰上，宣布"伊拉克主要战事结束，美国及其盟友获得胜利"。这一新闻报道就是符合"假事件"定义的戏剧化文本。媒体突出了这一历史时刻的戏剧化和表演性色彩，甚至将之与电影《壮志凌云》的经典桥段进行类比。《华盛顿邮报》专栏记者达纳·米尔班克（Dana Milbank）这样描述当时的情景："昨天，载着布什总统的'维京号'（Viking）在停泊在加利福尼亚海岸的'亚伯拉罕·林肯号'航空母舰上降落，总统的形象再次被提升到一个新的高度。布什身穿橄榄绿的战服战靴，左臂随意地夹着头盔，从驾驶员座舱中走出，他与水手们互致军礼的时候，他的弹射吊带紧紧裹着他的罗圈腿，他大摇大摆地走来，有一种电影《壮志凌云》的既视感。"（班尼特，2018，p. 52）新闻媒体根据白宫公关团队写好的好莱坞式脚本进行报道，作为新闻当事人的总统则变身为这幕新闻戏剧的主要演员，完美地塑造了"壮志凌云"的英雄形象，使得重大的政治宣示行动转变成一场视觉秀。在事件表象的蛊惑之下，受众接收的新闻更多成为现实的一个幻象罢了。

在视觉文化时代，新闻演示叙述的重要性不言而喻。基于提升收视率的考量，新闻媒体倾向于以商业思维看待受众，用戏剧化和娱乐化的叙述文本讨好受众，结果却不尽如人意。在班尼特看来，当下美国新闻媒体与政治名人之间存在两种关系："要么发布被政治人物'授权'的政治宣传，要么就是用失误和丑闻给政治人物下套儿，这就是奇怪的美国新闻模式。"这两种关系也可以视为媒体在政治名人"新闻表演"过程中维持或打破他们之间协约的表现。在班尼特的批判视域下，热衷于捕捉政客纰漏的媒体并不会让受众肃然起敬："这种'逮到你了'模式的新闻在受众看来经常是摆个架势而已——只是记者用来使自己显得独立、具有反叛精神的一种游戏。"（班尼特，2018，p. 189）记者乐于揭丑，正是新闻业盛行煽情主义之风的结果。好莱坞化的名人新闻构成一种媒体奇观，成为媒体纪实叙述戏剧化的突出表现。

（二）表演式抗争：弱者的身体叙述

有的普通人或弱势群体，为成为新闻主角，便想方设法"成名"。当事关个人重大利益的诉求无法通过日常"隐蔽文本"形式的抵抗以及其他正当途径得到有效解决时，"表演式抗争"就可能会出现。底层个体通过公开表演的方式进行抗争，属于一种自我赋权的行为，也可以视为"弱者的武器"。表演式抗争是一种主动的、公开的新闻表演，它不同于底层日常反抗的隐蔽形式。在视觉转向的时代语境下，诉诸身体叙述的表演式抗争成为"图像政治"（image politics）的典型表现："在当前社会普遍而深刻的'图像转向'语境下，社会问题建构与公共舆论生成越来越多地诉诸于'图像事件'的方式。图像的社会动员优势，主要体现为图像相较于文字而言的'争议'（arguments）建构能力。正因为图像的在场，争议被赋予了极大的戏剧性，这完全符合视觉文化时代议题建构的叙事逻辑。"（刘涛，2017）相对而言，个体的力量单薄，因而个体化的抗争表演更具有媒介依赖性，有时常规化形式可能无法奏效，只有采取极端化的方式才能吸引媒体关注，因而更富于戏剧色彩。但是个体化的抗争表演经由媒体报道，也会产生一种示范效应，并演化为一种常规化脚本，愈来愈缺乏新意，其效果最终适得其反：新闻媒体和公众质疑当事人的动机，进而对此类表演产生了"免疫力"。

通过表演式抗争制造的新闻事件也是一种"假事件"。事实上，近年来发生的"跳楼秀""跳桥秀"等表演式抗争甚至存在熟悉新闻作秀程序的策划、导演和报料者等幕后推手。一些表演式抗争所导致的跟风模仿、扰乱秩序等负面后果已经引起媒体和公众的反思。

（三）消解幻象：新闻叙述伦理的重构

归根结底，当代新闻演示叙述的伦理困境在于，一方面背离了新闻的本体属性，将新闻转化成一种脚本化的表演实践，破坏了媒体与受众之间的理性契约关系；另一方面则是对形象的滥用，削平了线性叙述的深度，造成社会公共舆论资源的浪费以及当下媒体的叙述危机。越来越多的受众对这种被冠以"垃圾"（trash）之名的新闻报道弃之如敝屣，新闻大众化的结果并未如预期的那样生成。新闻的演示叙述看起来最容易吸引受众的眼球，却造成受众注意力耗损的后果。

在形象霸权支配下，媒体的线性叙述结构趋于崩塌成为当下叙述危机的突出表征。有论者将"数字－网络媒介"时代的社会形态特征概括为"拟演示性"，以区别于"口语－身体媒介"时代的演示性特征。具体而言，拟演示性一是"展演的成分更多"，二是基于多媒介融合而"更多地呈现出碎片化、拼贴式等特征"。（唐小林，2020）这些变革对于媒体的意义建构和叙述形式都产生了重大影响。道格拉斯·洛西科夫（Douglas Rushkoff）描述的"现在式"流行文化已经重塑了媒体叙述的形态。不管是电视还是网络，到处都是吸引眼球、展现极端情境的影像。这些富有冲击力的现在式情境消解了线性叙述的意义表达，往往流于空洞、低俗和碎片化，这可以视为演示叙述戏剧化的极端变异表现。（王强，2017）人们在躲避复杂线性叙述挑战的同时，也可能放弃了探寻深度意义。这种媒体文化无疑令人忧心。在形象政治大行其道的当下，建构"批判性形象传播学"的主张值得高度重视："我们要反抗形象的霸权，抵抗居于支配地位的视界政体（scopic regimes），为想象力而奋斗，为不可见的事物辩护。"（陈世华，2020）消解幻象，善待名声，重构当代新闻的叙述伦理，这是需要新闻当事人和媒体共同反思的时代课题。

引用文献：

班尼特，兰斯（2018）. 新闻：幻象的政治（杨晓红，王家全，译）. 北京：中国人民大学出版社.

陈世华（2020）. 为"形"所困：形象传播的政治经济学批判. 厦门大学学报（哲学社会科学版），6，163－172.

戴扬，丹尼尔；卡茨，伊莱休（2000）. 媒介事件（麻争旗，译）. 北京：北京广播学院出版社.

迪克斯，贝拉（2012）．被展示的文化：当代"可参观性"的生产（冯悦，译）．北京：北京大学出版社.

甘斯，赫伯特（2009）．什么在决定新闻：对 CBS 晚间新闻、NBC 夜间新闻、《新闻周刊》及《时代》周刊的研究（石琳，李红涛，译）．北京：北京大学出版社.

胡泳（2008）．众声喧哗：网络时代的个人表达与公共讨论．桂林：广西师范大学出版社.

黄顺杰（2019）．超自然"馆长"现象．获取自 http://www.zaobao.com/news/china/story 20190525-959245.

库尔德利，尼克（2014）．媒介、社会与世界：社会理论与数字媒介实践（何道宽，译）．上海：复旦大学出版社.

库兰，詹姆斯；古尔维奇，米切尔（2006）．大众媒介与社会（杨击，译）．北京：华夏出版社.

莱特尔，凯利；哈里斯，朱利安；约翰逊，斯坦利（2010）．全能记者必备：新闻采集、写作和编辑的基本技能（宋铁军，译）．北京：中国人民大学出版社.

刘娜（2020）．人设：作为一种风格的想象．符号与传媒，2，166-176.

刘涛（2017）．符号抗争：表演式抗争的意指实践与隐喻机制．中国地质大学学报（社会科学版），4，92-103.

洛文塔尔，利奥（2012）．文学、通俗文化和社会（甘锋，译）．北京：中国人民大学出版社.

唐小林（2020）．符号叙述学视野与人类社会演进．符号与传媒，1，195-205..

特纳，格雷姆（2011）．普通人与媒介：民众化转向（许静，译）．北京：北京大学出版社.

王强（2017）．媒体纪实叙述的戏剧化．编辑之友，2，59-64.

王强（2018）．当代电视纪实文本的"秀叙述"．重庆邮电大学学报（社会科学版），4，119-126.

杨玲，陶东风（2013）．名人文化研究读本．北京：北京大学出版社.

赵毅衡（2013）．广义叙述学．成都：四川大学出版社.

作者简介：

王强，闽南师范大学新闻传播学院教授，主要研究方向为传播学与叙述学。

Author:

Wang Qiang, professor of School of Journalism and Communication, Minnan Normal University. His research field is communication and narratology.

Email: 416425757@qq.com

人机融合语境下传播学的后人文主义转向*

张　骋　付陈岑

摘　要：人机分离语境下的传播学普遍持有人文主义的立场，这种立场
显然不符合人机融合语境下的传播实践，因为人机融合语境下
的传播实践将构建一种具身的人机共生关系，这种新型的人机
关系将消解人在传播活动中的主体性。因此，传播学在人机融
合语境下应该发生一次后人文主义转向。这种转向需要传播学
在技术现象学的基础上重新理解媒介与人之间的关系，不再将
人视为主体，不再将媒介视为工具，而是将两者视为具身的共
生关系。

关键词：人机融合，传播学，后人文主义，赛博人，技术现象学

The Post-Humanist Shift in Communication Studies in the Context of Human-Computer Integration

Zhang Cheng　Fu Chencen

Abstract: Communication studies in the context of human-computer separation generally adopt a humanistic position that is obviously not in line with communication practices in the context of human-computer integration. Communication practices in the context of human-computer integration build a human-computer embodied symbiotic relationship that eliminates the subjectivity of the "human" in communication activities. Therefore, a post-humanist shift is needed

　　* 本文为国家社科基金后期资助项目"新媒体时代的传播学创新问题研究"（20FXWB012）中期成果。

in the context of human-computer integration. This shift requires communication studies to rethink the relationship between media and humans based on the phenomenology of technology. Communication no longer regards human as the main body and media as the tool but rather considers the two as an embodied symbiosis.

Keywords: human-computer integration, communication, post-humanism, cyborgs, phenomenology of technology

DOI: 10. 13760/b. cnki. sam. 202201016

随着人工智能技术的飞速发展，人与智能机器之间必然会形成一种新的人机关系——人机融合。面对人机融合语境下的传播实践，人机分离语境下的传播学已经显现出解释力和预见力不足的局面。因此，传播学需要发生一次转向来适应人机融合语境下的传播实践。那么，传播学在人机融合语境下应该发生一次怎样的转向？

这些年，虽然国内外已经有不少专家学者探讨过该问题，也提出了传播学在人工智能时代的几个应然走向，如身体转向、情感转向、物质转向、空间转向等，但是这些转向只是指出了传播学在人工智能时代需要重点关注的几个不同的研究领域，而没有找到这些不同的研究领域之间究竟有什么关联。也就是说，已有的研究没有真正抓住人工智能时代传播学转向的主线。究其原因，在于已有研究并没有以"媒介与人之关系"的转变为切入点来探究该问题，更多是以媒介技术的发展变化为切入点，探讨媒介技术的发展变化能给传播学研究拓展哪些新的领域，并没有真正涉及"媒介与人之关系"的转变。

本文认为，虽然人工智能时代的传播学可以有很多条转向的路径，但是，归根结底，这些转向路径都源于人工智能时代"媒介与人之关系"的转变。这种转变使得传播学的转向围绕着"从人文主义到后人文主义"这条主线展开。这就是说，相比于过去，媒介与人之间的关系在人工智能时代发生了一次颠覆性的转变，即从人机分离转向人机融合。人机分离语境下的传播学普遍持有人文主义的立场，而人机融合语境下的传播学应该持有后人文主义立场，因为只有后人文主义立场的传播学才能适应人机融合语境下的传播实践。

一、人机分离语境下的传播学普遍持有人文主义立场

人文主义是西方传统思想中的核心观念，起源于古希腊的哲学思想。从

古希腊哲学家普罗泰戈拉提出"人是万物的尺度"这一命题开始，人文主义思潮就贯穿西方古典、近代、现代三个时期。古典人文主义产生的初衷是解决古希腊的城邦危机，在解决危机的过程中就确立了人之为人的普遍性原则，肯定了人的重要地位。例如，"人是万物的尺度"中的"尺度"就是标准的意思，因此，人也就成了万事万物的标准。此后，古希腊哲学家们提出了一系列与"人"相关的命题，主要涉及人的本性、人的伦理道德等问题。例如，苏格拉底认为，人应该认识自己的德性，即"知识即德性，无知即罪恶"（苏格拉底，1990，p. 34）。柏拉图也认为，"善的理念"是人类一切行为的终极目的；亚里士多德同样认为，人只有行为符合德性才能获得幸福："如若幸福在于合于德性的现实生活中，那么，就很有理由说它是合乎最好的德性，也就是人们最高贵部分的德性。"（亚里士多德，1999，p. 224）人文主义思潮在遭遇中世纪的黑暗之后，在文艺复兴时期达到了高潮。近代人文主义哲学家高度肯定人的价值，弘扬人的主体性，他们普遍认为人的理性实现了人对万事万物的主宰，提高了人的主体地位。例如，康德指出："个个有理性者的意志都是颁布普遍规律的意志。"（康德，2018，p. 45）这就是说，每个人都应该根据理性所设定的道德律来行动。黑格尔也认为，事物的本质也是通过理性的逻辑推理得到的，正如他所言："凡是合乎理性的东西是现实的，凡是现实的东西都是合乎理性的。"（黑格尔，2010，p. 11）到了现代，哲学家们大胆放弃了理性在人的主体性塑造过程中的重要作用，转而将生命、意志、本能、欲望等感性因素视为人的本质。这些感性因素包括：叔本华的"生命意志"、尼采的"权力意志"、柏格森的"直觉"、弗洛伊德的"性本能"，等等。

虽然人文主义思潮的具体内容在古典、近代、现代三个时期不尽相同，但是都肯定了人的价值和意义，肯定了人在与世间万物打交道过程中的主体地位。人机分离语境下的传播学就普遍持有这种人文主义立场。

传播学普遍持有的人文主义立场还要从传播学的源头之一芝加哥学派谈起。美国芝加哥学派的传播思想就普遍持有人文主义立场。首先，芝加哥学派的奠基人杜威的传播观就持有人文主义立场。在杜威看来，传播不仅具有传递的功能，还具有交流与共享的功能。通过这种交流与共享，人与人之间能够形成和谐融洽的关系。杜威还指出，传播是实现民主的必要条件。正如他所言："民主的核心和最终保证是邻居们聚集在街头巷陌反复讨论所读到的未受检查的当日新闻，以及朋友们聚集在起居室与公寓中自由地相互反驳。"（塔力斯，2002，p. 87）也就是说，民主源于人与人之间的交流与共享。

芝加哥学派的其他学者在谈到传播问题的时候都普遍持有人文主义立场：库利的"镜中我"这个概念就说明了"自我"这个概念的形成也源于传播与交流。正如他所言："人的社会生命起源于与他人的交流。首先通过他对触摸、音调、手势和面部表情的感受，而后又通过他逐渐掌握的语言来达到交流。"（库利，2000，p. 6）米德也认为，自我的形成也是符号交流与互动的产物，正如他所言："如果姿态的会话能够成为指导和控制经验的行动的一部分，一个自我便可能产生。在一个社会动作中影响他人，然后采取他人被该刺激唤起的态度，然后又对这一反应作出反应，这样一个社会过程构成了一个自我。"（米德，1992，p. 152）帕克关于传播的论述也透露出他将传播视为人与人之间的交流互动。他认为传播是"一个社会心理的过程，凭借这个过程，在某种意义和程度上，个人能够假设其他人的态度和观点；凭借这个过程，人们之间合理的和道德的秩序能够代替单纯心理的和本能的秩序"（罗杰斯，2006，p. 164）。当然，我们也不能说芝加哥学派只持有人文主义的立场，但是他们将传播视为人与人之间交流互动的观点确实也站在人文主义的立场之上，因为他们都高度肯定了在人与人之间的交流互动过程中人的主体地位。

传播学批判学派持有的也是人文主义立场。传播学批判学派通常包括德国法兰克福学派和英国伯明翰学派，这两个学派虽然观点差异很大，但是都站在人文主义的立场上。法兰克福学派代表人物霍克海默和阿多诺就站在人文主义立场上批判了受资本主义统治阶级控制的大众传媒，正如他们所言："在这些传媒里，启蒙主要表现为对制作和传播的效果和技术的算计；而就其具体内涵而言，意识形态集中体现为对存在者和控制技术的权力的偶像化。"（霍克海默，阿多诺，2006，p. 5）马尔库塞又进一步发展了这种批判思想，他在《单向度的人》一书中指出，技术的发展进步没有给人类带来自由和解放，反而成为一种操控人的思想意识的异化力量，这种异化力量可以使人丧失理性批判能力。针对人与人在现代社会交往过程中的异化问题，哈贝马斯也提出用交往理性取代工具理性来重建人与人的主体间性。不同于法兰克福学派对大众文化的批判，伯明翰学派肯定了大众文化的价值，但是他们的肯定仍然是站在人文主义立场之上的。这一点在伯明翰学派的研究方法中体现得最为明显。不同于法兰克福学派的纯理性思辨，伯明翰学派通常采用文本分析的方法。这种方法尤其重视不同文化背景的人对同一媒介文本的不同解读而形成的不同文化之间的分歧，因此，他们的受众观是积极的，问题的关键是要让受众积极参与媒介文本的解读。除了伯明翰学派之外，文化研究的另外一位重要人物——詹姆斯·凯瑞的"传播仪式观"也超越了一般的"传播传递观"，从人文主义的视角去看待人与人之间的交流与互动。正如他所言：传播仪式观"把传播看作是文化共享过程，它并非直接信息在空间上的扩散，它主要是指传播如何在时间上来维持一个社会"（凯瑞，2005，p.8）。

传播学的经验学派起初没有站在人文主义的立场上，但是，当它意识到自身的理论缺陷之后，就发生了人文主义的转向。其中，经验学派的人文主义转向主要体现为其对受众主动性的逐渐重视。众所周知，早期经验学派的传播学家都将受众视为被动的"乌合之众"。例如，"魔弹论"就认为，受众面对传播内容的时候就像毫无抵抗能力的靶子一样。到了20世纪40年代之后，拉扎斯菲尔德和霍夫兰等学者就不再认同早期的"强效果论"，而是逐渐将研究目光投向受众，并提出了"二级传播理论"和"有限效果论"。正如他们所言："关于大众说服过程的传统观念应该给'人'留个位置，将它作为在传播媒介的刺激与意见、决定和行动的合成品之间的介入因素。"（殷晓蓉，2000，p.163）20世纪60年代，"使用与满足"理论的提出最能体现经验学派的人文主义转向，因为它把受众的需求放在了最重要的位置，传播效果的大小完全取决于是否满足了受众的需求。此后，"知识沟"理论也开始关注受众的态度、情绪、意志等对传播效果的影响。

传播学媒介技术学派的开创者麦克卢汉经常被批评家们批评为媒介技术决定论者，但是，这些批评家都忽略了一个重要的事实，即麦克卢汉的媒介思想无论多么强调媒介本身的重要性，都是围绕着"媒介即人的延伸"展开的。这就是说，麦克卢汉仍然持有人文主义立场，因为他将媒介等同于人的延伸，也就是以"人"的标准来界定媒介，"人"才是其思考媒介的出发点，媒介仅仅是人的一种延伸而已。麦克卢汉的后继者莱文森更是站在人文主义的立场上。在莱文森看来，英尼斯和麦克卢汉都过于强调技术对人的决定作用，而忽视了人对技术的控制力。正如他所言："麦克卢汉的有生之年，尤其是他画龙点睛的媒介定律，可能给我们明明白白地展示了媒介的活力，展示了它们不可抗拒的、无意插柳的后果。在我们数字时代，媒介的活力正在转换成为人的活力，这种活力是人类业已得到增强和提升的控制能力。"（莱文森，2001，p.289）由此可见，莱文森已经将人和人性放在了与技术同等重要的位置上，其观点具有明显的人文主义色彩。他认为："信息技术和事物产生的可能性之间相互联系，而人类将这种可能性变成事实。对于媒介理性的、有意的决定和计划，人的选择是我们分析媒介影响时始终要考虑的因

素。"（莱文森，2001，p. 60）

综上所述，这些学派提出的理论之所以普遍持有人文主义立场，主要是因为它们都是在人机分离语境下提出的。在人机分离语境下，媒介与人的关系是相互分离的。人通常被视为传播主体，媒介通常被视为传播工具。作为传播工具的媒介通常被看作为作为传播主体的人服务的。也就是说，人机分离语境下传播学讨论的"人"基本上都是人文主义视域下具有主体性的人。虽然有些学者也提出过"容器人""电视人"等概念来表示人在人机分离语境下被异化而丧失主体性的人，但是这种异化只是暂时的、片面的。换言之，人在人机分离语境下大多时候还是能保持主体性的，还是具有固定不变的本质，因为人机分离使得媒介很难对人进行不断的形塑和改造。

在人工智能时代，传播学应该逐渐放弃这种人文主义立场，转向后人文主义立场。究其原因，主要是人工智能技术造就了一种新型人机关系，即"人机融合"。这种新型人机关系改变了媒介与人相互分离的局面。

二、人机融合：构建具身的人机共生关系

在人工智能时代，可能会出现人类历史上又一次伟大的革命。意大利思想家弗洛里迪将这次人工智能带来的革命称为继哥白尼革命（日心说）、达尔文革命（进化论）、弗洛伊德革命（精神分析法）之后人类认知的第四次革命。这次革命会造就一种新型人机关系——人机融合。人机融合，顾名思义，就是指人与智能机器之间不再是主体与工具的关系，而是交互共生。那么，这种交互共生的人机关系是如何构建起来的？这就需要我们关注人机融合造就的新型传播主体——赛博人。

赛博人是人与机器高度融合产生的新型主体。这个新型主体来源于后人类思想中的赛博格（Cyborg）。赛博格这个术语最早是由美国两位科学家在20世纪五六十年代所进行的太空飞行实验中提出的。在试验中，他们将一个渗透泵安装在了一只小白鼠的身上，这个渗透泵能够自动将化学物质注射进小白鼠的体内，以控制它的生化反应。这两位科学家就将这只被植入了渗透泵的小白鼠称为"赛博格"。1985 年，美国思想家唐娜·哈拉维正式将赛博格定义为有机生物与无机机器的结合体。本文之所以将其命名为"赛博人"，主要是强调在人机融合语境下，传播主体已经不再是使用各种媒介技术的自然人，而是与媒介技术融为一体的被媒介技术重构的"人"。而赛博人之所以能构建交互共生的人机关系，是因为赛博人重新激活了被人机分离语境下

的传播学研究遮蔽的身体。

人机分离语境下的传播学研究基本上都将身体视为需要克服的对象，传播通常被视为精神的交流与互动，与身体无关。正如彼得斯指出："'交流'这一新观念容许肉体不在场而实现接触，这种接触对交流者（动物、人、机器）的身体形式并不关注，甚至对交流者'是否存在着有机体'都无所谓。"（彼得斯，2017，p. 351）这种遮蔽身体的传播观延续了西方传统形而上学意识与身体二元对立的传统，并且，前者相对于后者而言是主导的、占优势的。也就是说，传统形而上学一直都将意识－主体视为认识的起点，将身体视为认识的客体。

法国哲学家梅洛－庞蒂针对传统形而上学的意识－主体，提出了身体－主体，赋予了身体无比突出的地位。他指出："身体是使不可见之物隐喻式地显现为在场之物的重要媒介，同时身体体验也使神秘的不在场之物得以曲折隐晦地显现。身体作为从可见物到不可见物的桥梁性功能主要表现在，用身体及其感觉来同化这个世界，就能把陌生的、异质的、不可见的事物转化成可感觉的、可见的、可理解的事物，从而在人与世界之间架起一座沟通的桥梁，创造出一种关系和意义。"（欧阳灿灿，2015，p. 115）也就是说，在梅洛－庞蒂看来，既然身体是连接可见物与不可见物之间的桥梁，意识与身体之间的二元对立也就消解了。现在，人机融合造就的赛博人的身体就部分实现了梅洛－庞蒂强调的身体－主体。

赛博人的身体最早由美国学者唐娜·哈拉维提出，旨在构建一个融合性的、由有机身体与无机机器结合起来的"无我"身体。这种身体形态最为激进，消解了有机体与无机体、人类与自然物、物质与精神之间的界限，彻底颠覆了亚里士多德提出的"形式－质料"身体观和笛卡尔提出的理性主体观，而这两位哲学家都是站在灵魂与身体二元对立的立场上来看待身体的。下面，我们就来具体分析这种"被融合的身体"。

首先，哈拉维提出的赛博人的身体质疑了亚里士多德提出的实体论的"形式－质料"身体观，旨在消解身体与自然的边界。亚里士多德的"形式－质料"身体观在肯定灵魂的本原性地位的同时，也将身体视为可见的质料。正是作为质料的身体确立了身体的实体性质。在亚里士多德看来，"所有的实体，似乎都在表示某一个'这个'，而相对于第一个实体来说，它所表明的是一'这个'，更是无可争辩的真理。因为它所表明的东西是不可分割的，在数目上是单一的"（1992，p. 35）。就是说，实体之所以为实体，不仅体现为它的不可分割性，更体现为它的边界性，也就是与其他实体之间具有清晰的边界。因此，身体的实体性也体现在它的边界性上，即身体与自然、身体与物质之间的边界。

哈拉维的赛博人身体就是在消解这些边界，具体而言，这种消解分为以下三种情况：第一种情况是机器植入我们的身体器官，成为身体的一部分，比如心脏起搏器；第二种情况是与人类朝夕相伴的非人类，哈拉维以陪伴她运动的牧羊犬为例，她认为这只牧羊犬是她运动时不可或缺的助手，已经成为她身体的一部分；第三种情况是各种转基因生物，这些生物都是自然与科技相结合的产物。由此可见，赛博人的身体是与科技相互生成的，是处于动态变化之中的。也就是说，"科技与人类身体的关系并不是界面，而是内折。科技与人体的关系并不是中介性的，而是两者的内折，凭此身体使用科技并被科技所使用"（Jordan，2011，p. 266）。

其次，哈拉维提出的赛博人的身体还消解了笛卡尔提出的理性主体观。笛卡尔的理性主体观是建立在理性主体与作为客体的其他实体之间的二元对立之上。赛博人的身体就消解了这种二元对立。这种消解主要体现在以下两个方面：一方面，哈拉维认为，基因技术的出现改变了生物体的遗传基因，使得生物体可以成为自然与科技融合的产物，赛博人就是这种生物体，它的身体消解了人工与自然、主体与客体、有机体与机器之间的界限；另一方面，哈拉维认为，主体不是与其他非生物体相区分的独立自足的实体，而是与其他非生物体相结合的具有动态性的关系式存在，因此，赛博人的身体是一种处于关系中的、开放性的、动态变化的主体，这就彻底消解了笛卡尔的主客体二元论。正如哈拉维所言："赛博格形象能够显示出一条离开二元论迷宫的道路，通过二元论我们已经解释了我们的身体以及那些认识自己的方式与工具。"（Haraway，2006，p. 147）

既然赛博人的身体消解了实体论身体观和理性主体观，也消解了身体与自然、身体与技术、身体与意识之间的边界，那么赛博人的身体本身就能构建一种具身的人机共生关系。什么是具身的人机共生关系？唐·伊德将技术与人之间的关系划分为以下四种：具身关系、诠释关系、背景关系和他异关系。更具体地说，具身关系就是技术具身于人，直接改变人感知世界的方式，如眼镜能让我们更清楚地看世界；诠释关系是以技术中的文本作为中介去理解世界，如温度计可以让我们理解外面的天气状况；背景关系是技术作为背景发挥它的作用，人通常无法感受到其存在，如 WIFI 和暖气；他异关系则是作为他者的技术与人进行互动，如人与计算机之间的互动。其中，具身关系、背景关系在更加广义的层面上还能构成一种浸没式的具身关系。这种浸没式的具身关系表现为：人类生活在一个高度智能化的媒介环境中，媒介环境和人类首先构成背景关系，然后在这种背景关系之下，人的身体与媒介技术高度融合。具身的人机共生关系就是这种浸没式的具身关系，主要表现为身体、技术、环境之间的高度互嵌。在这种具身的人机共生关系中，人不再具有主体性，而是可以被媒介技术不断形塑和改造；媒介也不再是一种外在于人的供人使用的工具。这就使得传播学在人机融合语境下不得不发生后人文主义转向。

三、传播学的后人文主义转向：重思媒介与人的关系

何谓后人文主义？后人文主义思潮是在反思和批判人文主义思潮的基础上发展起来的，旨在消解人的主体性和超越性，甚至连同人本身也一起否定掉。"人"在后人文主义视域下不再是世界的中心，只是建构的产物。

这种后人文主义的思想可以追溯到海德格尔提出的"存在先于本质"的存在主义思想。海德格尔认为："对人之本质的任何一种规定都已经以那种对存在之真理不加追问的存在者解释为前提；任何这种规定无论对此情形有知还是无知，都是形而上学。"（2000，p. 377）也就是说，在他看来，人并没有一个固定不变的本质，也不具有先验的主体性。此后，福柯从知识考古学的视角彻底宣告了"人之死"。福柯认为："正如考古学所展示的那样，人类只不过是近代的发明，而且正在接近它的终点。如果这样的安排正如他们势必会出现一样必定也要消失……我们可以确定的是，人类的痕迹一定会被抹去，就像画在海边沙地上的脸谱一样。"（Foucault，1989，p. 422）这就是说，福柯认为人并不是人文主义所宣扬的永恒存在物，而只是特定历史时期建构的产物。美国思想家哈桑也指出："首先我们需要知道的是人类的形式——包括人类的欲望及其所有外部的体现——也许都在发生剧烈的变化，这必须得到重新的审视。我们应该意识到人文主义五百年的历史即将结束，随之转化成我们所称的后人文主义。"（Hassan，1977，p. 843）

总之，后人文主义就是要重新认识作为万物尺度的人在世界中的地位和作用，对作为人文主义思想核心的"人"提出了挑战。这种挑战主要体现在以下两个方面：一方面，后人文主义对人的主体性和超越性提出了挑战，强调人类应该与非人类和谐共处，包容彼此之间的差异；另一方面，后人文主义对固定不变的人性和人的本质提出了挑战，强调人是政治、经济、文化、历史、语言建构的产物。

人机融合语境下具身的人机共生关系就正好符合后人文主义对人文主义提出的这两方面的挑战，因为其造就的新型主体不再是具有主体性和超越性的人，而是被消解了主体性的赛博人；这种赛博人没有固定不变的人性和本质，可以被媒介技术不断形塑和改造。因此，传播学的后人文主义转向就是要重新思考媒介与人之间的关系。

重新思考媒介与人之间的关系，首先需要从技术现象学视角重新理解媒介技术。技术现象学就是以现象学的视角来审视技术。著名哲学家胡塞尔创立现象学就是为了消解西方近代传统认识论所强调的主客体二元对立。在胡塞尔看来，我们与世界并不是二元对立的，因为我们的意识总是对某物的意识，意识的意向性结构应该被表述为"自我—意识—世界"，这个意向性结构是紧密相连、不可分割的。在胡塞尔的基础上，海德格尔将意向性结构调整为"此在—存在于—世界"，因为他认为胡塞尔的意向性结构仍然停留在传统形而上学对存在者的强调上，这种对存在者的强调使整个传统形而上学都遗忘了存在的意义，而海德格尔的意向性结构就是要去解释存在的意义。

在海德格尔看来，我们想要解释存在的意义，就必须抛弃传统解释学的方法，建立一种新解释学。这种新解释学将过去作为方法论的解释学与胡塞尔的现象学结合起来，将解释学作为一种本体论来看待。这种作为本体论的解释学不再将解释视为一种认识事物的方法，而是将解释视为人的存在方式，因为海德格尔认为，人与事物打交道的首要方式不是认识事物，而是使用事物，在使用的过程中揭示自身与事物的意义。海德格尔将人与事物之间的这种最初的打交道的方式称为"上手状态"。他以锤子为例来解释这种上手状态。具体说来，我们只有在使用锤子的过程中才能真正把握这把锤子，也就是说，用具只有在被使用的过程中才能作为用具而存在，因为我们只有在使用锤子的过程中才知道它顺不顺手、好不好用，这些都不能通过静态的观察得来。我们通过静态的观察只能认识到它的形状、大小、重量、颜色等特性，而这些特性并不能代表用具的本质，因为"用具本质上是一种'为了做……的东西'，有用、有益、合用、方便等都是'为了做……之用'的方式"（海德格尔，1999，p.79）。同时，海德格尔认为用具的角色给出了人与世界关系的形成方式，进言之，人与用具之间的"上手状态"使得人与世界也不是二元对立的，人一生下来就被抛入世界之中，人的这种在世存有的方式即"此在"。由此可见，海德格尔是从现象学的视角来审视技术的，"技术现象学"也由海德格尔率先创立。

海德格尔认为，技术的本质是"解蔽"。所谓"解蔽"，就是指使事物按其本来的面目显现出来，进而揭示出存在的真理。正如海德格尔所言："技术在其本质中乃是沦于被遗忘状态的存在之真理的一种存在历史性的天命。这就是说，技术不仅在名称上可回溯到希腊人的 Techne，而且在本质历史上也源出于作为一种 Aletheuein——亦即使存在者敞开出来——方式的 Techne。"（2000，p. 401）因此，技术不是一种人们与世界打交道的工具或手段，而是一种解蔽和显现的方式；人与技术的关系也不是一种工具性关系，而是一种存在论关系。总之，技术现象学视域下的技术观与传统技术观最大的不同在于：它不再把技术视为一种外在于人的工具，而是把技术视为一种先于人与世界而存在的，能够重构人与世界关系的"座架"。

推而广之，媒介也是一种技术，那么，媒介也可以被视为一种解蔽和显现的方式，人与媒介的关系也可以被视为一种存在论关系。法国媒介学家德布雷曾在《媒介学引论》中探讨过这种媒介观。他将媒介视为一种"中介"，这种"中介"不是主流传播学意义上的连接主客体的工具，而是存在论意义上的"处于中间介入两者之间的，使两者发生关系的第三者，如果没有这个中介，这种关系就不会存在"（德布雷，2014，p. 122）。也就是说，在德布雷看来，先有媒介，才有传播者和接受者，并且，媒介决定了传播者和接受者之间的关系，正如他所指出的："媒介对于行为是建构性的，行为在它的要素中被实现。没有光我们什么也看不见，没有语言我们什么也说不了。一句话，媒介就是要素，没有它也就没有在媒介中清楚表达的东西。"（2014，p. 217）概言之，作为中介的媒介已经不是外在之物，而是我们存在的家园。在这个由媒介所构筑的家园里面，媒介的边界决定了我们理解自身和世界的边界。传统形而上学所确立的主体与客体、真实与虚拟、内容与形式等二元对立都被统一在媒介之中，媒介重构了人与世界的关系。

与海德格尔、德布雷相比，德国哲学家基特勒走得更远。虽然前两位思想家都在强调媒介技术对于人类生存发展的重要性，但是都只能说他们正在摆脱人文主义立场，仍然没有完全摆脱，仍然强调媒介与人之间的共在与共生关系。人在这种关系中仍然具有一定的中心地位，没有完全丧失主体性，而媒介也并不具有主体性和独立性，最多只能作为服务于人的中介而存在。而基特勒则从媒介考古学的视角分析了在媒介与人的关系中媒介的主体性是如何建立的，人的主体性又是如何消解的。

基特勒认为，在前机器媒介时代，以白板和电影为媒介的想象和以手为媒介的书写彰显的都还是海德格尔意义上的人与媒介之间的共在关系，因为白板、电影、手写都是人的灵魂和本质的延伸。也就是说，在前机器媒介时代，人的主体性还没有消解。到了机器媒介时代，当机器取代手之后，书写就不再是人的灵魂和本质的延伸，因为机器媒介切断了书写文本与人的感官之间的联系。当人无法直接感知文本的时候，人的主体性就在逐步消解，媒介的主体性也在逐渐建立。到了数字媒介时代，当媒介技术实现了数字化和虚拟化之后，媒介技术的实体性和可见性就被摧毁了，代之而起的是一些不可见的程序软件和不可接触的芯片硬件，这些复杂的软件和硬件将会使人丧失对媒介的控制权。尤其是当人工智能技术具有自我学习和演化能力的时候，媒介就可能具有独立的主体性。人们在面对这些复杂而又具有主体性的媒介时，就会丧失主体性。总之，在基特勒看来，一部媒介技术的更替史就是一部人的主体性的消亡史。在这一历史过程中，媒介的主体性和本体性逐渐确立，人逐渐成为媒介的附庸和延伸。由此可见，基特勒是完全站在后人文主义立场上来审视媒介的，他不将媒介视为供人使用的工具，也不将媒介视为人与人之间关系的中介，而是将其视为能够形塑和改造人类感知和意识的主体和本体。正如他所言："在媒介提供了模型与隐喻之前，我们对自身的感官一无所知。"（Kittler，2010，p. 29）

总之，传播学的后人文主义转向就是要延续海德格尔、德布雷、基特勒的技术现象学的思路，消解人在传播活动中的主体性，在理解媒介与人的关系的时候不再将人视为主体，将媒介视为工具，而是认为两者是具身的共生关系。在这种具身的共生关系中，媒介对人具有形塑和改造的作用，赛博人就是这种形塑和改造的结果。同时，赛博人也不仅仅被视为传播者，还被视为媒介本身。也就是说，人可以成为一种终极媒介，一种集大成的超媒介。当人成为一种超媒介之后，人与媒介的关系将发生一次逆转，不再是"媒介即人的延伸"，而是"人即媒介的延伸"。

结　语

综上所述，由于人机融合语境下的传播实践具有不同于人机分离的诸多特征，传播学在人机融合语境下将迎来一次后人文主义转向。转向之后的传播学的核心研究对象不再是具有主体性的人，而是人机共生的赛博人。这种赛博人将消解人在传播过程中的主体性，进而我们需要在技术现象学基础上重新理解媒介与人之间的关系。发生后人文主义转向之后将打破传播学长期以来存在的"以人为中心 *vs.* 以机器为中心"的二元对立的思维模式，建立和谐的人机关系，辨明"人"在传播学中的准确位置。

引用文献：

彼得斯，约翰（2017）．对空言说：传播的观念史（邓建国，译）．上海：上海译文出版社．

德布雷（2014）．媒介学引论（刘文玲，译）．北京：中国传媒大学出版社．

海德格尔（1999）．存在与时间（陈嘉映，王庆节，译）．上海：上海三联书店．

海德格尔（2000）．路标（孙周兴，译）．北京：商务印书馆．

黑格尔（2010）．法哲学原理（范扬，张企泰，译）．北京：商务印书馆．

霍克海默，阿多诺（2006）．启蒙辩证法（渠敬东，曹卫东，译）．上海：上海人民出版社．

凯瑞，詹姆斯（2005）．作为文化的传播（丁未，译），北京：华夏出版社．

康德（2018）．道德形而上学原理（苗力田，译）．上海：上海人民出版社．

库利（2000）．社会过程（洪小良，等译）．北京：华夏出版社．

莱文森，保罗（2001）．数字麦克卢汉：信息化新纪元指南（何道宽，译）．北京：社会科学
　　文献出版社．

罗杰斯（2006）．传播学史：一种传记式的方法（殷晓蓉，译）．上海：上海文艺出版社．

米德（1992）．心灵、自我与社会（赵月瑟，译）．上海：上海译文出版社．

苗力田，李毓章（编）．（1990）．西方哲学史新编．北京：人民出版社．

欧阳灿灿（2015）．当代欧美身体研究批评．北京：中国社会科学出版社．

塔利斯，罗伯特（2002）．杜威（彭国华，译）．北京：中华书局．

亚里士多德（1992）．亚里士多德全集：第三卷．北京：中国人民大学出版社．

亚里士多德（1999）．尼各马科伦理学（苗力田，译）．北京：中国社会科学出版社．

殷晓蓉（2000）．战后美国传播学的理论发展：经验主义和批判学派的视域及其比较．上
　　海：复旦大学出版社．

Foucault, M. (1989). *The Order of Things: An Archaeology of the Human Sciences*. London：
　　Routledge.

Haraway, D. (2006). A Cyborg Manifesto：Science, Technology, and Socialist-Feminism in the
　　Late 20th Century. In J. Weiss et al. (Eds.). *The International Handbook of Virtual Learning
　　Environments*, 117－158. Netherlands：Springer, 2006.

Hassan, I. (1977). Prometheus as Performer：Towards a Posthumanist Culture?. *The Georgia
　　Review*, 31, 4, 830－850.

Jordan, T. (2011). Species and the Politics of Inter-relations. *Nordic Journal of Feminist and
　　Gender Research*, 19, 4, 266－281.

Kittler, F. (2010). *Optical Media* (Anthony Enns, Trans). Cambridge：Polity Press.

作者简介：

　　张骋，博士，四川大学文学与新闻学院在站博士后，四川师范大学影视与传媒学院
副教授、硕士生导师，从事传播学理论研究。

　　付陈岑，中国传媒大学电视学院硕士研究生。

Author:

Zhang Cheng, Ph. D. , postdoctoral fellow in the College of Literature and Journalism, Sichuan University, associate professor and Master's supervisor of School of Film and Media, Sichuan Normal University, engaging in communication theory research.

Email: 441080176@ qq. com

Fu Chencen, Master candidate of School of Television, Communication University of China.

Email: 2545702921@ qq. com

对抗·冲突·遗失："私生饭"的符号自我[*]

闫文君　张　孟

摘　要：本文以"私生饭"群体为研究对象，从符号自我的理论视角，
通过网络民族志及文本分析的研究方法，来探究这一群体的病
态行为特征及其背后的动因。首先从粉丝与偶像相处模式的关
系角度，总结"私生饭"的行为特征为对抗性与冲突性；接下
来分析"私生饭"过度沉迷于虚幻的身份-自我建构导致的自
我遗失；然后从个体心理及社会变迁层面对"私生饭"的符号
自我建构与发展进行内因与社会动因分析；最后，揭示大众传
媒环境中"私生饭"带来的社会困扰与隐患，并尝试提出将其
发展引向正轨的建议。

关键词："私生饭"，符号自我，对抗，冲突，自我遗失

Antagonism, Conflict and Self-loss: Semiotic Self of Illegitimate Fans

Yan Wenjun　Zhang Meng

Abstract: With the research methods of network ethnography and text analysis and from the scope of semiotic self, this paper explores the pathological behavior characteristics of the "illegitimate fans" and the motivation behind it. The relationship model between this group and idols is divided into antagonism and conflict. Self-loss caused by the excessive indulgence in the illusory identity-self-construction is

＊ 本文为河南省哲学社会科学规划项目"河南传统文化 IP 开发的符号生产与认同机制研究"
（2019BXW006）中期成果。

explored, and then the internal cause and social cause of the semiotic
self construction and development of the illegitimate fans are explored
from individual psychology and social change. Finally, this paper
reveals the harm that private behavior of "illegitimate fans" brings to
society, and provides suggestions for dealing with these events in the
future.

Keywords: illegitimate fans, semiotic self, antagonism, conflict, self-loss

DOI: 10. 13760/ b. cnki. sam. 202201017

随着媒介革命演变、大众文化兴起与消费社会的到来，关于粉丝文化的研究越来越表明，明星艺人发展离不开粉丝群体的助力，基于粉丝这一群体在社会发展中所起的作用，粉丝行为具有重要的研究价值。以往关于粉丝群体的研究，大多集中关注粉丝群体从盲目到理智的成长、变化过程，其中包括对粉丝文化的日趋成熟、粉丝社群机制的建立、粉丝经济的发展等现象的探讨。这些研究所涉及的粉丝大多都是麦奎尔所称"最狂热的"媒介迷，被视为"有意识地共享多少受到强烈吸引的感情的群类"（2006，p. 149）。在这种共享情感驱动下的粉丝，作为群体，其行为具有某种同质性；作为个体，其对偶像表现出一种积极且主动的行为倾向。然而，粉丝与偶像间也存在一些不和谐的表现，"私生饭"的追星行为即这一表现的典型代表。

在探究"私生饭"这一粉丝群体之前，首先需要明确的是，"私生饭"在学界尚未有统一定义，有学者根据喜爱程度将"私生饭"概括为"明星粉丝中一种病态的存在，每时每刻跟踪、偷窥和偷拍喜欢的明星私生活"，这种"偶像崇拜的极端迷狂状态"（邵培仁，陈龙，2011，p. 63）正是"私生饭"区别于一般粉丝的显著特征。其次，这一类不和谐行为与部分学者所研究的"粉丝群体的极端化行为"有很大不同。后者侧重从粉丝单向的行为角度出发，主要研究对偶像的极度推崇与盲目维护等行为；前者聚焦于粉丝与偶像双向且具有对抗性与冲突性的互动及自我构建行为，这也是当前较少为人所关注，但有较大社会影响的行为。

一、对抗：身份幻想与隐私保护的博弈

符号价值取代使用价值是当下的趋势，这一转变在粉丝行为中有着深刻体现。对粉丝而言，对偶像及相关文本（如偶像的喜好及代言产品等）的消

费，不在于物品本身的价值，而是对理想生活方式和品位的追求。但不同于普通粉丝与偶像之间的良性互动，"私生饭"毫无节制地终日沉溺于对明星的关注和幻想之中，将偶像及一切与偶像相关文本所代表的意义无限放大、极端化，因无法直接拥有偶像本身，便通过对偶像的消费性认同行为来印证或构建自我。一般粉丝通过购买偶像所代言的产品或模仿其所喜爱的风格来达到一种心理上的接近，而上述行为满足不了"私生饭"的心理需求，"私生饭"需通过窥视偶像隐私来获取一种心理上"独家拥有"的满足感。鲍德里亚说过："人们在消费物品时，实质上是在消费符号所具有的意义，同时，也正是通过对特定符号意义的认同或不认同形成了'自我'，界定着'自我'。"（2014，p. 69）这种行为其实是基于符号转喻的心理机制，即穷尽一切可能将自己与偶像连接起来，以达到一种幻想中的自我身份建构。

过去，人们仅能通过传统媒体接触偶像，偶像姓名及形象即为其可感知部分，而当代偶像作为一个典型的消费符号，在自媒体平台的催化下，其能指的广度被不断扩展，偶像的亲笔签名照、活动门票及花式周边产品是最有效的印证，而"私生饭"为显示对偶像独特的"爱恋"，将偶像符号的能指范围延伸向更加私密的空间，小到偶像用过的垃圾桶，大到偶像的私人信息，无一不是"私生饭"觊觎的对象。被"私生饭"赋予全新意义的私人物品，通常会由粉丝拍照发布在网络上，彰显其与偶像更为亲密的关系。从符号心理学的角度看，这类粉丝可被称为恋物狂，通过收集物来代替不可及的偶像。当"私生饭"将作为指示符号的物件与偶像的替代关系暂时忘却时，"私生饭"的欲望便从偶像转移到符号本身。

约翰·费斯克指出，大众文化迷表现出"两种行为的特殊性：辨识力与生产力"（2001，p. 154）。"辨识力"指的是粉丝在他们所着迷和不着迷的东西或人之间有着"泾渭分明的辨识界限"。在文化工业时代，热点文本层出不穷且千篇一律，要在其中找到使自己着迷的文本，就需要在此方面具备比一般大众更高的敏感性。在粉丝眼中，自己的偶像有着与大众乃至其他偶像迥然不同的品格，而这种特质正是自己最为推崇的，由此来看，粉丝对偶像的着迷顺理成章。但就一般粉丝而言，对偶像的着迷可视为人生爱好之一种，是正常工作与生活的良性调剂，而"私生饭"却将对偶像象征意义的追求当作生活目标与人生意义的栖息地。在偶像相关文本之中，偶像隐私正是"私生饭"最为着迷的东西，隐私由于其私密性与独特性，天然具有比公众形象更鲜明的辨识力，这就将"私生饭"与一般粉丝区分开来。

甚至，为进一步彰显自己的辨识力，某些"私生饭"会将偶像的言行细节无限放大，因他们眼中偶像的某一失范行为而出现"脱饭回踩"现象。费斯克认为"大众文化迷具有生产力"，着迷行为会激发粉丝去"生产自己的文本"（2001，p.154），如杨超越的粉丝通过图像后期处理等形象再创造的行为，将其人设由邻家小妹重构为"锦鲤"，被赋予"好运"象征意义的杨超越的相关形象在互联网上裂变式传播，其符号价值也飞速增长。"私生饭"同样具有生产力，只是这种生产力体现出对偶像极强的破坏性。如某明星多次被"私生饭"围追堵截，其助理采取相应维护举措时，却被录像并做后期处理，成为爆料该明星"双标人设"的证据。一时间视频被大量转发，舆论倒向"私生饭"一方，部分"黑粉"更是借此获得一批追随者，赢得了关注。"私生饭"对偶像私下形象有过多了解与爆料，这难免会与媒体塑造的偶像形象有些许偏差，是偶像及其工作室不愿看到的，也是普通粉丝群体及偶像排斥、对抗"私生饭"的一大缘由。

此外，粉丝与偶像关于隐私的对抗性更多地体现在网络中，因为在网络时代粉丝对偶像隐私的发掘与获取较以往时代轻易许多。"这种随时随地的挖掘，到了场景时代更变本加厉到人都难以自知的地步，于是人变成了互联网中之'物'。"（王小英，2019）有学者在研究网络舆论博弈的结构时，提出了一种基于群体间观点表达的"交互向度的对抗结构"（夏雨禾，2018），体现双方的对峙状态。将这一结构用于"私生饭"行为的分析，能够更加清晰地反映出偶像与"私生饭"之间的相处模式。在这一类相处模式中，核心是偶像私生活信息，一方极力保护，一方不计代价挖掘，双方上演了一场关于隐私的零和博弈。在这一过程中，媒介赋予了粉丝更多的主动权，处于被动地位的偶像则以呼吁、劝告作为回击。因而，偶像与"私生饭"之间处于一种矛盾的相处模式。

二、冲突：自我认同偏差导致的对抗升级

近年来，偶像养成节目、综艺节目、网剧的逐渐发展，娱乐产业的加速扩张，丰厚的利益驱使，使得各行业名人身份交叉，娱乐圈边界不断拓展，文学圈、游戏圈、体育圈纷纷进驻，引发了一次次圈层冲突。名人借助新媒体在网络上的强大优势进行包装，迎合当下的受众审美。网络造势迅速提高了名人知名度，同时也为名人带来了"私生饭"。"抛弃一切，只为偶像而活"——偶像身上的符号意义逐渐成为"私生饭"全部生命价值之所在，在这样极端的情绪裹挟下，偶像言行与"私生饭"预期一旦有任何不符，都将

成为"蝴蝶的翅膀"，带来冲突的风暴。如果说对抗是一种较为温和的相处模式，那么冲突则是带有一定暴力倾向的相处模式，这一模式下的双方关系更为恶劣。"私生饭"长久以来存在自我认同偏差，往往在对抗性行为满足不了其欲望的情况下做出制造冲突的行为。

首先，粉丝会对偶像所处空间进行符号化建构。在符号消费语境下，符号与空间逐渐建立了某种互动关系，即"消费空间自身的符号化"和"符号化的消费空间"（申峻霞，张敏，甄峰，2012）。通过社交网络呈现，被偶像建构的空间得到其粉丝的广泛认可，随后空间本身转化成消费的对象，从而成为某种新的偶像符号得到传播和扩散。这类现象在网络中不难发现。偶像去过的餐厅、酒店、商场等各种空间，都是粉丝"打卡"的对象。对真实空间的符号化建构、对符号化空间的网络化呈现是粉丝主动性最直接的体现。在现实生活中扮演各种角色的个人，在网络上获得了另外一种共同身份——粉丝，他们以偶像为中心展开一场无关乎时空的线上、线下互动，由此获得一种归属感，这是网络时代个人社会化的一种形式，是个体获得社会群体认同与建构自我身份的过程。

其次，"私生饭"会努力打造与偶像有关的符号化空间。与偶像同乘一班飞机，由于空间限制，偶像即使受到侵犯也无处可躲，"私生饭"产生与偶像共处一室的幻觉。有"私生饭"进入偶像家中并占用偶像的私人物品，更有"私生饭"整日徘徊于偶像去过的地方。在"私生饭"的行为中，肢体接触是让无数粉丝及偶像最难以忍受但最无能为力的一种。社会心理学的认知一致性理论认为，个体需要保持心理平衡状态，当认知矛盾打破这种心理平衡时，个体就会产生不愉快的心理反应，这种反应又会反向促使个体采取行动来恢复心理上的平衡状态。"私生饭"与偶像身体接触的过程中，为保持心理与现实的平衡，对于偶像在遭受身体骚扰时表现出的行为反应格外敏感。若偶像反感，"私生饭"会自动过滤掉其中与预期不符的信息，不断给予自己正面暗示；若偶像忍耐，"私生饭"则会认为自己此类行为是合理的，固化自己对偶像形象的认知。而这些行为经新媒体广而告之于网络，会引发更广泛的"破窗效应"：部分潜在"私生饭"长期处于偶像的虚拟世界里，对偶像相关信息来者不拒，也同样关注媒体对"私生饭"行为的报道，由此不断地被暗示，进而失去理智，对所见所闻进行模仿。

总之，为彰显自身在粉丝群体中的独特性，"私生饭"需要表现出更高的忠诚度及亲密度，以在群体空间内部建构起自我身份认同。"如果说雷同和相似是进入等级空间、构建身份秩序的必要手段，而刻意去制造差异成为个人在进入期待秩序后划定个人空间的法宝。"（王静梓，2014）对"私生饭"而言，与偶像所处空间距离越近，越是意味着自己所拥有身份标签的显著性。在符号消费社会，身份－自我很大程度上是以"物体系"所指示的符号秩序来确定的，因而对偶像的空间符号化建构能力就成为粉丝们新的身份识别系统，重塑了粉丝群体的社会秩序。基于上述原因，"私生饭"对偶像所处的空间表达出高度认同，并自发建构满足自身幻想的符号意义，在与偶像发生冲突的边缘不断试探。

三、自我遗失：虚拟契约对现实的影响

根据马斯洛的需求层次论，人皆有自我实现的需求。但绝大多数人又难以满足这一人生最高层次的需求，于是粉丝对偶像的崇拜就成为另一种自我实现的形式。偶像之所以能成为偶像，是因为在他们身上有着众人渴望却难以拥有的特点，偶像的这些特点之于每位粉丝都有着独特的意义，在后消费时代，这便是偶像的符号价值之所在。所谓符号价值，指的是物品在使用价值与交换价值之外的意义价值，即物品所代表的身份、地位、品位、个性等给人带来的心理满足。正如马克思主义的物化理论所言，产品关系的背后是人与人的关系，物的消费体现出人的社会身份与地位。因而，粉丝对偶像的认同归根结底是围绕着身份－自我的一种循环与交互的过程。"私生饭"消费着自我解读的偶像意义，以偶像恋人或邻居自居而不满于普通粉丝身份；从受众与媒介的关系而言，粉丝的这种行为是对媒介人物深度卷入的结果。

一方面，"私生饭"试图重新建构一种类似于具有初级群体特征的社会身份，与群体成员结成一种如家庭、邻里般面对面交往与合作的亲密关系。这类似于美国心理学家霍顿和沃尔提出的"准社会交往"行为（Horton & Wohl，1956），准社会交往并非真实交往，而是指受众对媒介人物会产生情感依赖，并将其当作日常生活中的真实人物去建构彼此间的关系。当然，这种人际关系是建立在受众自我想象基础上的。

粉丝与偶像之间的关系是基于粉丝个体想象的与偶像的一种虚拟亲密关系，是粉丝将拟态关系延伸至现实交往的结果。基于上述心理驱动模式，"女友粉""姐姐粉""妈妈粉""事业粉"等粉丝类别形成。对自己身份的界定，其实就是对人格的自我验证与构建。如果这种心理仅仅存在于拟态环境，或者对粉丝的现实生活影响不深，那么双方还是正常的粉丝与偶像关系。但是，"私生饭"很显然无法接受这样的身份定位，他们凭借想象中的身份

强行介入偶像的现实空间，试图通过空间界限的消弭提高想象中关系的亲密度。

　　而在粉丝与偶像的虚拟亲密关系契约之外，粉丝和粉丝之间也存在着某种虚拟契约关系。人作为群居动物需要归属感，一则出于安全考虑，二则出于精神需要。但不同于传统熟人社会，现代社会是一个陌生人社会，疏于沟通交流的个体很难展现出自身属性以获取社会认同。于是，"消费者共同体"这一新的社会群体就出现了，以商品的符号价值作为展示自我与鉴别他人的中介，是现代人为寻求群体认同自发找到的最便捷方式。偶像符号价值突出的特性恰恰吻合了这一时代需求。作为个体的粉丝如同暗夜海上的一叶孤舟，期待在偶像这盏明灯的指示下找到归属。"粉丝聚合成'饭圈'的过程，是深陷娱乐迷阵和偶像崇拜的文化想象与情感投射过程，也是进行身份认同和群体归属的过程。"（吴炜华，张海超，2021）

　　另一方面，这种极度认同现象又使得粉丝逐渐丧失了与现实社会的联系，偶像依恋与媒介依赖相伴而生，粉丝长久沉溺于这种幻想的真实，不可避免地遗失自我。正常情况下，自我是以他者为镜像来确定的，他者（"大他者"）携带着社会文化的语境元语言，映射着自我与社会的诸种关系。主体应该以主我为中心、客我为镜鉴，二者互相作用，打磨出更能获取社会广泛认同的自我。然而对"私生饭"而言，偶像与"饭圈"（"小他者"）成了他们生活的全部。对偶像的过度着迷使"私生饭"自觉屏蔽其他社会联系，形成单一圈层社交，其局限性导致了"私生饭"对偶像和"饭圈"成员的情感依赖，主我完全让位于客我。所以，"私生饭"的身份－自我呈现出客我偏重的极端倾向，他们唯有通过"小他者"的认同才能找到自己存在的意义。

　　"青春的情感想象、难以实现的欲望投射和亚文化的族群认同一起混淆了媒介空间和现实。"（吴炜华，张海超，2021）"私生饭"任由媒介空间在自我的世界中疯狂蔓延，媒介空间由在现实空间留下浓重的投影开始，渐至实现对现实空间的蚕食，使"私生饭"出现了自我遗失。当偶像公开斥责"私生饭"行为时，一个"私生饭"在聊天群中怒斥其是"劈腿渣男"，说自己从未受过这样的委屈。"私生饭"这种以爱为名义的伤害，源于对偶像身份进行极端片面化解读之后产生的病态心理反应。"私生饭"不满足于隔着屏幕追随偶像，深入偶像私人生活成为他们从普通粉丝变成"私生饭"的重要行为表现。"私生饭"否认偶像的公众性，以自我为中心单方面建构具有亲密关系的社会身份，其身份－自我代入得过于彻底，使情感大于理智，这在一定程度上正是遗失自我的具体表现。换言之，"私生饭"对偶像的消费已经突破了虚拟的符号消费范畴，而将其物化为纯粹的商品消费对象。

"文本的价值在于被使用"以及所提供的"相关性"，而不在于它的"本质或美学价值"。在霍尔的解码理论中，"相关性的意义"是由读者从文本中"选择性地生产出的意义"（费斯克，2001，pp. 151－153），而"私生饭"对于偶像身份的选择性解读正体现了这一点。"私生饭"虽将偶像符号消费到了极致，但从传统经济学的角度而言，他们对"偶像"这一文本的理解实际上停留在只具有交换价值的商品属性上。"私生饭"认为"我花了时间和金钱，你就理所应当地为我所有，是我用金钱捧红了你"。显然，"私生饭"将等价交换的思维应用于追星，认为偶像理所应当成为自己的"专属物品"。面对这种极端片面化地解读偶像身份的行为，偶像往往会捍卫自身正当权利，明确表示不愿透露隐私或迎合"私生饭"心中固有的偶像形象，"私生饭"将这种表态视为背叛：他们交付全部精神世界给自己的偶像，本是为换取某种程度的心理慰藉，却只得到偶像的斥责。"私生饭"因爱生恨，引发"恶魔效应"，直至爆发冲突。

四、祛魅与戒断："私生饭"行为的动因

克里斯蒂娃在巴赫金对话理论的基础上提出"文本间性"概念，认为任何一个文本都是不自足的，不仅吸收和转换了其他文本，还体现出从一个意蕴系统向另一个意蕴系统的过渡。"私生饭"行为作为一个长存于社会的病态现象，也绝非孤立的符号文本，其发生发展深受社会环境变迁及个体人格障碍的双重影响。

从社会整体而言，这一病态行为实际上是对传统偶像祛魅行为的变异延续。"祛魅"源于马克斯·韦伯所提"世界的祛魅"，是指消解科学和知识的神秘性、神圣性、魅惑力。将其用于偶像这一角色上，即指"消除偶像神性，赋予偶像人性"，最终达到将偶像平民化的目的。（尹金凤，2012）随着社交网络的发达，粉丝得以与偶像零距离接触，为提高曝光度、存在感，明星也乐于通过微博等社会化媒体分享自己的日常动态，或是参加接近日常生活的纪实性节目，实现自我祛魅。在这一过程中，偶像掌握行为主动权，隐藏光环，展现接地气的一面，在与媒体为其制定的人设不冲突的情况下，消减自己身上的神秘感，吸收世俗特质，以一种更加亲民的方式提高符号价值。由此，粉丝愈加忠诚于偶像良好的个人品质。这是一种符合当下社会道德的偶像自我祛魅行为。

非理性是"私生饭"行为最突出的特点，这与后现代主义思潮所传达的思想不谋而合。后现代主义思潮下的大众表现出"对传统权威的至高无上性和传统思想品位的鄙夷"，反叛并"怀疑一切基于宏大叙事框架的既有观念"（刘国强，粟晖钦，2020）。"私生饭"种种非理性行为不断再现与强化这种反叛精神，基于偶像频繁的自我祛魅，将偶像视作亲密朋友甚至家人。在这种情感暗示下，基于理性认知而克制欲望的能力逐渐消减，久而久之，当理性的最后一道防线被非理性的内在冲动击破时，"私生饭"探入偶像私人领域，将偶像隐私暴露在公众面前。这种极端化的偶像祛魅使偶像处于完全被动的境地，也不为主流价值观念所接受。"私生饭"挣脱理性的约束，宣泄着本能，体验着解放自我的快感，对传统的社会道德标准产生怀疑。

从个体而言，"私生饭"与人格障碍有着密切联系。"人格障碍是一种常见的，且具有社会破坏性的心理疾病"，患者的外在表现为"内心体验和行为模式持久地偏离其所在的文化规范"。（张文娟等，2018）社交网络中的"私生饭"行为在某种程度上体现出反社会型人格障碍的特征：行为冲动且不计后果，侵犯他人利益而缺乏自责。从危害程度的角度分析，"私生饭"反社会型人格障碍的形成可分为三个发展阶段：初期对偶像过度依恋；中期回避正常社交，孤独感倍增；后期偶像失格，破坏力爆发。偶像是粉丝的移情对象，在一定范围内对偶像产生精神依恋是正常的，当超出正常范围时，依恋便是人格障碍形成的初始。随后，这一群体拒绝偶像以外的世界。与普通粉丝的"选择性注意"不同，在长期接触偶像私人生活的过程中，他们对偶像相关信息事无巨细地吸收，可能发现与心目中的偶像形象不符的信息，从而形成巨大的心理落差。当对落差容忍度达到极限时，"私生饭"可能消极轻生或是患心理疾病，例如抑郁症等；也可能出现"粉转黑"（即"脱饭回踩"）这样的反转及其他具有破坏力的行为反应，例如对偶像进行人身攻击等，这又会导致"私生饭"心理上的"戒断反应"。

"戒断反应"是医学术语，指在长期用药后突然停药引起的适应性反跳，表现为心理上的不适应。长期远离正常人际交流圈的"私生饭"多受以自我为中心的价值观支配，对偶像的疯狂迷恋被外界一次次否定之后，产生"我可以为你而活，也可以为你而死"的极端心理，这便是不同程度的戒断反应的表现。"私生饭"长期的人格障碍与其所导致的戒断反应相互作用、相互影响，成为"私生饭"行为产生的最主要动因。

五、反思与建议

在符号消费盛行的年代里，粉丝不断追求着体现在偶像身上的"地位、身份的差异符号"，而"符号差异永远存在"（贾中海，李娜，2021），粉丝也永远得不到满足，由此陷入消费逻辑的陷阱。这正体现着"私生饭"复杂且矛盾的行为逻辑，其负面影响主要有二：

一是固化粉丝群体"脑残粉"标签。"私生饭"是粉丝群体中特殊的一部分，社会对于"私生饭"病态行为的厌恶感转化为对整个粉丝群体的负面刻板印象，近而使整个粉丝群体被贴上"脑残粉"标签，这对于粉丝文化的健康发展造成一定的阻碍，甚至使粉丝文化更易为主流文化所排斥。

二是催生流言与其传播。美国心理学家奥尔波特曾提出流言流通量公式，"他认为，在一个社会中，'流言的流通量，与问题的重要性和涉及该问题的证据暧昧性之乘积成正比'"（郭庆光，2011，p. 87）。娱乐圈内能够拥有一众"私生饭"的艺人，某种程度上代表着某段时间的潮流，公式当中"问题的重要性"即艺人影响力大小不言而喻。无论出于情感推动还是名利诱惑，"私生饭"所曝光的信息往往真假难辨，证据暧昧性增加，问题的重要性与证据的暧昧性同时上升，流言流通量自然呈指数级攀升。

没有人是一座孤岛，在"私生饭"行为的背后，有更多东西值得思考。粉丝是维持艺人热度的重要群体，在某种程度上，可以说粉丝与艺人是离不开的，粉丝甚至比艺人工作室更加卖力地宣传偶像，推动偶像走上更宽广的星路；而每一位偶像，在当下符号消费盛行的时代，更应该说是一种符号，是一种存在于每个粉丝心中的神话。部分粉丝的情感战胜理智，私欲与虚荣心作祟，做出种种越轨行为，从对抗到冲突，不断促使"私生饭"行为成为粉丝圈内屡禁不止的现象。着眼于目前的娱乐圈，作为"私生饭"行为首要承受对象的艺人受到种种不良影响，新一代粉丝群体社会形象的重塑也会因此受到压力，在名利的诱惑下，"私生饭"行为衍生出谣言。

"私生饭"行为的危害在网络的助力下从娱乐行业扩散到社会的其他领域，需要引起各方的重视，其中艺人与媒体在应对这一行为中扮演着重要的角色，必要时应避免对粉丝一味地宽容，工作室可将行为恶劣的"私生饭"拉入黑名单，明令禁止其参加一切活动，例如见面会、演唱会；在网络的助力下，无论是自媒体还是传统媒体，要想扮演好讲述者的角色，就应将道德放于首位，用正确舆论导向让和谐文明的社会文化常驻人心。

引用文献：

鲍德里亚, J. (2014). 消费社会（刘成富, 全志钢, 译）. 南京: 南京大学出版社.

费斯克, J. (2001). 理解大众文化（王晓珏, 宋伟杰, 译）. 北京: 中央编译出版社.

郭庆光 (2011). 传播学教程. 北京: 中国人民大学出版社.

贾中海, 李娜 (2021). 消费社会的符号价值与后现代的主体性丧失. 社会科学战线, 5, 68 – 72.

刘国强, 粟晖钦 (2020). 解构之欲: 从后现代主义看媒介文本解码的多元性. 新闻界, 8, 31 – 39 + 94.

麦奎尔, D. (2006). 受众分析（刘燕南, 李颖, 杨振荣, 译）. 北京: 中国人民大学出版社.

邵培仁, 陈龙 (2011). 媒介文化通论. 南京: 江苏教育出版社.

申峻霞, 张敏, 甄峰 (2012). 符号化的空间与空间的符号化——网络实体消费空间的建构与扩散. 人文地理, 1, 29 – 33.

王静梓 (2014). "果粉"群体青年亚文化研究. 硕士学位论文. 西安: 陕西师范大学.

王小英 (2019). 论移动互联时代手机对人之自我的建构及驯化. 符号与传媒, 2, 138 – 151.

吴炜华, 张海超 (2021). 社会治理视阈下的"饭圈"乱象与文化批判. 当代电视, 10, 4 – 8.

夏雨禾 (2018). 网络舆论博弈的结构与机制——基于社会资本理论的实证研究. 中国地质大学学报（社会科学版）, 3, 105 – 116.

尹金凤 (2012). 现代偶像"祛魅"的道德困境与道德矫正. 湖南师范大学社会科学学报, 1, 40 – 43.

张文娟, 等 (2018). 依恋与人格障碍的关系: 维度诊断的新视角. 北京师范大学学报（社会科学版）, 5, 72 – 82.

张筱荙, 李勤 (2006). 消费·消费文化·消费主义——从使用价值消费到符号消费的演变逻辑. 学术论坛, 9, 35 – 38.

赵毅衡 (2016). 符号学: 原理与推演. 南京: 南京大学出版社.

Horton, D. & Wohl, R. (1956). Mass Communication and Para-social Interaction: Observations on Intimacy at a Distance. *Psychiatry*, 19, 1, 215 – 229.

作者简介：

　　闫文君, 博士, 洛阳师范学院新闻与传播学院副教授, 四川大学符号学 – 传媒学研究所成员, 研究方向为传播符号学。

　　张孟, 成都理工学院传播科学与艺术学院 2020 级硕士研究生, 研究方向为影视文化传播。

Author:

　　Yan Wenjun, Ph. D., associate professor of Department of Journalism & Communication of Luoyang Normal University, member of the ISMS research team, Sichuan University. Her research field is semiotics of communication.

Email: yanwj2916@163. com.

Zhang Meng, Master candidate of Department of Communication & Art, Chengdu University of Technology. Her research field is film and television culture communication.

Email: zhangmeng2035@163. com.

报告与评论 ● ● ● ● ●

2021 年中国符号学发展研究

向 超 童军宝 刘冰坤 冯琦婷

摘 要：本文通过梳理 2021 年符号学研究相关论文、著作、学术会议等情况，分析并总结了本年度中国符号学的发展状况与特点。这一年，我国符号学研究关注传统文化与经典理论，将经典理论应用于当下新兴现象的同时进一步推进理论体系的建构，在中国传统文化、文学艺术、文化产业、人工智能等领域全面展开。整体来看，本年度符号学研究对技术的重视程度明显提升，与此同时，符号学也为不同学科的交叉融合以及前沿问题提供了独特的分析视角。

关键词：符号学，应用，年度报告，2021

2021 Annual Report of Chinese Semiotic Studies

Xiang Chao Tong Junbao Liu Bingkun Feng Qiting

Abstract: This paper summarises the present development and characteristics of Chinese semiotics by analysing papers, works, and academic conferences related to semiotic research in 2021. During this year, the study of semiotics in China focused on Chinese traditional culture and classical theories, applying classical theories to emerging phenomena while simultaneously promoting theoretical constructions. Chinese Semiotics research has been undertaken in diverse ways in studies of Chinese traditional culture, literature and art, cultural industries, artificial intelligence, and a range of other topics. One significant trend is to attach much greater importance to technology. In general, semiotics continues to provide a unique analytical perspective for interdisciplinary studies of cutting-edge issues.

Keywords: semiotics, application, annual report, 2021

DOI: 10. 13760/ b. cnki. sam. 202201018

一、2021 年中国符号学发展概况

本年度中国符号学研究的总体情况呈现出稳步推进的上升趋势，期刊论文发表数量较去年显著增加，专著出版数量稍有下降。关注的现象与应用领域较往年逐渐扩大，更加重视各学科的交叉融合与前沿话题讨论，疫情反复也并没有影响到理论深度的深化与应用广度的拓宽。学术对话形式灵活多样，举办了多场线上与线下结合的学术论坛、系列讲座与对谈等学术交流活动，来自不同高校、社会文化组织及其他社会群体的专家、学者有了更多的对话、互动机会，共同探讨多元话题，在一次次思想碰撞中为符号学理论及应用研究提供了新的活力与动力。

本年度在"中国知网"（CNKI）上以"符号"为主题且全文包含"符号学"的中文文献共有 2272 篇左右①，较 2020 年增长了近一倍，其中包括期刊论文、学位论文、会议论文以及报纸文章，其中核心期刊文献共约 359 篇，这些学术论文分布在不同学科，对其进行关键词共现分析后发现，本年度我国符号学研究主要在经典理论、中国传统文化、文学艺术、文化产业及人工智能领域展开。一方面，理论研究重视经典理论在当下的探讨以及符号学在不同学科中的理论拓展，结合中国特色进行符号学分析成为热门视角；另一方面，应用研究数量大幅增加，大数据时代下的符号学研究热度持续上升，文学艺术与文化产业依旧备受关注，其中，视觉设计、品牌、广告、旅游、文创等成为高频词汇。

本年度符号学相关的学术活动、学科建设活动众多，主要关注大数据时代传统文化、理论思想及艺术等领域的传播及发展问题。在新文科建设背景下，各大高校重视哲学社会科学与新一轮科技革命和产业变革的交叉融合，

---

① 时间限定为 2020 年 11 月 6 日至 2021 年 11 月 25 日。

努力培育新时代中国特色、中国风格、中国气派的新文化。其成果以重庆大学艾柯研究所举办的学术交流活动——艾柯国际学术研讨会（线下）、"格思论坛"（线上）为代表。

与此同时，两次围绕"丝路符号"传播展开的论坛研讨会也值得关注。一是"铸牢中华民族共同体意识背景下多民族符号与华夏符号融合传播研究"论坛；二是以"语言符号与话语传播：'一带一路'文化交流与实践"为主题的新丝路文化传播高峰论坛暨语言符号学国际学术研讨会。这两项活动不仅进一步贯彻了习近平新时代中国特色社会主义思想，还强化了语言符号学与其他学科的交叉融合。

本年度共出版了 7 本专著，较去年有所下降，与文化符号学、传播符号学、叙述学等学科联系紧密，主要研究内容涉及中华文化、经典文学理论思想，以及符号学在纪实/虚构叙述、时尚潮流等领域的应用，都体现了符号学较强的理论性。此外，由四川大学符号学 – 传媒学研究中心主持，国际著名学术出版机构 Brill 出版的国际学术期刊 *Signs & Media: A Journal of Semiotics in China and the World* 陆续发表了两期新近学术文章，涉及从叙事学、符号学等视角探讨艺术史、武侠文本及哲学等问题。这一举措将促进中国传统中关于意义、交流与艺术的理论向世界引介，同时亦为当代属于中国、属于东亚的符号学与国际符号学研究提供对话的渠道。

二、符号学理论研究

符号学经典理论是符号学学科发展的源泉与基石，也历来是学者深耕的重点。2021 年度我国符号学理论研究成果颇丰：有些学者聚焦于符号学家的经典理论，展开回溯与辨析；有些学者则对语言符号学的经典理论进行对比研究；有些学者结合不同学科背景对图像修辞学的理论进行了讨论；有些学者专注于结合中国文化背景，推进中国特色符号学理论研究。

在经典理论的回溯与辨析方面，索绪尔与罗兰·巴尔特的相关研究备受关注。有学者认为任意性原则作为索绪尔学术思想的核心和精华，是所有符号系统的基础（胡剑波，2021）；有学者在索绪尔的经典符号学框架中深度解析了能指、符号载体和再现体等概念（王军，李想，2021）；也有学者对索绪尔的符号学理论进行了哲学层面的溯源与解读（韩建，2021）；还有学者对罗兰·巴尔特的相关理论进行了思考，比如对罗兰·巴尔特符号学理论中形象问题的思考与探索（刘晋晋，2021），对罗兰·巴尔特的理论在当下传播环境中的再读和解析（祁涛，辛小月，2021），等等。其他学者的理论同样得到重视：有学者对翁贝托·艾柯提出的"符号性诠释"的理念进行了讨论（卢嬺，2021）；也有学者将洛特曼的符号学思想作为研究对象，同时对比了欧洲大陆符号学、英美符号学及俄罗斯符号学（焦丽梅，2021）。

往年语言符号学的讨论多集中在某一概念上，而这一年度有所不同。学者们多从某位学者的思想理论出发，与其他学者的观点进行对比。有学者对比了索绪尔与本维尼斯特对语言与言语、句子的关系判定以及对话语主体的不同维度的考察（庞茂森，2021）；有的学者对比了索绪尔与博杜恩二者思想的异同（肖娅曼，应燕平，2021）；有的学者聚焦于布兰顿的推论主义语义学与皮尔斯的符号观（车向前，刘利民，2021）；亦有学者对雅各布森的言语交际理论展开了探索性分析（李轶，王新朋，2021）。值得注意的是，今年学者对多模态话语研究的成果增多。有学者从研究状况、研究路径等多方面展开分析（王振华，瞿桃，2021）；有学者说明了多模态话语组成模式以及分析的具体步骤（张德禄，赵静，2021）；也有学者从多模态相关的概念与意义出发，通过回溯研究历史，阐述了媒介转向之下这一研究的必要性与重要性（吴赟，2021）。

这一年图像修辞学部分对理论与概念的回溯减少，而是有新的发展：有学者将视觉语法和视觉话语结合起来，建构了一种相对普遍的、可供参考的视觉修辞分析模型（刘涛，2021）；有学者结合著译作品的封面和插图总结出了三种主要图像模式（付建舟，2021）；也有学者以符号学与认知心理学的理论为基础，为探究视觉符号信息的表达方式提供了一个新的思路（解雪莹，2021）。

值得一提的是，越来越多的学者将符号学与我国本土语境相结合进行理论推进。有学者基于语符中心符号学和实效主义符号学两条路径提出了可以探究的第三条路径——语象合治之路（王铭玉，孟华，2021）；有学者从洛特曼的符号圈理论入手，总结了这一理论在中国的发展路径（杨昕，2021）；也有学者从符号学的三次跨越、中国创新文化的培育和新旧文明的更替中提炼出"精神符号学"的概念（李思屈，2021b）。

纵向对比往年的研究不难发现，2021年学界对符号学的关注领域不仅更为细致，也在不断扩张，比如梳理符号学与翻译学的关系以及前景展望与路径构建（潘琳琳，2021）等。要言之，这一年我国符号学理论研究颇有成效，学者们在深入探讨符号学学者的相关理论的同时，还兼顾了当下语境的变化与发展，符号学的部分概念得以厘清与完善，为符号学理论的应用与学科交叉提供了更为深厚的土壤。

三、符号学应用研究

（一）中国传统文化符号学

今年，学者逐渐将视野转向国内，希望根植于中国本土文化，发展带有中国特色的符号学体系，构建属于中国的符号学研究。民族认同、中国特色符号体系、中国语言文字、传统文化的当代化、传统技艺及文学作品等都成为 2021 年学者关注的重要议题。和 2020 年相比，学者关注的议题更加多元。

构建中国特色的符号学体系的途径、价值及意义是今年学者关注的重要议题。祝东（2021a）指出必须从中国先民的符号实践出发，结合历史文献，依托中国的历史文化背景，归纳出具有中国特色的原创性概念与理论框架。祝东（2021b）通过回溯符号学与中国的渊源探讨了如何构建中国符号学，认为需要古今对话、中西对话，而不能停留在史书典籍。

民族认同方面，中华文化符号及由此衍生的认同是学者关注的主要议题；如何定义、划分、选择文化符号及如何达成认同是 2021 年学者关注的主要方向。曾明等人认为中华文化符号是各民族共同创造、认可的，凝结了各民族的共同经历、历史与记忆，承载了共同的情感（曾明，龚婷，戴登云，等，2021）。崔榕、赵智娜从提炼中华文化的角度探讨如何增强民族共同体意识，认为关键是对中华民族历史上已经形成的共有的符号、记忆和仪式进行重新认知和重点诠释（崔榕，赵智娜，2021）。

同时，学者也关注中国传统文化在当代的传播，以及融入当下文化环境、实现文化传承的问题。姒晓霞等人探讨了中国历史文化全媒体传播的现状，以及媒介和符号体系之间的关系，认为中国历史文化在新的媒介渠道和符号传播中得到传承和发扬（姒晓霞，马东，郑洁，2021）。王鑫、黄皓宇（2021）以杜甫在英文世界的传播为例，考察中国传统文化符号的跨文化叙事，认为其背后仍然存在"中国框架"，指出需要搭建出共生域，内观中国传统文化蕴含的文化符号。

有关汉字符号学的研究，本年度有所下降，但学者更注重深度挖掘古汉字背后的审美和意义，中国符号学发展的语象合治问题也成为学者的议题。王铭玉、孟华（2021）从"语象合治"的角度出，结合中国的思想与理论基础，提出"语象合治"这种中性符号观。薛伟明（2021）则探讨了甲骨文的符号特点及对后世的影响，认为其所引发的形象联想以及言此意彼的思想传达原则对后世的表达和艺术思维产生了重要的影响；认为甲骨文使文字图形实现了形与义的完美结合，其图形化的符号特征与其信息功能是一体的。

今年，学者侧重于从文化符号学的视角论述传统技艺的相关议题，探讨了其文化内涵。同时，学者也加强了对传统文学作品的总结，但更侧重于将其置于历史进程及社会发展中展开深入分析。如赵阳等人从文化符号角度在了解过去的基础上梳理螳螂拳文化意涵，从器物、制度、行为层面展开探讨，认为其体现了人与自然的和谐、文化认同，表现了对祖先、英雄的崇拜等取向（赵阳，孙德昭，程馨，2021）。张静轩（2021）则以青海的"花儿"为例，从音乐符号学的视角探讨了中国传统民间音乐，认为音乐记号是表达情感的中介，专业音乐舞剧追求的本土化过程也是一种音乐符号学角度的现实环境的抽象过程。朱晓婉（2021）以《四库全书》的影印过程为例，考察传统文化符号在近代中国国家形象建构中的作用，认为其有认同和对抗双重作用。

儒、释、道作为中国三大传统，孕育了独特的思想文化，也是中国传统文化的核心。2021年，儒、释、道也成为学者关注和解读的重要对象。丁茂远（2021）通过梳理《道德经》中有关形式的文本和思想，考察老子的形式美学观念的独异性与当代性，认为其以自然为根，以天地为美，注重通过"言"的辨析超越是非之辩。曹忠（2021）考察了唐宋佛学的符号学思想及其伦理价值，认为佛教中的"相"是充满东方智慧的符号学思想，也必将成为中国符号学话语构建的重要一环。

（二）艺术符号学

2021年，艺术符号学研究成果丰富，在延续了对艺术性质、西方艺术的符号学理论探讨的同时，更有学者将视角拉回中国，审视了本土艺术符号学的发展历程。而有关各艺术门类的符号学研究，也从文学、绘画、影视拓展至舞蹈、建筑、游戏、跨媒介艺术等多元领域。

在社会文化泛艺术化趋势愈发明显的当下，符号学或能为理解艺术这一特殊的表意形式提供新的见解。就艺术符号学必要性与重要性这一根本问题，学者从"物－符号"三联体滑动，艺术"非利害"理论的当下演变，以及"展示"对艺术的影响出发，指明了艺术符号学在解决艺术意义方式的三个对立冲突上的必要意义（陆正兰，赵毅衡，2021）。

艺术性质是符号学长期聚焦的基础问题。艺术符号文本的主导再现理据是像似性，但难免混合指示性和规约性，因此艺术的形象与描述对象间应是拓扑像似，而由拓扑像似构成的复合理据性才是艺术再现的基础（赵毅衡，2021）。

艺术的出位之思也得到进一步诠释。"双轴系统"共同确定了符号表意的坐标点，组合和聚合系统互为包含并呈现"双轴嵌套"趋势，符号文本组合段与聚合段的重组能带来广义出位之思的效果（赵毅衡，贾佳，2021）。

关于西方经典理论的探讨，有学者基于皮尔斯"符号三元说"，梳理并比较了艺术史家对艺术符号的不同意向关系（海维清，2021）；也有学者指出图像学研究不应局限于认识论视域，应阐明图像符号的历史性与时代性共同构成的精神图像世界（罗绂文、高雪蓉，2021）；还有学者基于皮尔斯符号学提出意向符号论，尝试为探究当代艺术的中国性问题提供理论借鉴（于广华，2021）。

艺术符号学理论的本土发展也得到重视。赵元任的普通符号学在精神层面体现出"我""和""文"的现代艺术精神（安静，2021a）。自赵元任提出汉语符号学，本土艺术符号学百年间在各门类艺术中得到广泛应用，从基本原理到自主话语系统建构及批评运用都呈现出繁荣之势，体现出建构的现代性与超越的当代性（安静，2021b）。

艺术门类符号学的研究议题也在拓展。其中，图像在文学艺术表意中的重要性凸显。书籍封面、连环画与电影改编等文字媒介向图像媒介转换的实践体现了图像创作者对文学性的追求和对启蒙性的探索（齐童巍，龙迪勇，2021）。而从符号形式与文本意义的关系出发，伴随文本则是理解语图文本各形式部分表意的重要因素（贾佳，2021）。绘画是否为符号之讨论持续至今，有学者认为贡布里希否认了绘画作为符号的事实，也忽略了绘画的社会与历史语境，应使用"符号的再认"代替贡布里希"知觉的再现"（曹亚鹏，赵奎英，2021）。

更多流行影视类型正在得到学者关注。中国传统文化作为新国风动画之元语言，构筑着中华民族的集体认同，其符号修辞的深层表意则实现了民族价值观的传递（臧金英，2021）。新主流电影完成了从"说服"到"认同"的修辞观转向，其叙事手段以建立认同为前提，并在含蓄意指系统中传递价值内核（王真，张海超，2021）。现实主义电影的创作主体在聚合式选择中确立"可叙述性"内容，通过组合式建构组织故事情节与人物命运，并借助自然元素增添了叙述的陌生化效果（赵禹平，2021）。

舞蹈的艺术符号学研究成果颇丰。学者聚焦符号修辞与伴随文本在舞蹈文本表意中的作用，认为经典改编舞蹈作品反讽修辞的关键在于伴随文本，经典与经典改编舞蹈两套伴随文本的冲突造就反讽意味，表面形态与内容的"双重反讽"效果形成的大局面反讽不仅重构了经典文本的表面意义，也使舞蹈具有了揭露社会现实的内涵意义（袁杰雄，2021a；2021b；2021c）。有学者指出白马人面具舞蹈作为族群文化符号，具有族群认同与区分的功能，也表达着白马人族群对自我与世界的主动建构与想象（王阳文，2021）。

也有学者基于符号分类分析了江南建筑与装饰，并提取出传统江南建筑与装饰的核心符号，以探索其在当代设计理念中传承与运用的可能性（薛娟，赵梦雪，2021）。当代跨媒介艺术在创造理想的、幻觉的统一性与总体性的同时，也表现出不同于早期总体艺术品的复杂共感知和具身空时性，使其具有某种审美异托邦性质的多元共生性（赵奎英，2021）。

2021年，对艺术符号学的讨论热度不减。随着泛艺术化趋势愈发明显，人工智能、元宇宙在艺术领域的不断介入，以NFT（Non-Fungible Token，非同质化代币）为代表的全新艺术形式在挑战现有艺术边界与理论的同时，或为艺术符号学研究带来全新议题与机会。

（三）文化产业与符号学

文化产业已成为当今中国蓬勃发展的重要领域，符号学成为文化产业的重要工具，文创、设计、旅游、城市空间、教育成为2021年符号学大放异彩的突出面向。

在消费领域，文创与设计的符号化运用促进符号消费不断繁衍。有学者总结归纳出在文创产品中应用到的符号学相关理论主要有：能指与所指，三元关系和三分法，语义、语构、语用、语境（孙晟博，高炳学，2021）。莫里斯符号学观点在实践上可用于优化地域产品文创设计，提升其文化价值和传播影响力（李淳，孙申晓，焦阳，等，2021）。在设计方面，符号的作用突出而鲜明。王立群等人运用索绪尔符号学理论分析了大白兔奶糖的包装设计，文字、造型、色彩、图形、材质五种符号相互依存，共同指向与社会、经济、文化等联系密切的所指（工立群，陈飞虎，马珂，2021）。

旅游渐成一种符号化体验过程。有学者就具体旅游地的饮食符号经济形成过程进行了分析，认为具有地方特色的饮食符号能够产生更大经济吸引力（王玉婷，徐红罡，劳丽芬，2021）。在旅游的推进下，地域原有的历史、建筑、饮食、民族等都可成为一种文化符号，共同构筑这一空间下游客体验的真实性（陈晨，陈志钢，2021）。旅游演艺在社交媒体平台上的品牌符号建构模式分为表征、传播和感知三个阶段（李莎，陈志钢，范玉强，2021）。

城市是当今中国社会重要的生活空间之一，符号与城市不可分割。城市的文化遗产本身便是具有代表性的地域文化符号，城市的饮食文化符号则带给市民以情感和集体记忆（汤强，陈子健，潘钊，2021）。作为空间符号的城市地标是存储城市文明和集体记忆的符号文本，公共文化意义显著（肖竞，胡中涛，杨亚林，等，2021）。马援（2021）从符号隐喻的视角切入城市风物叙事，描述人与物符号互动下的城市内在生活。符号在空间中大放异彩，与此同时，我们也要警惕符号性历史价值不合理地扼杀文化遗产本体（陆地，2021）。符号价值开发的背后，与城市、空间的和谐共处同样重要。

教育领域中体制、学生、教师、家长四者缺一不可，共同形成整个教育体系。2021 年出现了一些与教育相关的符号学研究，分别就上述四方展开探讨。有学者提出以符号教育学为基础，建构"社会－教育－人"的基因结构图式，推动中国教育国际化进程（曾丽颖，崔岐恩，2021）。

乡村民办教师的身份和身份认同是以国家政策、乡村社会与民办教师三方为互动主体，在具有符号意义的社会互动下形成的（胡倩，胡艳，2021）。高校教师荣誉本是积极的符号性奖励，但在实际运作中却出现了"唯帽子"的符号畸形消费，盲目、片面地重视"帽子"的符号价值，从而忽略了对高校教师的多元化评价（张冬梅，张欣，2021）。

新生代中产家长看重学区房所附加的优质文化资本符号、经济资本符号和社会资本符号，这三种符号资本切中了中产阶级的地位焦虑，焦虑促进购买，又反过来助推学区房符号的再生产（李佳莹，孙凤，2021）。重视教育的同时需警惕当前部分中国家庭对顶尖大学以符号价值消费与追逐为载体的炫耀性教育消费，这违背了教育的初衷，需要全社会对教育符号价值编码系统进行反思（鲍嵘，包开鑫，2021）。

传播学与符号学均有着各自的学科发展史，伴随符号学研究边界的不断打破、重塑、扩大，传播学也愈发关注如何借助符号学构建自身体系。作为交叉学科，传播符号学呈现出强烈的跨学科性与融合性。

2021 年，传播符号学除对自身的反思外，对公共事件、媒介平台和青年个体认同呈现出更密集的关注。这三个方面均是对中国当前本土问题的探究与反思，是对习近平总书记"把论文写在中国大地上"的响应，也是传播符号学发展的进一步本土化。

传播符号学学科发展方面，新科技背景下符号学正经历着第三次跨越，传播符号学在此背景下的发展态势应为：关注人类信仰重建与价值传播问题，实现传统与现代、中方与西方、理论与实践的交汇融合，推动世界文明发展和人类命运共同体建设（李思屈，臧金英，2020）。彭佳（2021）从符号学、传播学、传播符号学学科发展历史的角度梳理了传播符号学自身的发展演变过程，提出应当思考如何在传播学理论框架下对原有符号学理论进行重构，以深化传播符号学的发展。

公共传播视角下，侯光辉等（2021）分析了重大突发公共事件下多主体通过互动仪式共同参与符号建构的过程，陈世华、李玉荣（2021）解释了新媒体语境下公共议题的符号表征路径、符号生成机制与传播力构建过程。

媒介平台的传播影响力愈加不可忽视，有学者将视角转向短视频对城市形象的影响，从符号建构、修辞逻辑、话语实践三个角度论述了短视频符号修辞对城市形象的塑造（秦宗财，李心洁，2021）。旅游吸引物的短视频内容传播具有内容上符号多元化，传播上视听符号使用突出，获得感上审美快感浅层次、碎片化的特点，这一快餐化的传播模式可以达到吸引游客的目的，然而也需警惕其所导致的旅游吸引物深度内涵的缺失（谈佳洁，刘新静，2021）。少数民族文化符号的多媒介化表达实现了文化资源与商业资源的双重挖掘，但需警惕媒介化表达过程中少数民族主体性的丧失，少数民族的文化应有其自身书写，与日常生活产生互动（赵楠，许媛萍，2021）。

中国青年群体在百年未有之大变局下的自我认同同样值得关注，个体和符号消费的博弈吸引了一批研究者的注意。新婚青年的"晒结婚"行为呈现出对婚礼符号属性的关注，这既体现出阶层品位的差距，也通过模仿实现了下层对上层的非完全再现，但背后仍反映出不同层次青年的惯习和品位差距（吕鹏，毕斯鹏，2021）。

青年群体在使用网络流行语的互动过程中形成了"抵抗式""协商式"与"认同式"三种身份认同模式，由此网络流行语可成为正向引导青年的工具（吴茜，2021）。青年在社交平台上的网红打卡消费其实是自我呈现的手段，但需警惕符号幻想下青年自我主体性的迷失和由此戴上的精神枷锁（柳莹，2021）。文化经济下，青年愈发追求符号化的表层精致，对个体内在精致的忽视导致青年陷入消费符号之笼，使真正的自由受到束缚（刘燕，2020）。

（四）数字时代的符号学

2021年被称为"元宇宙"元年，互联网界正式提出要实现人工智能、大数据、交互技术等数字技术的多向融合，迈向人类社会的整体数字化，即虚拟世界联结而成的元宇宙。

　　早在 2008 年，丹麦学者索伦·布瑞尔（Soren Brier）就提出需要建立一门"赛博符号学"作为融合多类学科的元理论框架。从符号学视角对技术的透视累积至今，在 2021 年收获颇丰。本部分主要从技术发展与学术研究、媒介变革、文化消费、文艺实践和主体性反思五个方面展开梳理。

　　技术发展给学术研究带来直接影响，学界普遍认为符号学在数字时代大有可为。李思屈（2021a）指出数字化生存即符号化生存，大数据时代更需要符号思维，符号学研究也会得到技术的推进。语言学方面也很重视大数据技术，刘海涛（2021）指出数据转向正是中国语言学超越或者引领世界语言学的机遇。

　　传媒对技术变革的感知尤其敏锐，新技术语境下的符号学研究转向中，传播符号学首先将研究视野聚焦于智能媒体。在智能媒体主导的赛博时代，经典传播符号学研究路径亟须转向，从元传播、元媒介出发分析赛博空间的符号表意和传播特征，并以赛博符号学的元理论建设为目标（赵星植，2021）。针对新技术在传媒界的应用也有分门别类的研究，如围绕符号修辞和四体演进，分析游戏发展到反讽阶段的"数字监狱"和"数字劳工"等问题（陆正兰，李俊欣，2021）；再如围绕符号真实性，分析 VR 新闻在文本符号和叙事方式上的重构策略（廖媌婧，2021）。

　　社会符号学关注技术进步带来文化消费新样态，不少学者选择从虚拟性问题切入研究符号消费，虚拟偶像则作为典型现象备受关注。付茜茜（2021）认为虚拟偶像是当代社会文化符号升级的体现。叶大杨（2021）则指出虚拟偶像与真人偶像的共性，都是通过影像化符号编码填补了虚拟与真实的间隙。也有学者站在宏观角度探讨技术推动的文化消费方式改变，如大数据推介系统加速了当代消费自由的异化，消费关切从实用性需求转向符号性需求（马会端，2021）；再如数据符号参与构建日常生活，扫码成为当代数字沟通力提高的一大重要表征（孙玮，李梦颖，2021）。

　　文学和艺术也是符号学的重点关注领域，人工智能等技术应用在文艺实践中引发一些争议，符号学的处理则是回归到最本质的意义问题上。顾亚奇和王琳琳（2021）指出虽然当前机器系统不具备完全的自主创造能力，但通过艺术家、算法设计者和观众的多样化互动行为，智能艺术能够实现"有意义的控制"。朱恬骅（2021）认为尽管当前"人工智能文学"只是试探性的实践形态，但用技术事项来象征文化概念，这本身就与符号主义人工智能技术路径相契合。

符号学本质上是批判性的，现今对于技术的反思多聚焦于主体性问题。赵毅衡（2020）指出人工智能艺术的关键缺失在于主体性。这一讨论仍在继续推进。刘建平（2021）也认为人工智能还不能说是真正的文艺创作的主体，技术之智能源自真正主体——人的间接外加。杨保军（2021）则细分主体并进行阶段划分，认为弱人工智能、强人工智能和超强人工智能时期的智能新闻分别对应着"拟主体性""平行主体"和"超主体"。

数字时代的符号学仍重点关注文学、艺术、媒介等领域，许多符号学经典议题放到当代技术语境下延伸出新问题，而未来发展趋势也都指向了多向、跨越和融合。

结　语

2021年我国符号学发展不论是在理论推进方面还是在应用研究领域，都呈现出蓬勃的生命力。在习近平新时代中国特色社会主义思想的引领下，本年度的研究较去年来说更加注重中国传统文化以及中外文化的交流，不论是学术论文发表、学术交流活动，还是专著出版，都体现了交叉融合的特点：注重符号学与不同学科之间的交叉融合、经典理论与当代新现象的融合应用、传统思想与现代技术的交叉碰撞等。可以说，中国符号学正在努力迈向新征程。未来中国符号学研究应当继续朝着"内外兼顾"的方向发展，向内回顾经典理论思想、探讨中国传统文化，向外积极将理论应用到不同学科和新现象、新问题，同时用全球视野与世界发展眼光推进国际交流，努力形成哲学社会科学的中国学派。

引用文献：

安静（2021a）. 赵元任普通符号学的艺术构成与艺术精神. 江汉论坛, 9, 95 - 102.

安静（2021b）. 建构的现代性与超越的当代性：对本土化艺术符号学百年历程的理论审思. 西南民族大学学报（人文社会科学版），42, 8, 143 - 151.

鲍嵘，包开鑫（2021）. 顶尖大学符号价值的追逐与消费——基于三个家庭的扎根研究. 现代教育管理, 6, 18 - 25.

曹亚鹏，赵奎英（2021）. 从"知觉的再现"到"符号的再认"——布列逊的话语符号艺术观及其与贡布里希的论争. 山东社会科学, 4, 82 - 88.

曹忠（2021）. 唐宋佛学的符号学思想及其伦理价值. 符号与传媒, 1, 79 - 80.

车向前，刘利民（2021）. 布兰顿推论主义语义学：皮尔士古典实用主义的当代回响. 外语学刊, 4, 107 - 113.

陈晨，陈志钢（2021）. 旅游者商业化符号感知与体验真实性研究——以西安回民街为例. 浙江大学学报（理学版），2，249-260.

陈世华，李玉荣（2021）. 公共议题中符号的表征与传播. 海南大学学报（人文社会科学版），4，110-117.

崔榕，赵智娜（2021）. 文化认同与中华民族共同体建设. 民族学刊，5，1-13

丁茂远（2021）. 论《道德经》的形式美学："自否定"与"物自化". 符号与传媒，2，68-69，79.

付建舟（2021）. 中国现代文学"图像世界"的三种图像模式. 学术月刊，7，168-178.

付茜茜（2021）. 技术神话与符号升级：文化消费视域下的人工智能虚拟偶像. 天府新论，2，150-159.

顾亚奇，王琳琳（2021）. 有意义的控制：基于生成对抗网络的 AI 艺术及其交互方式. 装饰，8，98-102.

海维清（2021）. 艺术史书写中的符号"观相"与意义"面相". 符号与传媒，2，121-133.

韩健（2021）. 索绪尔语言理论的哲学解读——从分析哲学的视角. 新疆大学学报（哲学·人文社会科学版），49，5，143-149.

侯光辉，郑桂贤，邱国良（2021）. 应对公共危机的信心符号如何生产——基于火神山医院建设"慢直播"的分析. 江汉论坛，8，27-34.

胡剑波（2021）. 论索绪尔任意性原则的层次性. 湘潭大学学报（哲学社会科学版），45，1，186-192.

胡倩，胡艳（2021）. 新中国成立后我国农村民办教师身份产生、形成与认同的历史研究——在符号互动理论的视角下. 教师教育研究，1，99-107.

贾佳（2021）. 文学艺术中的语图界限. 当代文坛，1，65-70.

姜飞，彭锦（2021）. 文化物理学视域下的中国抗疫故事国际视觉传播. 福建师范大学学报（哲学社会科学版），2，109-117.

焦丽梅（2021）. 跨越时空的符号学对话——比较视野下洛特曼符号学思想研究. 外语学刊，3，122-126.

解雪莹（2021）. 从可控性视角谈视觉符号表现的逻辑模型. 包装工程，42，16，237-242.

李淳，孙丰晓，焦阳，等（2021）. 基于莫里斯符号学的地域文化文创产品设计研究. 包装工程，20，188-195.

李佳莹，孙凤（2021）. 学区房符号消费与新生代家长的地位焦虑. 中国青年研究，9，56-62+13.

李莎，陈志钢，范玉强（2021）. 基于社交媒体建构的旅游演艺品牌符号研究——以《长恨歌》为例. 资源开发与市场，4，478-483.

李思屈，臧金英（2020）. 第三次跨越：新科技背景下的传播符号学. 浙江社会科学，11，56-63+157.

李思屈 (2021a). 大数据条件下的符号学应用. 南京邮电大学学报 (社会科学版), 4, 22 - 30.

李思屈 (2021b). 精神符号学的概念、方法与应用. 符号与传媒, 2, 1 - 24.

李卫华 (2021). "文之道"与"文的自觉":《文心雕龙·原道》的符号学考察. 符号与传媒, 2, 39, 54.

李轶, 王新朋 (2021). 雅各布森言语交际理论的符号学解读. 俄罗斯文艺, 1, 124 - 133.

廖媌婧 (2020). 文本符号的重构与应用——VR 新闻的真实性问题探讨. 出版广角, 13, 74 - 76.

刘海涛, 郑国锋 (2021). 大数据时代语言学理论研究的路径与意义. 当代外语研究, 2, 5 - 18 + 31 + 2.

刘建平 (2021). 文艺批评:人工智能及其挑战. 学术界, 5, 70 - 80.

刘晋晋 (2021). 编织形象的神话:罗兰·巴特符号学中的形象问题. 艺术探索, 35, 1, 58 - 67.

刘涛 (2021). 图像研究的语义系统及其视觉修辞分析方法. 西北师大学报 (社会科学版), 4, 37 - 48.

刘燕 (2020). 符号标签与竞争原则:青年追求精致生活的逻辑与特征. 中国青年研究, 12, 77 - 83 + 47.

柳莹. (2021). 青年网红打卡文化的符号消费及反思. 江西社会科学, 9, 238 - 245.

卢嫚 (2021). 理性的限度:符号性诠释理念的建构及其启示. 深圳大学学报 (人文社会科学版), 4, 151 - 159.

陆地 (2021). 本体与符号——不可移动文化遗产的历史价值探源. 建筑遗产, 1, 78 - 87.

陆正兰, 李俊欣 (2021). 论游戏表意的四体演进:一个符号修辞学分析. 现代传播 (中国传媒大学学报), 43, 2, 82 - 88.

陆正兰, 赵毅衡 (2021). 艺术符号学:必要性与可能性. 当代文坛, 1, 49 - 58.

吕鹏, 毕斯鹏 (2021). 符号亲附、阶层镜像与品味杂食——青年"晒结婚"行为研究. 中国青年研究, 7, 62 - 72.

罗绂文, 高雪蓉 (2021). 视觉·图象·存在:潘诺夫斯基图像逻辑辩证. 符号与传媒, 1, 114 - 127.

马会端 (2021). 大数据系统推介下的网络消费异化:表征、溯因及消解. 河南师范大学学报 (哲学社会科学版), 48, 3, 41 - 47.

马援 (2021). 符号隐喻视角下的"城市风物"叙事. 探索与争鸣, 5, 169 - 176 + 180.

潘琳琳 (2021). 符号学与翻译学研究的共振——道格拉斯·罗宾逊教授访谈录. 西安外国语大学学报, 1, 89 - 93.

庞茂森 (2021). 索绪尔与本维尼斯特话语思想之对比研究. 四川师范大学学报 (社会科学版), 4, 168 - 175.

彭佳 (2021). 传播符号学:一个学术史的考察. 西北师大学报 (社会科学版), 1, 46 - 56.

祁涛, 辛小月 (2021). 传播意图生成的物质基础及其言说的自然化——基于对罗兰·巴特《神话修辞术》的重读与分析. 新闻爱好者, 3, 61-63.

齐童巍, 龙迪勇 (2021). 从文学到图像: 论中国现代文学中的媒介转换现象. 当代文坛, 6, 131-136.

秦宗财, 李心洁 (2021). 城市形象塑造的短视频符号修辞研究——以 Bilibili 网站美食类短视频的典型样本为例. 现代传播 (中国传媒大学学报), 4, 93-97.

姒晓霞, 马冬, 郑洁 (2021). 全媒体语境下中国历史文化传播的符号学研究. 今传媒, 29 (11), 103-106.

孙玮, 李梦颖 (2021). 扫码: 可编程城市的数字沟通力. 福建师范大学学报 (哲学社会科学版), 6, 132-143.

谈佳洁, 刘新静 (2021). 符号学视角下旅游吸引物的短视频内容传播逻辑——定性比较分析 (QCA). 华侨大学学报 (哲学社会科学版), 3, 34-44.

汤强, 陈子健, 潘钊 (2021). 符号学视域下广府饮食文化街的可持续更新策略研究——以广州惠福路美食花街为例. 家具与室内装饰, 7, 115-119.

王军, 李想 (2021). 论语言空符号中能指的缺失. 外语学刊, 3, 115-121.

王立群, 陈飞虎, 马珂 (2021). 索绪尔符号学视角下大白兔奶糖包装设计研究. 包装工程, 1-12.

王铭玉, 孟华 (2021). 中国符号学发展的语象合治之路. 当代修辞学, 4, 72-80.

王鑫, 黄皓宇 (2021). 中国传统文化符号跨文化叙事研究——基于杜甫在英文世界传播的考察. 新闻与传播评论, 75 (05), 121, 127.

王阳文 (2021). 白马人面具舞蹈的文化符号及其意指实践. 北京舞蹈学院学报, 4, 31-36.

王玉婷, 徐红罡, 劳丽芬 (2021). 旅游地饮食符号经济: 地方符号营造与路径依赖. 热带地理, 6, 1246-1257.

王真, 张海超 (2021). 从"主旋律"到"新主流": 新主流电影的修辞取向研究. 当代电影, 9, 155-160.

王振华, 瞿桃 (2021). 多模态语篇的评价研究: 过去、现在与未来. 外国语 (上海外国语大学学报), 43, 6, 42-51.

吴茜 (2021). 符号·媒介·权力: 网络流行语的青年身份认同建构. 新疆社会科学, 1, 133-139.

吴赟 (2021). 媒介转向下的多模态翻译研究. 外国语 (上海外国语大学学报), 1, 115-123.

肖竞, 胡中涛, 杨亚林, 等 (2021). 符号学视角下上海城市地标公共文化价值演变研究 (1949 年—2019 年). 上海城市规划, 5, 103-109.

肖娅曼, 应燕平 (2021). 索绪尔与博杜恩语言学思想比较研究. 四川大学学报 (哲学社会科学版), 4, 102-111.

薛娟, 赵梦雪 (2021). 江南地区运河沿岸民居建筑及其装饰符号研究. 符号与传媒, 2,

95 – 106.

薛伟明（2021）.符号学视角下甲骨文造型的意象特征与审美意义.南京师范大学文学院学报，2，89 – 92.

杨保军（2021）.再论"人工智能新闻生产体"的主体性.新闻界，8，21 – 27 + 37.

叶大扬（2021）.虚拟偶像：超真实、符号化与审美的幻象.中国文艺评论，10，79 – 85.

于广华（2021）.意象符号论：当代艺术中国范式的一个符号学阐释.符号与传媒，1，140 – 153.

袁杰雄（2021a）.伴随文本对舞蹈的赋义与释义作用.民族艺术研究，34，5，134 – 143.

袁杰雄（2021b）.反讽："经典改编"舞蹈的一种特殊表意.符号与传媒，1，154 – 166.

袁杰雄（2021c）.符号修辞：舞蹈文本的基本表意方式.北京舞蹈学院学报，3，54 – 63.

臧金英（2021）.民族气韵、情感认同与价值传播——论"新国风"动画的符号表意机制.当代电视，9，91 – 95.

曾丽颖，崔岐恩（2021）.符号教育学视角下中国教育基因融入世界图式.西南民族大学学报（人文社会科学版），9，213 – 219.

曾明，龚婷，戴登云，等（2021）.中华文化符号和中华民族形象的划定原则及类型特点.民族学刊，12，7，2 – 4.

张德禄，赵静（2021）.多模态话语分析是否需要分析多模态语法?.当代修辞学，2，26 – 36.

张冬梅，张欣（2021）."帽子"缘起：高校教师荣誉的符号生产与消费.重庆高教研究，6，117 – 127.

张静轩（2021）.音乐符号学视角下的中国传统民间音乐研究——以青海花儿为例.青海民族大学学报（社会科学版），47，1，118 – 120.

赵楠，许媛萍（2021）.拉祜族文化符号媒介景观的建构反思——基于《快乐拉祜》的传播实践.民族学刊，7，75 – 84 + 110.

赵星植（2021）.赛博时代与传播符号学的媒介转向.当代文坛，1，59 – 64.

赵阳，孙德朝，程馨（2021）.螳螂拳文化符号分层阐释.浙江体育科学，43，4，63 – 67.

赵毅衡（2020）.人工智能艺术的符号学研究.福建师范大学学报（哲学社会科学版），5，107 – 115.

赵禹平（2021）.知情与选择：从符号双轴看现实主义电影的叙述策略.四川戏剧，8，27 – 32.

朱恬骅（2021）.从文本实验到实验文本："人工智能义学"的表达性重复.文艺理论研究，5，140 – 147.

朱晓婉（2021）.《四库全书》在近代中国国家形象建构中的符号启用与再造.出版科学，29，5，122，127 – 128.

祝东（2021a）.构建中国特色符号学体系.中国社会科学报，2，1 – 3.

祝东（2021b）.中国符号学传统的建构与意义.中国社会科学报，2，1 – 2.

作者简介：

向超，四川大学文学与新闻学院符号学－传媒学研究所成员，主要研究方向为品牌符号学。

童军宝，四川大学文学与新闻学院符号学－传媒学研究所成员，主要研究方向为传播符号学。

刘冰坤，四川大学文学与新闻学院符号学－传媒学研究所成员，主要研究方向为传播符号学。

冯琦婷，四川大学文学与新闻学院符号学－传媒学研究所成员，主要研究方向为品牌符号学。

Author:

Xiang Chao, member of the ISMS research team, Sichuan University. Her main research field is semiotics of brand.

Email: xiangchao981111@163.com

Tong Junbao, member of the ISMS research team, Sichuan University. His main research field is semiotics of communication.

Email: charlie.tong@qq.com

Liu Bingkun, member of the ISMS research team, Sichuan University. Her main research field is semiotics of communication.

Email: 2127552823@qq.com

Feng Qiting, member of the ISMS research team, Sichuan University. Her main research field is semiotics of brand.

Email: 1035980080@qq.com

精神符号学*的兴起

孙少文

摘　要：精神符号学，又称精神文化符号学，是近几年在国内兴起的、融合了中西现代符号学成果和本土传统符号学思想资源的新兴符号学学科。本文首先论述该学科的出现既有时代问题的现实缘由，也是符号学在国内外发展成熟的必然结果，在此基础上，从学科内涵、学科内部对话和基本特点、当下理论和应用进展三方面系统梳理，着重阐释关键概念，对比分析精神符号学和精神文化符号学的异同，最后指出学科未来发展可能面对和需要解决的问题。

关键词：精神，文化，精神符号学，精神文化符号学

The Rise of Semiotics of Mind

Sun Shaowen

Abstract: Semiotics of mind, also known as cultural semiotics of *Jingshen,* is a rising discipline as the combination of modern semiotics and Chinese traditional semiotics resources. Firstly, this paper discusses the realistic causes of the emergence of this discipline, which is not only the result of current era, but also the inevitable result of the mature development of semiotics at home and abroad. Basing on that, key concepts, comparison and contrast between the two sub-disciplines,

---

　　* 李思屈提出的"精神符号学"和张杰、余红兵提出的"精神文化符号学"，两个学科各有其主张和侧重，但在研究对象、目的、问题等关键方面，都围绕"精神"和"文化"两方面展开。为行文之便，本文冒昧地将二者统称为"精神符号学"；在具体论述时，本文谨遵两方学者各自提出的学科名。

namely semiotics of mind and cultural semiotics of *Jingshen,* are elaborated from three aspects: connotations of the disciplines, the internal dialogues and intrinsic features within them, the current theory and application development. Finally, this paper points out the possible problems the discipline may face and need to solve in the future.

Keywords: *jingshen,* culture, semiotics of mind, cultural semiotics of *jingshen*

DOI: 10. 13760/ b. cnki. sam. 202201019

2015 年，学者李思屈撰文《精神符号学导论》，首次明确提出精神符号学学科建设，至 2021 年发表《精神符号学的概念、方法与应用》，对这门学科的关键概念和发展做进一步阐释。2020 年，学者张杰、余红兵在 *Chinese Semiotic Studies* 发表《精神文化符号学宣言》（"A Cultural Semiotics of *Jingshen*：A Manifesto"）；2021 年，在《符号与传媒》上与李思屈对话，发表《反思与建构：关于精神文化符号学的几点设想》，较完整地构建了"精神文化符号学"的设想。这四篇文章共同构成了精神 - 文化符号学这门新符号学学科建立的纲要。与之呼应的文章已经有 Chen & Yao（2021），陈中、姚婷婷（2021），李涛（2021）等。

说一门新学科兴起，就意味着有各种要素在推动其产生、建立，并指向未来发展。这些要素主要体现在：兴起的背景和契机、学科内涵、当下理论和实践的进展、学科的特点以及未来发展方向和路径。

一、学科缘起

（一）现实缘起：为什么研究"精神 - 文化"？

在解构主义、后现代思潮影响下的 21 世纪，结构被解构，意义被消解，历史虚无、精神虚无蔓延，随着增强现实（AR）技术、虚拟现实（VR）技术、人工智能的突起，人的主体意识和主体性遭受质疑和挑战。在价值追求、意义交流、思维创新，以及如何对待真实世界、虚拟世界等方面，人们面临着个体、集体、社会层面上的精神危机，"逃离体"（如"逃离北上广"）、"躺平文化"揭示了个人价值追求危机；而"废话文学""内卷"等热词是这个社会意义阙如的精准叙述；被科技推向繁荣的文化市场因精神内核缺失而在创新上后劲不足，如高科技制作的影视文艺作品故事却套路化、"烂尾"，地方旅游文化塑造及推广模式雷同等；2021年被誉为"元宇宙元年"，"metaverse"也被《柯林斯词典》（*Collins Dictionary*）收入2021年度热词前十榜单[①]，"元宇宙"概念的大热又将人类进一步推向虚拟，引发对真实和人主体性的忧虑。

精神危机带给人文学者紧迫的使命感，尤其是对以意义研究为主要任务的符号学研究者。精神亟待专门研究，以助我们把握人类精神文化运行规律和特征，从而为时代命题寻找策略。

（二）理论前提：为什么是符号学？

人文社会科学具有学理逻辑和精神逻辑。前者是人文社会科学面向"事实世界"的逻辑维度，后者是面向"价值世界"的精神维度。（李思屈，刘研，2013，p. 32）因此，对精神危机所体现的现象事实、所引发的价值危机问题的研究是人文社会科学题中应有之义。那为什么偏偏是符号学？这是因为符号学的建设和人文学科的现代化是基本同步进行的，它和人文科学具有整体的、结构的相关性。（李幼蒸，2009，p. 8）从20世纪初酝酿，到20世纪六七十年代，符号学在国际学界作为一门正式的学科发展到现在；在国内，继20世纪80年代文化热后，符号学在语言学、文艺理论、传播学、大众文化研究等人文社科领域逐渐成为一门通学。

符号学之所以能用在精神文化领域，也离不开它本身的学科和发展特点，主要表现在以下三个方面：

第一，作为认识论和方法论的符号学，其发展证明了其"提供了一套极为犀利的工具，能够有效地对付当代文化纷乱杂陈的课题"（赵毅衡，2016，p. 8）。列维－斯特劳斯运用结构主义符号学的方法研究人类学；罗兰·巴尔特和克里斯丁·麦茨分别在文学理论和电影理论中以符号学方法进行突破，开创了全新的工作领域；保罗·利科涉足哲学和符号学的交叉地带；翁贝托·艾柯将符号学研究领域从语言学、文学推广到文化与传播领域；赵毅衡用符号学的方法将叙述学从对传统的叙述形式的分析拓展到广义叙述学，又名符号叙述学。

[①] 《柯林斯词典》官方网站于2021年11月24日公布该年度十大热词，详情可参阅官方网站新闻，https://blog.collinsdictionary.com/language-lovers/get-your-crypto-at-the-ready-nfts-are-big-in-2021/.

第二，符号学和人类精神文化、精神伦理紧密联系。卡西尔文化符号论认为"人是符号的动物"，人通过符号活动创造精神文化，提出"人－符号活动－文化"三位一体模式。符号伦理学认为，人的符号活动包含在整个生命体符号活动的符号域中。从符号活动是人所独有，到人类的符号不过是自然符号过程的一部分，这种反思让符号学走了个否定之否定的大圈。然而人又是"符号学的动物"，其独特性在于具备能够反思符号活动后果这一"元符号能力"，这一伦理关注呼应了符号学最开始的名称"症状学"，其作为医学上的一个分支关注病理症状。（李思屈，2015，p. 15；赵星植，2021，pp. 212 － 218）

第三，中国符号学的发展从 20 世纪 80 年代起至今，经历了近半个世纪，从引介、运用到反思、批判，从借鉴、学习到追溯、挖掘本土符号学思想，中西融合的符号学已经形成具有中国特色的支脉。"中国符号学"一词有三个所指：作为文化历史材料（历史），作为当前学术活动的地理范围（地域），作为当前一种部门符号学的综合领域（学术）。（李幼蒸，2007，pp. 779 － 780）

在作为文化历史材料上，具有中国特色的符号学，如汉字符号学、《周易》符号学、老庄符号学、唯识学符号学等部门符号学涌现。在地域上，有以四川大学为重镇的符号学西部学派，并且有四川大学符号学－传媒学研究所、南京师范大学国际符号学研究所等五家研究机构发起组建的中国符号学基地联盟，地域发展呈点、线、面推进，加强了中国符号学研究者之间的对话交流。在学术理论上，一方面反思符号学西方传统路径的不足，对其进行整合、完善，如在现象符号学、存在符号学、伦理符号学等领域；另一方面，符号叙述学、认知符号学、性别符号学等部门符号学拓展了符号学诸多领域。（唐小林，祝东，2012）

中国符号学在以上三方面大力推进，正是这些发展，才让中国学者面对所观察到的现实问题，思考符号学的出路；也正是这些已有的理论发展成就，让中国学者反思得出需要融合中西方符号学，而不能照搬西方符号学传统思维、范式和方法。

二、学科内涵

正如开篇所言，本文所讨论的精神－文化符号学是指李思屈倡导的精神符号学和张杰等人提出的精神文化符号学两个学科。两个学科内涵各有主张和侧重。在进行学科内涵阐释之前，有必要追溯两个学科主倡者和代表研究者的学科背景和学科立场，以便更好地理解精神－文化符号学这一新兴学科的多元内涵。

张杰和余红兵是从文艺批评理论传统，尤其是俄国符号学文艺批判传统，走向精神文化符号学的。张杰（2002，p. 138）总结出西方文艺探索的一个共同原则，即"以解决文艺创作和研究中的主要矛盾为着眼点，或是以作者为中心，或是以文本为中心，或者干脆脱离作者与作品以读者为中心"。他指出这个原则虽具有很强的科学性和清晰性，但存在一定的片面性，而中国传统文艺批评在认识方法上往往强调对认识对象的总体认识，在具体分析文艺作品时，多把作品的内容与形式结合起来探讨，以求作品的整体艺术效果，由此与西方文艺批评原则互补。余红兵（2012）在分析文化符号学时，强调了人的主体性，而这个主体性，在张杰、余红兵（2021）的精神文化符号学论述文章里，等同于精神性。

李思屈的前期研究兴趣多集中在符号传播、文化产业和文化消费诸领域，如下文将会写到的，这些领域的研究在对价值、文化等精神符号学关键概念的理解上有重要影响，例如对"小文化"和"大文化"的区分，从符号的商业价值到符号的精神价值推进这一学科内涵论述的理路等。同为该学科提倡者之一的臧金英（2020）在回溯传播符号学发展过程时，明确指出传播符号学渗透着人类精神主题，暗含精神符号学的学理基础。

（一）学理基础

学理基础在这里指的是精神－文化符号学以什么概念、思想作为其根本的、区别性的理论基础。

精神文化符号学主要是在西方符号学思想及解构主义基础上，更强调中国传统美学、哲学思想，尤其是"天人合一"的认知模式、老庄学说。该学科将二者整合起来，一方面认为意义多元，意义在时空层面无限衍生；另一方面，揭示看似简单的符号意义的无限，从无限、不定的意义中寻找深层的规律，分析从意义的"无为"到"有为"这么一个符号学理想实现的过程。

就精神符号学而言，对符号的基本定义是"符号说明意义的不在场"，"通过在场唤起不在场者"。（李思屈，2021，p. 11）换言之，精神符号在场，或曰精神的能指在场，但是所指的精神不在场，精神符号学通过在场的、具体可感的符号来探究抽象的精神。

（二）学科研究目的

精神文化符号学所追求的是揭示符号本身或符号之间的关系、符号运行的规律，同时又不被符号的解释束缚；强调参与符号活动、阐释符号的人的主体性，在解放符号意义的同时，扩展人的认知概念，让"本应自由的人摆脱各种社会的、伦理的羁绊，自由地去思考"。概言之，通过自我的修为，达到符号认知中"天人合一"的"道"的境界，并将其视为终极目标——"真知"。（张杰，余红兵，2021；陈中，姚婷婷，2021）

精神符号学是从符号，即具体、可感知的载体，来研究人类抽象精神（如民族文化等）的基本特征和运行规律，从而为精神信仰、价值传播等时代精神文化问题给出学理层面的解释、回答。相比精神文化符号学在提出时对自我修为路径的侧重，精神符号学偏向集体、社会层面。

（三）研究对象和问题

精神文化符号学研究作为文化现象的符号活动及其内在精神联系，即符号与对象、符号与人、符号与符号之间的关系，人的精神活动是其内在精神纽带。该学科探究各种人类社会精神文化活动，揭示各种精神的联系，挖掘意义，最终实现中国传统认知模式里的"道"，即"天人合一"的目标。

精神符号学研究对象更为具体，专注人类精神现象的符号，或言精神显现于感性媒介的符号载体。具体而言，关注文化器物层和制度层的精神，即"小文化"，研究"小文化"里精神的运行规律、特征和传播，以小窥大，进而把握和揭示"大文化"，创新这一时代的文化精神。（李思屈，2021，p. 4）

（四）研究方法

两者以符号学作为方法论基础，与中国本土或经验实证的方法结合。具体而言，精神文化符号学强调的是符号学作为方法论的多元性，除了运用西方偏向理性、科学思维的符号学方法，即张杰等人所说的"思知"（cognition via knowledge/abstraction），如归纳、演绎等，还运用中国本土综合性、感悟式的思维方法，即"体知"（embodied cognition），或言"心知"（the unity of three-tiered self-cultivation），如"三心合一"的修己方式。（陈中，姚婷婷，2021）

精神符号学的主要研究方法是质性分析和实证研究结合：一方面，通过逻辑推理、概念模式建构来解释人类精神活动与符号的关系，如研究在人类意识和自然中普遍存在的符号，然后通过溯因推理（abduction）得出人是伦理的动物这一现实（李思屈，2015，p. 15），建构如"言－象－意－道"（DIMT）这种中国特有的符号意义解释模式等；另一方面，日常生活中的精神符号实证研究，如观察日常的社交往来，就其中的创造性仪式进行实证研究。

三、精神－文化符号学内部共识、交锋，和共同的学科特点

（一）关键问题的共识与交锋

第一，关于符号学和符号的理解。

精神文化符号学和精神符号学有两个重要共同点。第一个共同点是，二者都对西方符号学的科学路径和研究方法进行反思，批判其在二元区分主体的人和客观的对象的基础上偏重客观对象分析的取向一定程度上忽视人的主体性。如李思屈（2021）区分了符号学所研究的"意义"的两层含义，第一层是指称性意义，第二层是价值性意义，前者持续地受到西方符号学主流关注，而后者却受到忽视。张杰、余红兵（2021）也指出西方符号学研究传统重客体、轻主体，重分析、轻综合的不足，认为符号学所研究的基本符号关系都是客体的对象和主体的人相互作用的产物，需要关注主客体的交互，而西方符号学研究所采用的理性分析方法和自然科学式的逻辑推理如归纳、演绎等，一定程度上强调人的观察角色，而忽视了人之主体性。

另一个共同点是强调所分析的符号与人、文化息息相关。无论是精神符号学还是精神文化符号学，研究的都是人所特有的、打上人类文化烙印的符号，与别的符号类型比如动物的信号之类不同。符号学研究偏重指称性意义，即"意思"，包括人类符号、动物指号、物理指号、植物指号等的含义；精神符号学研究偏重精神性价值，即"意义"，也就是人的价值性的意义。

在符号和符号学的具体定义上，精神符号学和精神文化符号学又各有侧重，前者侧重有形的符号显现传播和无形的价值意义，后者侧重符号意义的主观性、综合性和多元性。李思屈将符号理解为精神的载体，即承载了一定精神内容的物质形态。精神是抽象的，它需要可感知的载体来体现，这种感性的体现就是精神的符号化。精神符号学不同于当下流行的普通符号学，"尤其不同于那些把符号学定义为'研究符号现象'或'研究表征行为'的各种符号学定义"（李思屈，2021，p. 5）。张杰（2021，p. 9）等人认为，

"揭示符号活动中的多元意义，用多元解读的思维方式从事符号研究的科学"
就是符号学，强调符号作为一个过程，尤其是作为主体的人和作为客体的外
在对象之间的互动过程。正是这种主客体的互动，才使得符号学研究对象和
方法不能只偏重客体或只强调客观分析，还要兼顾主体精神、意识，兼顾综
合性的、感知性的研究方法。

第二，关于精神，和关于精神与文化的联系与区别。

无论是精神符号学还是精神文化符号学都指出精神和文化二者密切相关，
是研究的核心对象，但在对精神与文化的理解及联系与区别上，二者各有
不同。

张杰等人从对西方精神研究的反思来说明精神内涵，从中国古典哲学和
美学来说明精神与文化的联系。他们所讨论的"精神"是相对于弗洛伊德的
精神分析而言的，即不是心理学意义上的、通过观察来分析的"精神"，而
是人的主体性内在包含的抽象特质——人不仅是观察的主体，也是参与其中
的主体的抽象存在，这样的"精神"（Jingshen）比心理学意义上的"精神"
更为综合、主观，是思维（mind）、创造性（creativity）和活力（vitality）的
集合。（张杰，余红兵，2021，p.3）这种综合性的"精神"体现为中国古典
文化所提出的"天人合一"的思想。天与人的相互融合、相互影响不可避免
地具有人的社会文化特征，因此，精神和文化必然相关、不可脱离。

李思屈所言的"精神"和黑格尔《精神现象学》里的"精神"对立，
他认为黑格尔回答的是"精神是什么"的问题，将精神作为预先的本体，从
这个前提出发，通过现象的演化来分析精神；精神符号学回答的是"什么是
精神"的问题，精神是待在的存在、是终点，精神的各种符号载体是起点。
在强调精神和文化的联系时，精神符号学更侧重说明二者的区分。精神是
"大文化"，即时代的文化精神，是激发创新精神的根源，而抽象的精神必须
借助媒介，媒介化就是精神的符号化，体现为文化器物、制度、仪式等具体
的文化样式，这些是"小文化"。精神符号学通过提炼"小文化"里的当代
价值标识、文化精髓来研究"大文化"；一般的文化符号学把"精神文化"
理解为哲学、艺术、价值观等的纯粹精神形态部分。李思屈将精神符号学以
文化的"大""小"之分区别于一般的文化符号学。

（二）精神符号学的基本特点

如上所述，在精神、符号、文化三个关键问题上，精神符号学和精神文
化符号学确有观点的交锋，但是二者之所以一并归纳到"精神－文化符号

学"，是因为它们在这些问题上有根本共识，共同体现一门合一的学科的概括性特点：

第一，研究旨归的抽象性。虽然在研究对象上，精神文化符号学是以人类各种精神文化活动为研究对象，涵盖面较广，而精神符号学是对可感知的符号如文化器物和符号活动如文化制度、仪式进行研究，对象较为具体，但是二者殊途同归，都落到对人类抽象精神的规律、特征的把握，旨在解决时代精神文化问题，或达到精神文化符号学所认为的终极认知——"道"的层面。

第二，方法的多元性。精神文化符号学的研究方法强调"思知"和"体知"的结合，尤其在偏重"思知"的当下倾向于"体知"方法；精神符号学所采用的研究方法既包括阐释分析，也在研究具体实际精神符号问题时采用实证、经验的方法。

第三，学科的使命性和前瞻性。精神危机的现实缘起赋予这门学科提升人类精神之维的学科使命，如精神文化符号学强调修己，精神符号学关注时代文化创新命题。这门学科显示出符号学对人类精神研究的趋向，这种研究不同于西方弗洛伊德式的精神分析、黑格尔的精神现象学，而是基于中国老庄等哲学和美学传统的综合的精神研究，一定程度上引领人类精神革命的新学科范式。（臧金英，2020）

四、当下研究的进展

精神符号学、精神文化符号学是近几年才正式兴起的学科，许多问题尚待厘清、推进，但当下已取得较多实质性的进展。主要体现在以下几个方面：

第一，在研究对象上，"精神"概念进一步明晰。

陈中、姚婷婷（2020；2021），Chen & Yao（2021）从精神文化符号学所言的人的精神纽带出发，基于中国本土文化，尤其是道家思想，来具体阐释符号活动的认知过程，即"三心合一"观。"三心合一"为"心身合一""心物合一""心心合一"，这种"心知"的认知模式呼应了精神文化符号学对人的主体性的强调：人参与符号过程，人的主体性决定了他的参与角色，而非旁观分析角色；从"心身合一"到"心物合一"，最终达到"心心合一"，这个认知过程的递进，表明意义的阐释是如何经多元、无限的途径，最终达到"天人合一"的"道"或"真知"这一终极目标的。同时还有如何在中国传统文化阐释和符号学问题论述之间进行语言和思维的转换的问题，对此陈中、姚婷婷的一系列研究提供了很好的范例。

"精神价值"这一研究问题内涵得到丰富。李涛（2021）指出精神价值包含"生活精神价值""生命精神价值"和"人类文明精神价值"，这些解释意义都不在文化艺术之中，也不能禁锢在科学技术之中，因此价值是文艺、科技、价值三因素中独立、核心的存在，并且是文艺追求、技术探寻的目的和动力。精神价值内涵的丰富，有助于把握学科之间的关系，例如基于价值追求上的一致，李涛认为精神符号学直接指出了动画符号学的本质，将动画符号学研究视为精神符号学的子学科和具体运用。

第二，在研究方法上，提出跨文化对比研究和 DIMT 符号意义分析模式。

2021 年，几乎与提出精神文化符号学同时，张杰（2020）撰文《反思与启示：人文精神助力社会发展》，对"精神文化"展开了跨文化对比研究，并将精神研究提高到民族文化、国家意识形态层面：基于对俄罗斯人文精神的回溯和分析，认为俄罗斯人文社会科学发展艺术性和精神性探索兼顾，在精神探索上更关注内在世界，因此自信、韧性构成其民族精神；中国文化传统里有与其相通之处，二者可以相互借鉴。

李思屈在 2003 年就提出基于东方阴阳观念、中国汉字符号特点而发展出来的"言－象－意－道"（DIMT）符号分析模式，分析意义的产生和传播。该模式中，阴阳运动是言、象、意和道四种符号要素的互动，"阴"是符号的不可见部分，可理解为"所指"，而"阳"是符号的可见部分，可理解为"能指"。这个模式较好地阐释了精神符号学所认为的"通过在场者唤起不在场者"的符号学学理基础。该模式最初提出是用于分析广告符号意义的生成与传播，当下已被广泛应用于对海报、影视作品等符号文本体裁的分析。（张纾舒，2017；焦晓虹，2018；孟妤，2019；张纾舒，王丽，2021）如在神话电影符号意义解读上，张纾舒、王丽根据 DIMT 模式分析《哪吒之魔童降世》，在文化传承、电影演绎、精神实质三方面给出了切实可行的建议。这些丰富的研究成果既证明 DIMT 这一东方符号学意义分析模式的阐释力，也践行了精神符号学学科的时代使命。

第三，学科内部构成、学科之间的联系得到进一步论述。

伦理学是符号学的一个重要主题，它揭示了人作为符号动物如何从符号意识中产生责任，说明了符号学并不缺乏意识形态承诺，正是这种面向构成了传播正义论作为精神符号学分支的一个基本依据。李思屈（2010；2021）、李涛（2021）、臧金英（2020）等人认为，精神符号学由于将价值、符号的传播内化为基本概念，所以与动画符号学、传播符号学具有内在一致性。学科内部分支、学科之间的联系的研究促进了学科体系的完善。

五、未来研究展望

精神－文化符号学作为一门新兴学科，其学科建设，包括关键概念辨析、学科内部和学科之间的对话交流等需要进一步加强。

首先，关于"精神"的内涵，尤其是从精神和文化的联系与区分的角度，一个可推进的路径就是精神符号学和精神文化符号学之间更多的对话。精神符号学从具体的文化入手，强调了精神与文化的区别，文化内部"大文化""小文化"的区分；精神文化符号学以宏观的人类精神文化活动为对象，重在精神、文化的联系。二者的研究旨归都落实到抽象精神层面，殊途同归。"殊途"除了因为不同的学科背景，其他原因是什么？这种"殊途"能启发对"精神""文化"概念的什么新解？

要明确"精神"的内涵，另一个需要解决的问题是英译不统一。李思屈（2021）将"精神符号学"翻译成"Semiotics of Mind"，"精神"对应"Mind"。放在当下国际符号学研究语境下，"Mind"多在生物学、认知科学领域使用。如以"semiotics"和"mind"作为关键词搜索国际学术刊物，大多数文章是从心理学、认知学、生物学的角度去讨论二者的关系。张杰、余红兵（2020；2021）将"精神文化符号学"译为"Cultural Semiotics of *Jingshen*"，解释"*Jingshen*"包含"mind""creativity"和"vitality"三层含义。这三个词在中西语境下内涵各有不同，需要进一步辨明。李涛（2021）将"精神符号学"译为"Mental Semiotics"，"精神"对应"Mental"。英译术语的统一问题一方面是对"精神"概念的精确化问题，另一方面也是精神－文化符号学走向国际需要解决的问题。

其次，对中国传统哲学、美学的符号资源挖掘及现代符号学式的阐释。既然精神－文化符号学是中西符号学研究交融的产物，那么中国符号学传统资源的利用必不可少，需要对传统典籍进行精神－文化符号学式的阐释和解读。这种解读不再是套用西方的符号学话语体系，而是建构和使用本土的符号学话语体系。其过程会经历两道程序：将千百年前的古文内容解读成现代话语，用符号学思维解读现代话语。这两道程序一方面需要文献解读和符号学理论建设同时推进；另一方面需要跨学科协力，因此精神－文化符号学既需要和其他符号学学科对话交流，也需要和符号学学科之外的文献学、文艺学、美学、哲学等传统学科加强沟通。

最后，精神－文化符号学和其他较为成熟的符号学学科之间的对比研究。精神－文化符号学学科发展渊源、研究对象使其与发展成熟的部门符号学学科密切相关，除了上文所提到的和传播符号学、动画符号学、伦理符号学、文化符号学的关联，精神符号学还研究日常生活中的仪式等。当下，针对这些文化现象，已有部门学科建立，例如民俗符号学；或有学者推进研究，例如贾佳的《打扮：符号学研究》（2018）。这些部门符号学和具体符号问题的研究与精神－文化符号学的关系如何？它们之间该如何融合、对话？这一系列问题的研究将进一步印证精神－文化符号学在符号学研究中存在的合理性、必要性和独特性。

此外，由于精神－文化符号学是因应时下社会各个层面的精神危机而出现的，观照、反思现实问题并提出可能答案是此门学科建设的初衷，也就应该成为未来研究需要践行的使命。精神世界迷茫导致创新的精神激励和价值导向缺失，时代创新后劲不足。时代精神总是在具体历史语境中的具体化：从古希腊、中世纪一直到文艺复兴前，神话和上帝是西方精神的中心符号，而文艺复兴和启蒙运动的时代精神则以科技和经济为中心符号（李涛，2021），那么在以人工智能、互联网为主导的数字信息时代，时代精神就应该是人文与科技的融合。当今蓬勃发展的文化科技产业离不开精神－文化符号学对精神、文化的研究。本文认为精神－文化符号学可以在微观和宏观层面对该问题做双向推进：

微观层面，在人工智能发展和广泛应用的今天，如何区别人的精神和机器的智能、人的创作和机器的创作？精神－文化符号学可以对人的精神、主体性的阐释提供新的见解。

宏观层面，无论元宇宙或虚拟世界的概念是否昙花一现，人类都不可避免地要面对数字虚拟世界的构建这一事实。虚拟空间社会体系的建立涉及伦理道德、虚拟世界社会秩序以及对现实秩序的冲击等一系列问题，而文化与科技的融合实质上是"建立一种新的社会秩序，而新的社会秩序建立的核心是'引领性的社会价值观'，它还是一种文化精神问题"（李思屈，2021，p. 4）。基于我国文化传统和特色，价值导向在文化多元和保持本土文化中显得非常必要，而导向型的文化在不同文化交流碰撞中能够起到巨大的稳定作用（余红兵，2021）。概言之，文化精神是一种时代精神，而当下的时代精神是人文与科技融合；人文与科技的融合实质是新社会秩序的建立，而新的社会秩序的建立离不开引领性的社会价值观。这一系列逻辑的推进，贯穿了精神－文化符号学从研究对象到研究目的的全域。由此，精神－文化符号学需要更加专注于文化科技所呈现的符号形式，揭示其背后的精神内涵和本质，在看似时髦的表象中把握文化精神的规律和本质，助力必要的导向型价值观的形成。

引用文献：

陈中，姚婷婷（2021）．三心合一：精神文化符号学认知模式与中国传统文化中的"心知"．符号与传媒，1，14－25．

胡喆，温竞华（2021－11－21）．什么是元宇宙？为何要关注它？新华每日电讯，4 版．

贾佳（2018）．打扮：符号学研究．成都：四川大学出版社．

焦晓虹（2018）．以东方符号学"DIMT"模式解析电视节目《朗读者》．西南民族大学学报（人文社科版），39，2，164－168．

李思屈（2003）．东方智慧与符号消费——DIMT 模式中的日本茶饮料广告．杭州：浙江大学出版社．

李思屈（2010）．传播正义论：基于普适正义的传播学理论建构．中国传媒报告，7，12－17．

李思屈（2015）．精神符号学导论．中外文化与文论，3，9－19．

李思屈（2021）．精神符号学的概念、方法与应用．符号与传媒，2，1－24．

李思屈，刘研（2013）．论传播符号学的学理逻辑与精神逻辑．新闻与传播研究，20，8，29－37＋126．

李涛（2021）．动画符号学建构的阿基米德点探析：基于精神符号学的研究．符号与传媒，2，25－38．

李幼蒸（2007）．理论符号学导论．北京：中国人民大学出版社．

李幼蒸（2009）．中国符号学与西方符号学的理论互动．文艺理论研究，3，2－12．

孟妤（2019）．基于"DIMT"模式解析国家形象宣传片——以《中国一分钟·地方篇》为例．青年记者，8，78－79．

唐小林，祝东（主编）．（2012）．符号学诸领域．成都：四川大学出版社．

余红兵（2012）．文化符号学的新视角：符号的感知与意义的半自动生成．俄罗斯文艺，2，119－124．

余红兵（2021－05－06）．"以文化兴国"的理据．中国社会科学报，7 版．

臧金英（2020）．AI 时代精神符号学与文化产业的内在逻辑．传媒观察，8，53－59．

张杰（2020－12－11）．反思与启示：人文精神助力社会发展．中国社会科学报，6 版．

张杰（2002）．符号学王国的构建：语言的超越与超越的语言——巴赫金与洛特曼的符号学理论研究．南京师大学报（社会科学版），4，133－139．

张杰，余红兵（2021）．反思与建构：关于精神文化符号学的几点设想．符号与传媒，1，1－13．

张纾舒（2017）. 张艺谋电影海报中的东方智慧——基于 DIMT 模式的符号学分析. 当代电影，3，197‒200.

张纾舒，王丽（2021）. 基于 DIMT 模式的《哪吒之魔童降世》的神话影像符号解码. 电影评介，13，107‒112.

赵星植（2021）. 当代符号学新潮流研究（1980—2020）. 成都：四川大学出版社.

赵毅衡（2016）. 符号学：原理与推演. 成都：四川大学出版社.

Chen, Z. , & Yao, T. （2020）. The Cognitive Paradigm of Jingshen: "Unity of Three-tiered Self-cultivation" in Traditional Chinese Culture. *Chinese Semiotic Studies*, 16, 4, 535‒550.

Chen, Z. , & Yao, T. （2021）. Chuang Tzu's Selflessness: Mind-state and the Cultural Semiotics of Jingshen. *Chinese Semiotic Studies*, 17, 3, 387‒399.

Zhang, J. , & Yu, H. （2020）. A Cultural Semiotics of Jingshen: A Manifesto. *Chinese Semiotic Studies*, 16, 4, 515‒534.

作者简介：

孙少文，四川大学文学与新闻学院博士研究生，四川大学符号学‒传媒学研究所成员，主要研究领域为符号学、叙述学。

Author:

Sun Shaowen, Ph. D. candidate of College of Literature and Journalism, Sichuan University, member of the ISMS research team. Her research fields are semiotics and narratology.

Email: verasun217@ foxmail. com

新符号学运动的发展与前瞻：读赵星植
《当代符号学新潮流研究（1980—2020）》

祝　东

作者：赵星植

书名：当代符号学新潮流研究（1980—2020）

出版社：四川大学出版社

出版时间：2021 年

ISBN：9787569047240

DOI：10. 13760/ b. cnki. sam. 202201020am. 202102018

　　现代符号学的兴起，如果从索绪尔、皮尔斯算起的话，其历史已经超过百年；即便是从学界认为的罗兰·巴尔特的《符号学原理》的问世算起，也有超过半个世纪的历程。中国也是一个符号学思想资源丰厚的国度，我们的先民在仰观俯察的社会生产实践过程中，很早就在熟练地运用符号，并建构了我们民族特有的符号学传统，如易学史上的观象系辞、立象尽意，儒家的正名说，道家的无名论，名家的名实之辩等，不仅涉及符号的使用，更是对符号与表意的问题进行了深度的思考。然而，由于中国传统学术的分类，这些气韵生动的符号学思想被划分到经学（如易学、儒学）、子学（如名家、墨家、道家、法家等）等学术系统中。直到西学东渐，随着现代学术门类的建立，我们才对传统学术思想有了新的划分与归类，如哲学、文学、政治学、经济学等。与此相关的是，符号学的学科门类也是舶来的，中国传统学术中并没有与之相对应的学科概念，即便有学者建议用"名学"来指代中国的符号学思想资源，但是二者之间还是存在诸多相异之处，并不对等。

　　当历史进入 20 世纪 80 年代后，中国学界的符号学研究开始成规模地发展，并"逐渐成为全球符号学运动中的一个重要分支"（赵星植，2021，p. 1），这一方面得益于现代符号学的发展及其在中国的传播，另一方面，则与中国丰富的符号学思想资源有关（祝东，2014，p. 6）。符号学在全球遍地开花，已然成为一种国际性学术潮流，随着跨学科、跨理论的融合，符号学的边界不断扩展。自 20 世纪后半叶开始，一种新的符号学运动正逐步形成。据赵星植所言，新符号学运动的发展，也有超过四十年的历史，但是学界迄今并未对此进行应有的学术史上的梳理总结。中国是一个符号学思想资源丰富并且开放进取的大国，中国学者有义务也有能力对此学术运动进行系统的学术史研究，这不仅能为国际符号学运动的发展做出前瞻，而且对推动中国符号学研究的发展也能提供可资借鉴的理论参照。赵星植无疑是这一领域的拓荒者，其新著《当代符号学新潮流研究（1980—2020）》（以下简称《新潮流》）就是这个领域的一部力作，充分体现了中国青年学者宏通的学术视野与锐意进取的学术精神。

一、辨章学术与考镜源流

学术史的梳理，最重学术渊源流变，中国传统目录学上，就有章学诚的"辨章学术，考镜源流"之说。欲使学术彰明，则需源流历历可考，因此做学术史，需要有广博的学术视野和精深的学术功底，"非深明于道术精微，群言得失之故者，不足于此"（王重杰，1987，p. 1），只有把某一学术的历史源流搞清楚了，才能明白学术发展的脉络与流变的利弊得失。当代符号学发展新潮流研究亦是如此。这就需要对当代符号学发展的深层理论渊源与发展流变进行深度挖掘。

当代符号学的新思潮与新流派呈现出众语喧哗的文化景观，不断的跨学科融合，形成新的符号学运动，与以文本为中心的经典符号学研究已经出现较大的差异，那么新符号学运动与经典符号学理论渊源如何？其流变与超越又是怎样的？这些问题，都值得深入思考。《新潮流》一书，经过深入的学术考辨，给我们揭示出其嬗变的内在学术理路。

我们知道，符号学创立之初，便有索绪尔的能指、所指符号二元结构论，以及皮尔斯的符号、对象、解释项三元关系论，这便是影响深远的"二元符号学"与"三元符号学"。《新潮流》指出："随着符号学研究边界的扩展，越来越多的结构主义学者开始质疑符号系统的自足性与封闭性。"（2021，p. 6）这也正导致二元符号学难以适应当今文化多元、动态发展的表意活动，特别是非人类的符号活动，如细胞符号活动与动物符号活动等。相较于索绪尔封闭的二元符号学，皮尔斯开放的三元符号学将符号定义的重点锚定在符号表意的三元关系上：

某个事物成为一个符号，并不是它具有什么内在特征，而是因为它具备了任何符号都必须具有的形式特征，即它与一个对象相互关联，并且在三者不可化约的连接过程之中产生了一个解释项，由此形成一组符号三元关系。进一步推之，这表明世界上任何事物都具有作为符号的潜力，只要它被视为正位于某种三元表意关系中。（p. 7）

皮尔斯的这种三元符号论，为新符号学运动打开了边界，其中的"解释项"更是激活了符号表意的开放性，其基础概念向所有具备符号活动能力的生命体敞开；皮尔斯符号学思想本身具有跨学科特征，也更适合进行跨学科的融合研究。

在梳理完二元符号学与三元符号学之间的跨越之后，《新潮流》一书便从学术史的角度重点考察了表意三分论的发展，这也是全书最为扎实、精彩的部分之一。通过深入考辨，《新潮流》指出，皮尔斯与英国的维尔比夫人的学术通信互动为皮尔斯的符号三元模式奠基，而维尔比的学生奥格登则在整合维尔比与皮尔斯的意义理论上做出了重要贡献。奥格登与瑞恰兹合著的《意义的意义》一书就深受维、皮二人的影响，奠定了符号学就是意义学的理论基础，掀起了20世纪初意义理论研究的大潮（p. 26），而皮尔斯的学说则在美国由莫里斯拓展成理论体系。随着皮尔斯手稿文献的整理出版，其学术得以在20世纪六七十年代得到大规模"重访"，而重访本身也是一种拓展，雅各布森、艾柯、西比奥克皆是其中的佼佼者。特别是西比奥克的推广，使得皮氏的三元符号学模式成为当今符号学界之共识，而当代符号学的生物转向、伦理转向及认知转向，又都得益于西比奥克，跨学科、跨地域的符号学新流派就是在这一学术背景下呼之欲出。本乎此，通过《新潮流》一书，读者能从总体上把握新符号学运动的理论渊源与发展背景，这对理解当今符号学的流派发展大有裨益。这种学术史的梳理，诚如陈平原（1991）所言，便于后学了解一代学术发展之脉络与走向，并鼓励和引导后来者尽快进入某个学术领域，免去诸多暗中摸索之工夫，可谓功莫大焉！

二、条分缕析与万流归宗

随着当今文化的发展与符号学研究的拓展，目前全世界共有近百个符号学类专业研究机构，并建有多个专门的符号学系所，这无疑彰显着新符号学运动巨大的发展潜力。所谓"新符号学运动"，就是指"20世纪80年代至今西方符号学界所涌现并汇聚而成的符号学新思潮与新流派"（赵星植，2021，pp. 1 - 2）。而我们知道，自 20 世纪以来，西方学界的理论是众语喧哗，如精神分析、原型批评、结构主义、解构主义、后现代主义、后殖民主义、女性主义，等等，不一而足。符号学界的理论也是如此，呈现出多元发展的特色，如索绪尔的语言符号学、皮尔斯的逻辑符号学、卡西尔的哲学符号学、罗兰·巴尔特等人的结构主义符号学等。20 世纪 80 年代以后，符号学呈现出强烈的跨学科特征，其与社会学、生物学、生态学、传播学、认知科学等的跨学科融合，愈发呈现出多彩缤纷的学术景观。要对这种学术景观进行学术史的归纳总结，绝非易事，不仅需要宏通的学术视野，更需要高超的学术思辨能力，才能使得纷纭复杂的新符号学运动这一学术景观能够得到条分缕析，万流归宗。

《新潮流》一书，在充分梳理完新符号学运动的学术背景与理论归依之后，就以流派聚焦的学术领域为核心，以共同关注的学术议题及学术联系为纽带，对当今符号学界的新流派进行了系统的归纳总结，一共梳理出五大符号学新流派：生物与生态符号学，认知符号学，传播符号学，文化符号学，社会符号学。每个流派下面，又有支流存在，如生物符号学下面，又可缕分出哥本哈根学派、新塔尔图学派、布鲁明顿学派等；在认知符号学领域，仅北欧－北美学派下面就有丹麦奥尔胡斯大学符号学研究中心，丹麦哥本哈根商学院语言、认知及心理研究中心，瑞典隆德大学认知符号学研究中心，美国凯斯西储大学认知文化研究中心等；在传播符号学领域，本书也是先从学术史角度入手，考察了传播符号学的源起，梳理了当今传播符号学在研究对象、研究范式以及研究方法等方面的演变轨迹，在此基础上又进一步对缕分出的北美学派、欧洲学派进行了深入研讨。

当今文化符号学更是一个包罗万象的学术领域。《新潮流》一书首先明确指出，"但凡在新阶段取得一定成就的应用或门类符号学诸领域，比如传媒文化符号学、性别符号学、音乐符号学、文学符号、电影与艺术符号学等，在本质上都属于文化符号学研究范畴"（2021，p. 176），这就为文化符号学划出了研究的边界。符号学具有强大的理论阐释力与可操作性，也深受研究者的青睐，故此当今的新符号学运动已经将其触角延伸到文化的诸多方面，呈现出多门类的文化研究景观，对这样纷繁复杂的学术现象进行流派梳理与归纳，确非易事。《新潮流》根据研究的典型性，主要选取了英国伯明翰学派、巴黎学派、意大利都灵文化学派，可谓独具慧眼。因为伯明翰学派建立的文化研究范式，至今对符号学研究与文化研究具有很强的影响力；巴黎学派在格雷马斯的影响之下，通过对文艺作品的语义与模态之分析，建构了别具一格的激情符号学模式；意大利的都灵文化学派则是在著名符号学者艾柯的影响之下发展而来，在文化遗产、宗教、旅游、饮食以及数字化分析诸领域探索出了一条关于文化创新与发展的符号学研究路径。（pp. 176 - 177）以上三个学派在当今文化符号学领域的发展势头正劲，影响甚著，以其作为研究样本，也是题中应有之义。

其实在文化符号学领域，赵毅衡先生带领的四川大学符号学 - 传媒学研究所的研究也独具特色，完全可以与以上三个学派并驾齐驱，单列一节予以介绍。也许是因为赵星植作为四川大学符号学 - 传媒学研究所的成员，为了避嫌，才有意宕开一笔，进而转入社会符号学领域。在社会符号学领域，读者也可以看到多元的研究景观，如社会符号学的英 - 澳学派、马克思主义符号学的欧洲学派、符号伦理学派等。通过该书的梳理，读者可以提纲挈领地把握当今新符号学运动的主要研究动向、研究领域以及研究流派等具体学术信息，这无论是对宏观把握当今符号学的研究趋势，还是对微观掌握每一流派的学术理论思想渊源及发展流变等，都有重要参考价值。

三、史才史学与史识史德

学术史的梳理研究，难点在于对海量文献史料的爬罗剔抉，对关键史料的钩沉辑佚，以及对学史的演变阐释，从中发现学术演进之脉络，为来者提供学术发展之总结与前瞻。要做到这些，则需要具备唐代史学家刘知几所言的史才、史学与史识。所谓史才，就是指搜集史料、鉴别史料并运用史料分析解决问题的能力，史学是相关历史、文献知识的储备，史识则关乎对历史的判断等问题。

从史才角度来看，《新潮流》一著几乎对中外当今符号学的理论文献进行了地毯式的搜索与检视。赵星植熟谙西方符号学文献史料，能够熟练运用相关文献资料来分析符号学的源流变化。如在论及生物符号学的发展时，从于克斯库尔的理论生物学入手，到遗传密码与动物符号行为的突破进展，以及"华生 - 克里克 DNA 双螺旋模型"的确立与基因编码的破译，再到遗传密码的突破等（2021，pp. 39 - 43），逐层递进。这一系列相关研究基本上皆是外文文献，本书皆予以深刻的考辨，以便揭示其发展的学术理路。"生物与生态符号学"一章正是基于对史料的全面分析研讨，才将其学术渊源流变充分揭示出来。通过这种跨学科的整合与梳理，一幅生物符号学的发展图谱徐徐展开。

正是作者的史才能力，辅以长期的相关研究，才积累出该著的史学功底。前文已述，《新潮流》面对的是庞大而繁杂的当今符号学运动，尽管其重点是近四十年的符号学学术史，但实际上要对这一段学术史做出客观公正的分析梳理，则需要上溯百余年的符号学学术史。本书引论就是从索绪尔的二元符号学到皮尔斯的三元符号学的比照中逐层展开的，进而在学科融合发展的背景下，结合三元模式的特征，来探析新符号学运动的发展背景与学术脉络。实际上几乎整个新符号学运动都与符号学的三元模式相关，这就需要不断"重访"皮尔斯，探本溯源，其源流正变才能得到很好的揭示。作为研究皮尔斯的青年才俊，赵星植翻译过皮尔斯的著作《皮尔斯：论符号》（四川大学出版社 2014 年版），并重点研究过皮尔斯的传播符号学思想，出版过《皮尔斯与传播符号学》（四川大学出版社 2017 年版）这样的大著，可谓牢牢握住了新符号学运动的源头，这也正是其在这一学术领域能够驾轻就熟的深层原因。我们也有理由相信，正是因为具有相应的史才与史学的积淀，《新潮流》一书才能对当代新符号学运动的发展变化做出独到妥帖的研判，看似举重若轻，实际上彰显的是作者的史识能力。

做学术史很难，做当代学术史尤其难，点评今人常有不便，而且很多学者属于学术界的前辈乃至权威，如果评述定位不当，很容易招来诟病，甚至引来不必要的麻烦。兹举一例——民国汪辟疆撰《光宣诗坛点将录》一书。"点将录"本身是一种具有中国民族特色的学术批评史模式（祝东，2016），此书论及近世诗坛座次，诸多名家还健在，导致了批评的不便。如将陈衍比拟地煞星神机军师朱武，陈衍自视甚高，对此自然不满，引起一段学术公案。（王培军，2008，pp. 33 - 38）由此可见做当代学术史的不易。

《新潮流》一书梳理的主要是当代国际符号学发展的学术史，很多流派的学者都是现今符号学界的重量级学者，他们手中也有诸多重要的学术资源。我们知道，在当前中国国内的学术评价体系中，西方学术期刊（如 SSCI，A&HCI 索引期刊）的学术评价多是高于国内学术期刊的，在这种评价体系的影响下，盲目崇拜西方学术期刊以至于过度推崇西方学者的也是大有人在。然而我们通检《新潮流》一著对西方符号学界的学术梳理与评判，可以发现该书是抱着不虚美、不掩恶的精神原则，本着实事求是的学术态度来进行学术史的梳理考察的。如在分析巴尔特影响下结构主义方法的新传媒研究中，就明确指出其理论面临的挑战与不足之处；又如在探讨认知符号学的时候，用了一个专节探讨认知符号学的学科特性问题，指出了认知符号学方法的不足，并提出了应对策略；也明确指出了当今认知符号学在学科界定方面的困难，并结合当前符号学的跨学科发展，提出了"超学科"（transdisciplinary）的学科模式。（2021，p. 128，p. 121）这些皆体现出作者是抱着求真务实的态度来看待当代符号学学术史的，既没有盲目抬高，也没有无故贬低，持论客观中允。在当今包罗万象的符号学发展洪流中，以及竞争越来越激烈的学术研究中，可以说赵星植真正做到了一个中国学者应有的"自尊自信，在各种复杂的矛盾和多种诱惑面前能保持冷静自持，自己把握自己，不随流俗，追求崇高，面向永恒"（余三定，2005，p. 22）。这也许就是清人章学诚论述史学时提出的"史德"一环："才、学、识三者，得一不易，而兼三尤难，千古文人多而少良史，职是故也。昔者刘子玄，盖以是谓足尽其理矣……非识无以断其义，非才无以善其文，非学无以练其事，三者固各有所尽也，其中固有似之而非者也。……能具史识者，必知史德。德者何？谓著书者之心术也。"（1985，p. 40）所谓"著书者之心术"，究其实质，就是要秉持公心，忠实于学术的历史事实，这折射出的则是著述者自身的学术道德与人格修养。

总而言之，赵星植的新著《当代符号学新潮流研究（1980—2020）》，以宏通的学术视野来观照当今符号学四十年来的新发展，在辨章学术、考镜源流的学术原则下，对当今新符号学运动的流派进行了系统的梳理，对不同流派的划分归纳，充分彰显了作者的学术识辨能力，把新符号学运动的发展流变整理得如此清晰明了，为我们提供了一张充满活力的当今符号学发展谱系。此书作为第一部全面系统的当代符号学学术史著作，对读者了解当今符号学的渊源与最新发展动向等皆有裨益。史学家王家范先生曾言："历史学永远是现在（怀抱着未来追求的现在）与过去的对话。"（2019，p. 353）此言不虚，毕竟包括学术史在内的史学回顾考察，也都是为了未来的更好的发展。我们完全有理由相信读者读完此书之后，定会有开卷有益之感。

引用文献：

陈平原（1991）. 学术史研究随想，载于陈平原，王守常，汪晖（主编）. 学人（第1辑）. 南京：江苏文艺出版社.

汪辟疆（撰）；王培军（笺）（2008）. 光宣诗坛点将录笺证. 北京：中华书局.

王重民（1987）. 校雠通义通解. 上海：上海古籍出版社.

王家范（2019）. 中国历史通论（增订本）. 北京：生活·读书·新知三联书店.

余三定（2005）. 新时期学术发展的回瞻. 北京：北京大学出版社.

章学诚（1985）. 章学诚遗书. 北京：文物出版社.

祝东（2014）. 先秦符号思想研究. 成都：四川大学出版社.

祝东（2016）. 论"点将录"批评形式的民族特色与意义机制. 华中师范大学学报，2，
85－92.

赵星植（2021）. 当代符号学新潮流研究（1980—2020）. 成都：四川大学出版社.

作者简介：

祝东，文学博士，暨南大学新闻与传播学院教授，博导，主要从事中国符号思想史
与华夏传播等方面的研究工作。

Author:

Zhu Dong, Ph. D. , professor of School of Journalism and Communication, Jinan University.
His research fields mainly cover Chinese semiotics thoughts and communication theories.

元戏剧的构造原理与表意机制：评潘鹏程《演出叙述：从实验戏剧到行为艺术》

付　宇

作者：潘鹏程

书名：演出叙述：从实验戏剧到行为艺术

出版社：四川大学出版社

出版时间：2021 年

ISBN：9787569048544

DOI：10. 13760/ b. cnki. sam. 202201021

一

元戏剧在戏剧类型中早已有之，随着戏剧的不断发展，自 20 世纪以来元戏剧日渐成为最重要的戏剧类型之一。1963 年莱昂内尔·阿贝尔（Lionel Abel）在《元戏剧：一种新的戏剧形式》（*Metatheatre: A New View of Dramatic Form*）一书中，第一次明确提出元戏剧概念。阿贝尔以《哈姆雷特》为例，认为莎士比亚的作品展现了戏剧本身的自我意识，是一种新的看待戏剧的方式。霍恩比（Richard Hornby）1986 年出版《戏剧、元戏剧与感知》（*Drama, Metadrama, and Perception*）一书，系统梳理了元戏剧理论，提出了元戏剧的广义与狭义的定义，列出元戏剧五种表现技法，即戏中戏、戏中仪式、角色在角色中的扮演、指涉其他文学作品或真实生活、指涉自我，在内容上分析了元戏剧的主要特征。在阿贝尔和霍恩比奠定的元戏剧研究理论基础上，霍曼（Sidney Homan）讨论观众如何参与演出，哈林－史密斯（Tori Haring-Smith）则指出元戏剧方法提升了观众的观演兴趣，研究者开始将观众纳入元戏剧理论的探讨中来。

国内学界目前对于元戏剧的研究主要集中在具体的戏剧批评上，如何成洲《贝克特的"元戏剧"研究》、程小牧《让·热内、〈阳台〉与"元戏剧"》、章雪晴《从"元戏剧"视角出发的一种解读——浅谈〈桃花扇〉中"人生如戏"意识的独特体现》等。少部分学者关注元戏剧相关理论问题，如周泉《元戏剧的起源、意象和结构》，罗益民、李文婕《元戏剧理论面面观——从阿贝尔到哈林·史密斯》，较为全面地梳理了元戏剧的起源、结构、分类、特点和功能。

总体上目前国内外对元戏剧的研究主要以阿贝尔和霍恩比提出的理论为基础。元戏剧既是戏剧创作理论，也是戏剧批评理论。作为一种创作理论，元戏剧关注戏剧在多大程度上自觉运用元戏剧手段，是后现代主义戏剧的主要表现形式；作为一种戏剧批评理论，元戏剧是一种看待戏剧的视角和方法，相关戏剧批评实践也较为丰富。尽管戏剧批评以具体案例的方式为元戏剧理论做出了有益补充，然而对元戏剧理论自身的建设尚缺乏丰富的探索。

近年来，符号叙述学关注文本形式与意义生产之间的互构机制，相关研究日渐成为人文社会科学领域的一个热点。从既有研究成果来看，元戏剧的内容纷繁复杂，且关切社会文化，而这正是潘鹏程的著作《演出叙述：从实验戏剧到行为艺术》（以下简称《演出叙述》）一书中关于元戏剧构造原理、表意机制与文化意义结合研究的学术基点。

马克·肖勒在谈论小说时曾提出，谈论形式问题，才是作为批评家在说话（马丁，2005，p.2）。潘鹏程《演出叙述》一书解决的正是从形式理论出发对实验戏剧予以理论层面的梳理、概括、分类和总结这一问题。作者以符号叙述学为理论起点，以元戏剧的构造为理论基础，从构造原理和表意机制上探讨元戏剧具有的普遍规律，总结概括出元戏剧的"犯框"特征，指出戏剧演出的双重区隔，并基于此划分出实验戏剧的三种犯框类型：从角色到演员的犯框、从情节到演出的犯框、邀请观众参与的反跨破框。以此为理论基础，作者研究了从实验戏剧到行为艺术在这一时期内演示叙述的历时演变，对20世纪世界范围内的实验戏剧从形式角度予以分类，同时将犯框原理应用到行为艺术的表意原理分析之中。其基于元戏剧的"区隔框架"构造原理和表意机制的分析，最终指向了当代社会文化，可以说是从形式－文化批评角度研究元戏剧的最新理论成果。

二

讨论元戏剧的构造原理，需要从"元"开始。"元"（meta-）这一前缀源于希腊语前缀"μετά"，意思是"之后、之外、之上"，除此之外也有

"超越"和"自我"之义，大概相当于拉丁语"post-"或者"ad-"，与英语介词"with"同源；在英语中从"形而上学"（metaphysics）而来，按照亚里士多德著作的顺序，metaphysics是物理学之后的学科，后被理解为形而上学。由于任何学科都有在更高抽象层次上关于其属性的理论，因而可以说任何学科都具有元理论。在基于规则的系统中，元规则是控制规则的规则；在认识论中，前缀"meta-"用来表示"关于X的X"（an X about X）；在文学艺术领域，元文体就是讨论该文体本身的同类文体。杰拉德·普林斯（Gerald Prince）《叙述学词典》的解释为"将叙述作为（其中之一）话题的叙述即是（一个）元叙述"（普林斯，2011，p. 121）。那么，元戏剧就是关于戏剧的戏剧，是以戏剧自身为题材、用戏剧探讨戏剧本身的戏剧。

一般来说，所有叙述都诞生于一个框架之中，在这一框架中不会出现关于框架的任何信息。一旦人们开始谈论框架，从语义上看，叙述的内容层次则必然生成于更高一级的框架之内。元戏剧就是在原有戏剧框架之上，生成了关于戏剧的新一级的框架。例如，元戏剧最重要的研究者之一阿贝尔认为戏剧自我意识的有无是判断剧作是否属于元戏剧的关键所在；霍恩比认为元戏剧的主题是回到戏剧自身；皮涅罗探讨戏剧的角色、表演、戏剧技巧和组织方式，认为元戏剧是将戏剧的生成过程作为戏剧表演的内容呈现给观众。从中我们不难发现，元戏剧是在演出框架中讨论戏剧、展示戏剧，从形式上看，它关注和表现叙述文本与叙述框架的关系，所以讨论元戏剧的特征须回到戏剧文本框架结构当中。

在形式论中，"框架"（frame）指符号文本的边界，它在某种程度上决定了我们理解文本的文化程式和解释意义的方式。对于一般的戏剧舞台来说，框架帮助观众确立解读演出的规则。亚里士多德式的传统戏剧中，戏剧演出框架将舞台内外区别开来，观众观看戏剧情节和演员的角色扮演，此时舞台上的演员至少有三重身份：现实世界的真实身份，以身体为媒介说明事件的演员身份，以演出为媒介饰演角色的角色身份。戏剧舞台是一种被接收者理解的框架，观众关注舞台上的角色身份、舞台之上的虚构世界。

符号学家赵毅衡在《广义叙述学》中提出的"区隔框架"理论有助于我们进一步厘清其中的关联（2013，p. 74）。赵毅衡以"双重区隔"理论区分文本是纪实还是虚构。一度区隔将经验世界媒介化，即经验世界通过媒介化转化为符号组成的文本世界；二度区隔在前一个区隔的基础上二度媒介化，二度媒介化的世界生成于一度区隔之中，一度区隔和二度区隔互不相通。另外有学者指出，媒介范围的划定为有效处理文本世界与经验世界的关系提供了学理依据（唐小林，2016）。在《演出叙述》中，作者指出戏剧演出文本作为一种虚构叙述文本，生成于"双重区隔"的符号过程之中，是二度媒介化的结果。具体来说，"一度区隔在符号文本建构的世界与经验世界之间设立框架，从而得到框架内已经媒介化的世界。在剧场中，舞台、灯光等即是一度区隔的标记。""二度区隔中的再现是二度媒介化的结果……人物神情语态、行为动作上的特征即是二度区隔的标记。"（潘鹏程，2021，p. 20）

二度区隔生成于一度区隔的基础之上，观众在看戏剧演出时接收到的是二度区隔内的虚构世界，也就是说，观众关注的是在虚构世界中演员扮演的角色和发生的事件。传统的亚里士多德式戏剧经常通过隐藏二度区隔框架的痕迹来制造自然主义幻觉，同时戏剧演出框架将舞台内外区别开来，观演之间存在明显的距离，观众无法参与戏剧演出之中，这个边界就是所谓的"第四面墙"。"第四面墙"像一面透明的墙，观众透过"第四面墙"观看舞台演出，演员却表现得似乎看不到观众一样。

元戏剧则引发人们对于戏剧自身或者戏剧性质的注意，它经常在独白、旁白、序言和结语中同观众直接对话；表达对观众在场的意识，承认舞台上的人是演员而不是他们在剧中所扮演的角色；此外还有戏中戏、通过演出指涉真实生活、关注戏剧时间和空间，等等。从"双层区隔"理论来看，元戏剧从根本上说是对演出文本叙述框架的暴露，它打破或者侵犯戏剧演出文本的框架区隔，即通过暴露演员、编剧、导演的身份，暴露戏剧的创作机制，呈现戏剧的创作过程及文本生成路径，使观众更清晰地观察到戏剧文本组织者、发送者、接收者之间的程式，以此提醒观众关注现实世界，激发戏剧和社会现实的互文逻辑。一方面，元戏剧带来了新的审美体验；另一方面，元戏剧突破了传统戏剧封闭的形式，展现更为开放的舞台和结构，摧毁"第四面墙"，进而唤起观众的主观能动性。通过对元戏剧框架的分析，《演出叙述》明确指出了元戏剧的构造原理，即"元戏剧的构造原理正是戏剧演出文本的犯框"（2021，p. 21）。

三

犯框是元戏剧构造的基本原理，通过犯框，戏剧演出文本不再局限于二度区隔之内，而是获得对实在世界的指称和谈论戏剧自身的可能（2021，p. 21）。由于犯框，元戏剧演出文本的结构呈现出跨层特征，一度区隔与二度区隔之间的边界被打破。当戏剧中的角色犯框走向现实一度媒介区隔时，二度区隔中的虚构不得不指向一度区隔的真实。作为一种元戏剧，实验戏剧正是通过暴露演员和情节的框架痕迹，跨越了二层区隔，形成形式犯框。华莱士·马丁指出，一旦"虚构的故事/现实"之间的关系成为公开讨论的题目，读者就会被迁出正常的解释框架（马丁，2005，p. 182）。形式犯框将观众的解释框架从虚构的戏剧迁移到现实生活之中，打破了观众习以为常的观看程式和惯有的思维程式，引领观众对戏剧之外的社会现实予以关注和思考。

在元戏剧视角下，实验戏剧是运用犯框手段的戏剧，由此对实验戏剧的分类问题就转化为"实验戏剧的犯框有哪几种"（潘鹏程，2021，p. 35）。那么，对犯框进行分类，也就得出了对元戏剧即实验戏剧从形式层面的分类。根据前文的分析，二度区隔内是角色所处的位置，与角色对应的符号文本是虚构的情节；一度区隔是演员与演出本身。至此作者确立了其理论的四个坐标：角色、演员、情节、演出。由此得到犯框的基本分类：第一类是角色破框为演员，第二类是情节破框为演出，这两类犯框是从二度区隔向一度区隔的犯框；第三类是从一度区隔向二度区隔犯框的反跨破框。

在第一种类型中，布莱希特的史诗剧是代表。史诗剧拒斥传统戏剧中演员的功能是模仿和再现，着重突出演员的自我意识；不是让演员扮演角色，而是让二度区隔内的角色犯框为一度区隔内的演员本身，直接面向观众，与观众进行交流，进而创造出离间效果。史诗剧的犯框将戏剧文本与日常生活联结起来，最终目的是对社会进行批判和改造。

阿尔托提出的"残酷戏剧"是该类型的另一代表。"残酷"不是指物理上的残酷，而是指戏剧表现生活表象背后的精神世界。残酷戏剧以物质化的戏剧语言和仪式化的戏剧表演，激活观众的原始生命力。对于观众来说，人们很难从戏剧中读出情节，物质化的语言则使得角色犯框为演员，仪式化表演使观众的感官全面打开，实现了"仪式"冲击"扮演"的效果。

在第二种类型，即情节到演出的犯框中，荒诞剧和说话剧是典型代表。

汉德克的说话剧中含有大量的自我指涉性话语，这种自我指涉可以使观众发现戏剧框架，将观众的注意力转向作品本身，即在戏剧中探讨戏剧、理解戏剧，将剧作家的观念直接告知观众，进而对戏剧文化进行反思，探寻背后的文化逻辑，实现从情节到演出的犯框。

荒诞剧摆脱了对剧本的依赖，打破传统戏剧锁闭式结构和线性因果关联，更加强调剧场体验本身，它以非线性情节、游魂式人物、无意义语言、崩塌的时空削弱戏剧二度区隔中的真实性，从而揭示戏剧文本的叙述框架，展示戏剧文化程式。

在第三种类型，即从一度区隔向二度区隔犯框的反跨破框中，戏剧演出邀请观众从一度区隔进入二度区隔。"反"的行动主体是观众，通过反跨破框，观众参与戏剧演出，获得演员－角色身份，从意义的接收者反转为意义的发送者。偶发戏剧和沉浸戏剧是这一类型的代表。

偶发戏剧是后现代主义戏剧的极端形态。它邀请观众参与戏剧的演出文本，观众就是偶发戏剧的演员，反跨破框启示观众重新审视生活。偶发戏剧将观演交流推到极致，它使演出文本具有公共参与性，进而推进艺术走向日常生活，通过即兴的方式混合虚构与真实。艺术家既不是再现某物，也不通过艺术文本的自指性营造诗意，而是关注日常生活背后的控制机制，使观众感知它的存在与生成。

沉浸式戏剧需要观众的参与来保障演出的顺利进行。"沉浸"打破观演距离，使观众在场内自主行动，成为戏剧的参与者。沉浸式戏剧不依靠剧本，演员的肢体表演成为演出核心，多情节并置，结构碎片化，最终导向剧场性的凸显。戏剧演出的空间成为交流的对象，影像和装置使得沉浸式戏剧的剧场获得了独立的艺术价值。

以上内容构成了《演出叙述》的第一章到第三章，通过将犯框作为元戏剧的表意机制，对 20 世纪的实验戏剧予以分类和分析，既翔实分析了具体的戏剧实践，同时也推进了元戏剧理论的探索与发展。

第四章中，作者将研究对象转向国内，聚焦国内的戏剧实践，以中国实验戏剧的代表人物林兆华、牟森、孟京辉、赖声川为中心，系统考察了中国实验戏剧的犯框实践。作者指出，中国实验戏剧的兴起与犯框手段密不可分。林兆华吸收中国戏剧不受叙述框架限制的特点，依赖观众与演员在元语言上的共识完成意义交流，建构了导演第二主题和演员双重结构的论述；牟森强调肢体动作，以肢体表演置换剧本的再现，即以演员的行为替换角色的行动，这使得对作品意义的解读向观众敞开；孟京辉重视戏剧的剧场性，作者从元戏剧角度探寻"孟氏风格"的形成机制，即通过拼贴、戏仿、设置讲解人打破二度区隔，以游戏化、滑稽化的倾向，强调观演交流，突出感官体验和视听效果；赖声川的集体即兴创作方法与演出文本的拼贴结构，在创作基本大纲的基础上，保持开放文本生成的可能性，而戏中戏和拼贴的结合，使得戏剧在不同层次跳转。作者通过翔实的分析，让我们看到中国实验戏剧的独特性，也深化了我们对本土戏剧发展和文化系统关联的进一步理解。

本书最后一章中，作者讨论了行为艺术的反跨破框实践相关问题。一方面，作者将实验戏剧和行为艺术的意义生成看作身体——实物媒介符号文本和观众之间互动的结果；另一方面实验戏剧中的后戏剧剧场的崛起为戏剧和行为艺术提供了艺术门类越界的可能，故而可以用犯框理论分析行为艺术的生产方式和规律。作者将行为艺术放在参与艺术与观念艺术的脉络中进行考察，指出艺术介入生活的社会效用。观众可以通过当代艺术反思自身文化处境、社会现实，因此行为艺术具有公共性、私密性、身体性的特征。通过这一符号表意形式的分析，作者试图揭示观众作为符号接收者的意义接受过程，引导观众反思社会文化的多重性。

四

本书通过符号叙述学理论与元戏剧之间跨学科的理论互动，对实验戏剧的分类与归纳做出了有益的尝试。在研究对象上，作者论域宽广，中西兼顾，解决了实验戏剧在中外戏剧史上不同时期呈现出的形式特征及表意机制，对20世纪世界范围的实验戏剧做了较为全面的回顾，内容涉及实验戏剧发展历程中的史诗剧、残酷戏剧、荒诞派戏剧、说话剧、偶发戏剧、沉浸式戏剧，通过分析这些元戏剧的结构，实现了对实验戏剧意义生产机制的探明。在方法上，作者运用赵毅衡的形式－文化论批评方法，通过符号叙述学机制理解当代实验戏剧文本的生成，一方面可以为戏剧创作等当代艺术创作提供理论指导，另一方面也为艺术批评家和观众提供了理解当代艺术的理论参照，有助于推进当代的戏剧批评以及艺术哲学的发展。

实验戏剧与行为艺术都将身体－实物媒介组织到一个符号文本中，这一文本能够被观看者理解并阐释出意义。观众与演出文本之间不仅是观看与被观看的关系，观演同时也是意义交流，观众参与才能实现意义生成，演出文本与观众参与共同构筑意义的生产。这正契合了符号叙述学的基本理论，即接收者的解释意义是符号表意的完成和新一轮符号意义生成的开始。作者将接收者对符号表意过程的理解通过犯框予以清晰的分类总结，尽管作者以实验戏剧为研究对象，但呈现的是关于元戏剧在叙述上的普遍规律。

然而作者并不满足于仅在实验戏剧中应用其理论。在对实验戏剧进行形式层面的概括、分类、总结的同时，作者还将研究对象经由形式推向当代文化领域：通过二度区隔向一度区隔的犯框向观众提示戏剧自身的虚构性，揭示演员扮演角色的虚幻性，在虚构中引入真实经验，将戏剧演出的虚构空间转换为直喻社会现实、促进观众觉醒意识的场所，以此期待观众获得自省的姿态，进而识别文化与社会。

　　从符号传播过程来看，我们将戏剧演出文本和观众视作符号的发送者和接收者，通过对其中复杂的观演结构的揭示，鼓励观众对戏剧演出产生更深层的理解。然而值得注意的是，本研究中对于框架的理解是理论工作者假定分析而来的。虽然戏剧演出和行为艺术的表演舞台和表演空间是有形的区隔，然而并不是所有的框架都是具形的。赵毅衡指出："区隔框架是一个形态方式，是一种作者与读者都遵循的表意－解释模式，也是随着文化变迁而变化的体裁规范模式。"（2013，p.74）因而区隔框架是一种理解模式，框架从根本上来说是解释性的。尽管一度区隔关涉现实，二度区隔无关现实，但这些都与接收者所能接受、理解和解释的框架区隔相关。随着当代艺术实践的发展与变迁，如何理解和建构演示叙述的文本与框架，以及由此延伸的文化意义问题，或许是未来戏剧与艺术领域可继续开拓和深入挖掘的学术点。此外，元戏剧的文本虚构性与纪实性如何关联，元戏剧文本边界在哪里，元戏剧中是否存在不可靠叙述，这些问题值得我们继续思考和关注。

　　未来，无论是元戏剧、行为艺术，还是符号叙述学，在理论内涵和应用领域必然面临着当代文化背景机制下的新命题。《演出叙述》从形式论的立场出发开辟了一条理解实验戏剧的新通道，总结出元戏剧的形式规律，是符号叙述学在实验戏剧领域中的理论落地和推进。该书再一次证明了符号叙述学作为人文学科共同的方法论，对于社会文化分析是一种有效的理论，在应对不断涌现的新的艺术形式、文化现象时拥有强大的阐释力。

引用文献：

马丁，华莱士（2005）．当代叙事学（伍晓明，译）．北京：北京大学出版社．

普林斯，杰拉德（2011）．叙述学词典（乔国强，李孝弟，译）．上海：上海译文出版社．

潘鹏程（2021）．演出叙述：从实验戏剧到行为艺术．成都：四川大学出版社．

唐小林（2016）．媒介：作为符号叙述学的基础．中国比较文学，2，13－26．

赵毅衡（2013）．广义叙述学．成都：四川大学出版社．

作者简介：

　　付宇，四川大学文学与新闻学院博士研究生，研究方向为中国现代文学、符号叙述学。

Author:

　　Fu Yu, Ph. D. candidate of College of Literature and Journalism, Sichuan University. Her research fields mainly cover modern Chinese literature and semio-narratology.

　　Email: Fuyu2009@ 163. com

　　本书在编辑过程中，得到了四川大学人文社科期刊资助项目、四川大学中国语言文学与中华文化全球传播双一流学科群，以及教育部人文社科重点基地四川大学中国俗文化研究所的支持，特此感谢。